2

EXERCICES FRANÇAIS.

MÉTHODE SEMI-STÉNOGRAPHIQUE.

EXERCICES

SUR LA

GRAMMAIRE FRANÇAISE,

OUVRAGE NOUVEAU,

OPPOSÉ AU SYSTÈME VICIEUX DES CACOGRAPHIES,

Généralement répandues sous diverses dénominations ;

MIS EN RAPPORT AVEC LES MEILLEURES GRAMMAIRES
APPROUVÉES PAR L'UNIVERSITÉ, AUGMENTÉ
DE NOTES INTÉRESSANTES ET INÉDITES
SUR L'ORTHOGRAPHE USUELLE, SUR
LA DÉRIVATION, ETC., ETC.

PUBLIÉ

Par Benjamin GAUTIER,

Directeur de l'école communale supérieure de Draguignan, secrétaire
du Comité supérieur et membre de la commission d'examen
de cette ville,

*Avec le concours d'inspecteurs et de sous-inspecteurs
primaires, de régents de collége, de maîtres
de pension et d'instituteurs distingués.*

DEUXIÈME ÉDITION.

DRAGUIGNAN,

IMPRIMERIE DE P. GARCIN, RUE PORTE DE TRANS.

1846.

Tout exemplaire non revêtu de la signature de l'auteur sera réputé contrefait.

PRÉFACE.

On ne connaît jusqu'à ce jour dans les écoles que trois moyens rationnels d'exercer les élèves sur les difficultés grammaticales : la *copie*, la *dictée*, la *traduction*, quant aux *Exercices* connus sous les noms de *Cacographie* et de *Cacologie*, nous ne saurions les considérer que comme deux sources d'erreurs, d'autant plus dangereuses qu'elles mettent en jeu les facultés de l'enfance, précisément sur les formes *défectueuses* qu'il faut chercher à lui faire oublier.

Mais tout en reconnaissant la nécessité de bannir à jamais deux méthodes fautives, nous ne pouvons nous dissimuler l'insuffisance des trois moyens dont nous avons parlé ci-dessus, bien que l'utilité en soit généralement reconnue, et qu'il n'y ait rien dans leur emploi dont la raison puisse être choquée. Ainsi la *copie* est un exercice long et fastidieux, la *dictée* ne peut être d'un usage général, parce que le temps et les lieux s'y refusent très-souvent, et la *traduction*, outre qu'elle ne peut être que pour un petit nombre, fait encore défaut sous le rapport de la gradation des matières.

2

Ne serait-il pas possible d'avoir un moyen qui tînt de ces trois derniers, qui en eût les avantages sans en avoir les défauts ?

Deux ou trois hommes qui marchent avec le progrès ont déjà ouvert cette carrière : nous en connaissons un qui *a échoué pour avoir trop osé*, un autre qui, trop timide, est pourtant en voie de prospérité (F, P, B, frère de la doctrine chrétienne); pour nous, puisant dans la même source que ces deux derniers, nous avons pensé qu'au moyen d'un judicieux système *Sémi-sténographique*, qui ne serait ni trop vaste, ni trop limité, nous pourrions donner aux *écoles* cette méthode rationnelle, impérieusement réclamée par la nécessité d'expulser à tout jamais des *Exercices trompeurs*, et, qui, pour n'en plus porter le nom, n'en sont pas moins de détestables *Cacographies*.

4000 exemplaires placés en deux années chez des instituteurs la plupart très-distingués, semblent attester la bonté de notre méthode; nous pouvons même assurer que sans *les signes* qui ont effrayé quelques uns de nos confrères, et surtout sans quelques mots *peu usuels* qui se trouvaient dans notre première édition, nous aurions vu nos exercices généralement répandus; c'est ce que nous ont écrit plusieurs instituteurs, qui, après une année d'hésitation, ont fini par nous donner des preuves évidentes non seulement de leur concours mais de leur zèle, ces praticiens nous ont aidé de leur secours à un tel point que nous aimons à convenir que ce livre est autant *leur ouvrage* que le nôtre.

Aujourd'hui convaincus par le succès, nos confrères assurent qu'aucun ouvrage n'a produit dans leurs classes la même application que nos Exercices. Ceux-ci,

nous disent-ils, tout en diminuant le travail du maître, développent l'intelligence de l'élève, et lui pro-
curent le moyen de traduire en même temps qu'il
copie, sans lui mettre sous les yeux *ces locutions*
vicieuses qu'un âge, facile à conserver toutes les im-
pressions, n'est que trop porté à confondre avec
le précepte. Ne pouvons-nous pas dire ici que les
Boinvillier, les Noël et Chapsal, les Bonnaire, les
Boniface, les Bonneau même sont plus ou moins
entâchés du mauvais système que nous combattons
pour l'honneur de l'enseignement? Ces divers métho-
distes s'éloignent du faux système de Letellier, mais
les derniers placent encore l'élève en face tout à la fois
du bien et du mal, tandis que, en faisant un pas de
plus, nous désertons la cacographie et nous parvenons
au but désiré; celui de n'offrir à la vue que ce que
la mémoire doit retenir. Tel est l'aveu formel de tous
ceux qui se servent de nos exercices.

Que ceux qui craindraient l'abord de quelques signes
peu nombreux et jamais équivoques, veuillent bien
nous honorer d'un essai momentané; dès-lors comme
mille autres, juges compétents sur cette matière, ils
donneront, nous n'en doutons pas, leur adhésion à la
seule méthode que la raison approuve et que le succès justifie.

Préface de la première édition.

Détruire le système pernicieux des CACOGRAPHIES et piquer la curiosité des élèves, en les obligeant, sans qu'ils s'en doutent, à s'arrêter sur la valeur et la signification des mots, tel a été notre but. Il existait donc une lacune dans la série des Ouvrages élémentaires; comme tout homme voué à l'éducation de la jeunesse, nous avions senti ce défaut; nous pensons que ceux qui ont fait des CACOGRAPHIES l'ont senti aussi; il fallait donc suppléer par un meilleur moyen à ce système, improuvé par ceux-mêmes qui en faisaient usage; l'exécution dépendait d'un travail ou plutôt d'une pensée à laquelle nous avons cru devoir consacrer nos veilles, et que nous propageons pour le bien de la jeunesse; heureux si après y avoir sacrifié notre repos, nous avons pu introduire dans l'enseignement une MÉTHODE qui ne trompera plus l'élève, et ne l'exposera plus à faire des fautes là où il n'y en a pas.

Combien de fois n'avons-nous pas vu les élèves, hésitant sur la place des mots fautifs, abandonner leurs investigations pour accroître le nombre des fautes qu'on leur offrait avec tant de confiance! Combien de fois des phrases ainsi viciées ou mutilées n'ont-elles pas fait surgir dans la tête de l'écolier des doutes malheureux qui n'en sont jamais plus sortis! Et les CACOGRAPHIES cependant ont envahi nos écoles! Nous le demandons à tout homme de bon sens; que penserait-on d'un maître d'écriture qui dégradant les formes les plus pures, les traits les plus déliés de l'art calligraphique, prétendrait en offrant de pareils tableaux à ses élèves, leur faire produire des chefs-d'œuvre? Que dirait-on encore d'un maître de musique qui se ferait fort d'enseigner la mélodie à force d'écorcher les oreilles?

LA MÉTHODE que nous offrons est simple et rationnelle: elle présente des signes équivalents aux sons ou aux articulations, partout où il y a difficulté et à mesure que nous avançons, toujours en suivant l'ordre général de la Grammaire, nous reproduisons les anciennes difficultés, en substituant aux nouvelles de nouveaux signes; ainsi se développe une sorte de sténographie facile.

Nos exercices pourront donc suppléer aux dictées. Il est vrai que ce Livre donnera souvent l'initiative à l'écolier qui demeurera juge de la signification du mot seulement d'après les modulations ou les circonstances du son, et ce n'est pas là le côté le moins avantageux de notre méthode puisqu'elle mettra à contribution non seulement la mémoire de l'élève, mais une faculté plus précieuse encore, son jugement.

Nous pensons qu'au besoin les Instituteurs pourront faire lire d'avance et à haute voix la matière du devoir par un élève exercé, afin d'en faciliter la lecture aux autres, qui du reste trouveront toujours les équivalents des signes, dans une table explicative placée au commencement de la MÉTHODE.

Puisse cet Ouvrage produire tout le bien que nous en espérons! Certes, ce n'est pas de la gloire qu'il peut nous procurer; mais pourquoi ne nous vaudrait-il pas la douce satisfaction d'avoir bien mérité de l'instruction primaire en extirpant de nos écoles une Méthode qui n'est pas sans danger, pour y substituer une autre Méthode plus en harmonie avec les exigences de la raison!

EXPLICATION

Sur la Méthode Sémi-Sténographique.(*)

———◦◦◦◦———

[..] Deux points horizontaux indiquent l'absence
d'une ou de plusieurs lettres faciles à remplacer,
et en général ils annoncent une abréviation.

Exemples.	*Traduction.*
Les hommes vertueu.. honor,.. la vertu tandis que les méchan.. outrag.. cet.. même vertu.	Les hommes vertueux honorent la vertu tandis que les méchants outragent cette même vertu.

[*] Ce signe remplace le son *an*, de quelque manière
qu'il soit écrit ; par conséquent il tient lieu de am,
an, han, ans, ant, ants, em, en, end, hen, ens,
ent, anc, ang, aon, eant, eants.

Exemples.	*Traduction.*
Les vagues mugiss*tes, s'élev* au-dessus de ces frêles *barcations, vont les *gloutir ; cep*d* l'impétuosité du v* les pousse vers des rochers menaç*.	Les vagues mugissantes, s'élevant au-dessus de ces frêles embarcations, vont les engloutir ; cependant l'impétuosité du vent les pousse vers des rochers menaçants.

(*) Ces signes, comme nous l'avons dit ailleurs, nous ne les employons que graduellement, et de plus pour nous rendre à l'invitation d'un homme bien digne de nous guider [M. Martiny, inspecteur des écoles du Var] nous en avons fait imprimer une petite table synoptique volante que l'élève pourra avoir constamment sous les yeux.

[:] Ce signe remplace le son nazal *in* de quelque manière qu'il soit écrit (in, ein, eins, eint, eints, eing, ingt, ingts, ain, ains, aint, aints).

Exemples.	*Traduction.*
J'ai reçu vos lettres ce mat:.	J'ai reçu vos lettres ce matin.
Une c:ture de peau.	Une ceinture de peau.
Les cierges sont ét:.	Les cierges sont éteints.
Je pl: le sort de l'orphel:.	Je plains le sort de l'orphelin.

[♈] Ce signe tient la place de é, è, et, es, ets, hé, êt, est, és, ès, er, ai, ais, ait, aient, hais et de *e* dans enn (ennemis).

Exemples.	*Traduction.*
T♈ gens pr♈nnent le th♈.	Tes gens prennent le thé.
T♈-toi, cela n'♈ pas vr♈.	Tais-toi, cela n'est pas vrai.

[(] Ce signe tient lieu de on, ons, ont, onts, onc, omp, omps, ompt, ond, onds.

Exemples.	*Traduction.*
Voici un beau li(.	Voici un beau lion.
J'ai acheté deux mout(.	J'ai acheté deux moutons.
Les m(d'Auvergne.	Les monts d'Auvergne.
Tu te r(la tête à ce calcul.	Tu te romps la tête à ce calcul.

[♣] Ce signe tiendra lieu de o, os, ôt, ot, ots, ho, au, aux, hau, hauts, eau, eaux, heau.

Exemples.	*Traduction.*
Domin♣, zér♣, tuy♣.	Domino, zéro, tuyau.
Bient♣, plut♣, matel♣.	Bientôt, plutôt, matelot.
Fondre des ling♣.	Fondre des lingots.
Les hér♣ de notre histoire.	Les héros de notre histoire.

(§) Ce signe tiendra lieu de ou, oue, ous, oues, ouent, out, outs, ous, oux, ouc, oucs, oup, houe, houx.

Exemples.	*Traduction.*
De t§ ces remèdes aucun n'a pu calmer ma t§.	De tous ces remèdes aucun n'a pu calmer ma toux.
Les tr§pes sont en campagne.	Les troupes sont en campagne.
Le l§ et l'agneau.	Le loup et l'agneau.
Ces enfants j§ au lieu de travailler.	Ces enfants jouent au lieu de travailler.

[ʌ] Au lieu de *i* et de *y*, et généralement de toutes les manières de représenter cette voyelle.

Exemples·	*Traductiou.*
Analʌse, vanʌté, lentʌlle.	Analyse, vanité, lentille.
Il faut que nous prʌons.	Il faut que nous priions.
Les baʌonnettes, des crʌ.	Les baïonnettes, des cris.
6 heures et demʌ.	Six heures et demie.
Un fʌ, un nʌ d'oiseau.	Un fils, un nid d'oiseau.
Mon fʌ, voici le lʌcée.	Mon fils voici le lycée.

[=] Remplacera sion, ssion, scion, tion, sions, ssions, scions, tions.

Exemples.	*Traduction.*
Pen=, tens=, admi=, ces=, atten=, puni=, muni=.	Pension, tension, admission, cession, attention, punition, munition.
Il faudrait que nous nous corrigea=.	Il faudrait que nous nous corrigeassions.

['] Au lieu de c, ce, ces, ç, s, se, ses, sc, sce, ss, t, et généralement de l'articulation ç.

Exemples.	*Traduction.*
Fran'e, prin'e, fa'ade, le-'on, dan'e, den'e et den'ité, an'e, pui'an'e, prima'ie, por'ion.	France, prince, façade, leçon, danse, dense et densité, anse, puissance, primatie, portion.
Une 'ènc attendri'ante.	Une scène attendrissante.

AVIS.

Profitant des conseils de nos confrères les plus expérimentés, nous avons cru devoir supprimer plusieurs signes, et ne conserver que ceux qui doivent déguiser les difficultés les plus importantes; c'est ainsi, qu'au lieu de 18 signes, nous n'en avons que 10, que nous avons cherché à mettre parfaitement en rapport chacun avec une seule difficulté.

Faisant droit à une demande presque générale, nous avons enlevé de nos premiers exercices une foule de mots appartenant à un ordre de choses qui n'est point encore ou nécessaire, ou à la portée des jeunes intelligences, tels que : *Amphiction, Ambleur, Chiromancie, etc.* Nous n'avons cependant point été trop rigide à cet égard, persuadés que l'orthographe de certains mots peu connus peut avoir pour plusieurs un intérêt bien réel.

Quelques personnes auraient désiré que l'histoire de France fît le fonds de *nos Exercices.* Nous aurions été heureux de pouvoir adopter cette marche doublement intéressante, et nous l'eussions fait sans hésiter, si la gradation des matières et l'ordre qui doivent régner dans des Exercices de ce genre ne s'y étaient point opposés : du reste nous nous sommes fait un devoir de puiser dans l'*Histoire* et la *Géographie*, toutes les phrases, tous les morceaux même qui peuvent renfermer les difficultés grammaticales ou syntaxiques de chacune de nos leçons.

En suivant toujours les indications qui nous ont été données nous avons tâché de mettre nos exercices en rapport avec les deux grammaires les plus généralement suivies, tenant nos matières pour ainsi dire côte à côte avec les règles de celles-ci.

Enfin quelques établissements d'éducation qui donnent un enseignement relevé ont réclamé des exercices sur la syntaxe; nous nous empressons de satisfaire à ce désir, et nous espérons avoir réussi à prouver que, par notre moyen, on peut aussi bien se passer des cacologies que des cacographies.

EXERCICES FRANÇAIS.

INTRODUCTION.

1er EXERCICE.

EMPLOI DES ACCENTS. (1)

Cet exercice sera seulement copié par les élèves ; on pourra exiger d'eux qu'ils rendent compte de l'emploi des accents et des différentes sortes d'e.

1. La bonté, la vérité, l'assemblée, les procédés, les prés émaillés, la destinée, la nécessité, la dépen-

---

(1) A chaque Exercice l'élève devra consulter avec beaucoup de soin les numéros correspondants, qui, dans la grammaire qu'il suit, traitent de l'objet de cet exercice. Nos matières de devoirs sont particulièrement en rapport avec la grammaire selon l'académie, par Bonneau et Lucan, et avec celle de Noël et Chapsal [voir l'introduction de ces deux dernières]. On peut du reste les employer avec une grammaire quelconque.

Ces premiers exercices nous ont paru très-nécessaires, pour habituer les élèves à se servir des accents, de la lettre *h* et de l'apostrophe, mais comme les règles grammaticales qui se rapportent à ces difficultés demandent une intelligence assez développée, nous nous sommes contentés pour nous conformer au désir de plusieurs personnes vouées à l'enseignement, de n'en faire que des sujets de copie.

Grammaire selon l'académie Nos 7, 8, 9, 10, 243 et suivants,—Noël et Chapsal Nos 9, 10, 262, et suivants.

dance, l'étonnement, l'amitié, la réunion, hélas ! la
matière. Voilà ceux que leur génie a rendus célèbres.
Vous étudiez les règles de l'élégance. L'expérience
même la plus souvent répétée. La légèreté que vous
avez montrée. La sobriété qui vous a été recomman-
dée. Les éléments des sciences que vous avez étudiées.
Dès demain vous écrirez à votre père. Elle s'est trop
tôt démasquée. Avez-vous beaucoup gagné ? J'aime la
régularité. Vos idées sont coordonnées. Soyez fidèles
à vos devoirs. Voilà un pléonasme que le bon goût
réprouve. Cicéron avait étendu les bornes de l'élo-
quence. C'est un honnête homme, un fidèle domestique, un serviteur zélé, un religieux observateur des
devoirs de son état. Cette année la récolte a été bonne. Ces procès sont dangereux. Ces services seront
payés. Ces artistes furent célèbres. Ces succès seront
couronnés. Avez-vous prêté de l'argent à votre com-
père ? Serez-vous sincère ? J'empêcherai qu'il ne vienne. Coulez des jours prospères.

2. Après ce sacrifice où coula le sang. Ceux qui ont
égard au goût de leur siècle. La postérité leur ren-
dra la justice que leurs frères leur ont refusée. Ne
faites jamais d'amères plaisanteries. Au retour du collége. Dans le solfége. La récréation sur la neige. Les
apôtres étaient de pauvres pêcheurs. Les évêques
leur ont succédé. Les prêtres évangélisent les peuples,
ils leur prêchent les avantages de la pauvreté, la nécessité des souffrances, le pardon des ennemis, la
modération dans la prospérité, la résignation dans
l'adversité. Voulez-vous être heureux, mêmes dans
l'infortune, songez à la félicité éternelle qui est ré-
servée à ceux qui bénissent ici bas la main qui les
éprouve. Exercez votre esprit, fixez vos idées, exa-
minez votre ouvrage, n'exagérez pas les péchés d'autrui. Pourquoi célèbre-t-on ainsi des fêtes malgré les
calamités publiques ? Cette affaire est secrète. La première nouvelle de nos revers. L'inquiétude le décou-
rage. Le désespoir même se manifesta. Le plus digne
objet de la littérature, le seul même qui l'ennoblisse,
c'est son utilité morale. La nouveauté. L'ancienneté.

La propreté. La sûreté. La préférence. La précision.
La procédure. Le café. Le thé. Le duché. L'évèché. Le
marché. Un échaudé. Une bonne idée. Le département
de la Vendée. L'étude de l'algèbre. Une cérémonie fu-
nèbre.

3. *Il ne sera pas sans intérêt de faire transcrire
une liste presque générale des mots qui reçoivent l'accent circonflexe* (2).

âcre, âne, ânonner, appât (amorce), âpre, bât,
bâfre, bâtiment, bâtisse, bâton, blâme, château, dégât, folâtre, gâche, gâcher, gâchette, gâteau, gâter,
grâce, hâler, hâle, hâte, hâtelette, hâteur, hâtier,
hâtiveau, hâtivité, hâve, idolâtre, jaunâtre, mâcher,
mâle, rabâcher, râle, râteau, rougeâtre, roussâtre,
tâtonner, théâtre et les dérivés. Acquêt, ancêtres,
arrêté, apprêt, arête, arrêt, baptême, bêche, bête,

---

(2)   *De l'accent circonflexe.*

L'accent circonflexe ^, se met sur la plupart des voyelles lon-
gues : apôtre, évêque, abîme, côte, bûche.

Il est difficile de préciser tous les cas où s'emploie l'accent circonflexe.

On le met : 1. Sur la lettre *i*, des verbes terminés à l'infinitif par
aître, mais seulement quand cette lettre est suivie d'un *t*; je pa-
raîtrai.

2. Sur les adjectifs en *ême* : blême, suprême, même, extrême.
Excepté les adjectifs des nombres ordinaux : troisième, quatrième.

3. Sur *mûr* et *sûr*, savoir : lorsque mûr est adjectif; cette orange
est mûre; et lorsque sûr signifie certain : cette nouvelle est sûre.
(Sur, signifiant aigre s'écrit sans accent : ce bouillon est sur).

4. Sur *dû*, *redû*, *mû* et *crû*, lorsqu'ils sont participes passés, masculin singulier, des verbes devoir, redevoir, mouvoir et croître.

5. Sur *nôtre* et *vôtre*, non suivis d'un substantif : le nôtre et non
le vôtre.

L'académie écrit avec l'accent circonflexe le mot *âme*.

L'accent circonflexe s'emploie encore sur la première et la deuxième personne du pluriel du passé défini et sur la troisième personne
du singulier de l'imparfait du subjonctif (voir la Grammaire selon
l'académie, page 101).)

blême, campêche, carême, champêtre, chêmer, chêne, chevrête, chrême, conquête, crêpe, crête, dépêche, drêche, empêcher, endêver, enquête, être (subst. et verbe, et tous les composés), évêque, extrême, fenêtre, fête, fêler, forêt, frêle, frêne, grêle, gêne, genêt (arbuste), guêpe, guêtre, hêler, hêtre (arbre), honnête, intérêt, malebête, mêler, même, pêcher (du poisson), pêche (fruit), pêle-mêle, pêne (morceau de fer qui entre dans une gâche), poêle, prêcher, prêt, prêter, prêtre, protêt, quête, rêche, rêne d'un cheval, rênes d'un état, rêtre, revêche, rêve, salpêtre, suprême, tempête, un têt ou test, têtard, tête, vêler, vêpres, vêtir ; abîme, abîmer, aîné, boîte, dîme, dîner, épître, faîte, fraîcheur, gaîne, gaîté, gîte, huître, île, larmoîment, maître, puîné, rafraîchir, regître, surcroît, traîner, traître ; apôtre, clôture, côté, côte, dépôt, entrepôt, hôpital, hôte, hôtel, impôt, ôter, pentecôte, rôder, rôt, rôti, suppôt, tôt, aussitôt, bientôt, plutôt, plus tôt, tantôt, août, affût, brûler, bûche, bûcher, croûte, embûche, coûter, jeûne (abstinence), flûte, goût, joûte, mû, piqûre, ragoût, voûte, *et les dérivés de tous ces mots tels que* apprêter, évêché, vêtement, rafraîchissement, maîtrise, etc. etc.

2e EXERCICE.

—

EMPLOI DU *h*.

Cet exercice sera seulement copié par les élèves, dans le but de se rendre familier l'usage de la lettre H, placée au commencement des mots les plus usités.

4. *H muet.* L'heure du repos ; l'heureux monarque ; l'hésitation d'un homme ; l'héroïne chrétienne ; le beau

jour d'hier; des caractères hiéroglyphiques; une
grande hilarité; l'hirondelle, l'hippopotame, l'ho-
micide volontaire, l'hommage du vassal; les côtés
homologues des figures géométriques; les homonymes de notre langue; une belle homophonie. Préférer
l'honnête à l'agréable. Mourir au champ d'honneur.
Suivre une profession honorable. Un conseiller honoraire. Honorez la vertu. Ce sont des droits honorifiques.
Faire l'horoscope d'une entreprise. Ayez horreur du
crime. Quel horrible forfait ! Un vaste hôpital. Le soleil paraît à l'horizon. Où avez-vous acheté cette horloge ? Nous avons tout perdu, hormis l'honneur. Les
hostilités ont commencé. L'hospice est fermé. L'hospitalité lui fut refusée. L'hôte et l'hôtesse sont partis.
L'hôtel des monnaies. L'hostie de propitiation. L'huile
est chère. L'huilier est rompu. L'huissier qui sort du
tribunal. La séance est à huis-clos. Vendez-vous vos
belles huîtres ? Il faudrait humaniser ces sauvages.
Voici un humaniste.

5. Ce jeune homme est humble. Il humecte ses lè-
vres. Ces gens sont d'une humeur douce. Le temps est
humide. L'humidité est nuisible. L'humilité est une
grande vertu. C'est un vrai hurluberlu. L'hyacinte
du jardin. Un professeur d'hydraulique. Voyez-vous
cette hydre ? L'hyène est une bête féroce. Un traité
d'hygiène. L'hymen ou l'hyménée. Quelle hyperbole !
Un hymne guerrier. Honte à l'hypocrite. Ces biens
sont hypothéqués. Il y a ici une odeur d'hysope. Ces
vers sont des hexamètres. Cette pierre est un hexa-
gone. Les hexandries sont des fleurs qui ont six éta-
mines. Un cube ou hexaèdre est un corps compris
sous six faces. Haleine, hameçon, harmonie, heb-
domadaire, hébreux, hécatombe, hectare, hégire,
hélioscope, helléniste, hémicycle, hémorragie, herbe,
hérédité, hérésie, hériter, hermétique, hermine,
héroïsme, hésiter, hiatus, hirondelle, histoire, his-
trion, hiver, hoirie, holocauste, honoraire, horizon,
horloge, hormis, horoscope, horreur, horrible, hospice, hospitalier, hostie, hostile.

6. *H aspiré commence les mots suivants et leurs dérivés:*

Ha ! hâbleur, hache, hachis, hagard, haie, haillon, haine, haire, hâle (impression de l'air), haleter, halle, hallebarde, hallier, haloir, halot, halte, hamac, hameau, hampe, hanche, hangar, hanneton, hanscrit, hansière, hanter, happe, happelourde, haquebute, haquenée, haquet, harangue, haras, harasser, harder, hardes, hardi, hareng, harengère, hargneux, haricot, haridelle, harnacheur, harnachement, harnais, haro, harpailler, harpe, harpeau, harper, harpie, harpin, harpon, harponner, hart, hasard, hase, hâte, hâtelette, hâter, hâteur, hâtier, hâtif, hâtiveau, hâtivement, hâtivité, hâture, hauban, haubert, hausse, hausse-col, haut, haut-bois, haut-bord, haut-dechausse, haute-contre, haute-cour, haute-futaie, hautmal, haute-lice, haute-paie, hautesse (titre), hauteur (élévation), hâve, havir, havre, havre-sac, hé ! heaume, hêler, hem ! hennir (*prononcez* hanir), hennissement, Henri, Henriade, héraut, hère, se hérisser, hérisson, herniaire, héron. héros, herse, hêtre, heurt, heurter, hibou, hic, bie, hideux, hiérarchie, hisser, ho ! hobereau, hoc, hoche, hochement, hochepot, hocher, hochet, holà ! homard, hongre, honnir, honte, hoquet, hoqueton, horde, hors, hotte, hottée, hottentot, houblon, houblonner, houblonnière, houe, houille, houle, houleux, houlette, houppe, houppelande, hourdage, hourder, hourvari, housard ou hussard, houspiller, houssaie, housse, housser, houssine, houssiner, houssoir, houx, hoyau, huche, huée, huguenot, huit, humer, hunier, huppe, huppé, hure, hurhaut, hurlément, hutte. (1)

(1) Ces premiers exercices pourraient être donnés plus tard; nous laissons aux personnes chargées de l'enseignement, le soin d'en faire l'usage qu'elles jugeront convenable.

Grammaire selon l'académie, Nos 12 et 803. — Noël et Chapsal, Nos 12, 747.

3e EXERCICE

EMPLOI DE L'APOSTROPHE. (*)

*Pour rendre cet exercice plus intéressant, on pourra
exiger des élèves qu'ils rendent compte de l'emploi
de ce signe : qu'ils disent de quelle voyelle l'apostrophe tient la place.*

7. L'homme, l'argent, l'histoire, l'habit, l'arme.
L'espérance qu'il a d'aller à l'hôtel d'Europe m'a fait
plaisir ; s'il y va j'irai le trouver. J'ai dit que l'étude
de l'orthographe n'est pas si difficile qu'on le croit.
Ce n'est pas l'eau de l'Océan qu'il faudrait l'inviter à
boire. C'est l'histoire de l'empereur qu'il m'a prêtée.
L'ami d'Antoine a parcouru l'ouest de l'empire d'Autriche. Grâce à l'antidote d'un docteur italien, tout
le poison qu'on me fit avaler l'autre jour ne m'a fait
aucun mal. L'arrivée de l'archevêque d'Aix dans l'é-
glise d'Aubagne, y a excité l'alégresse de l'assemblée.
L'ambition, l'avarice, la haine tiennent l'esprit de
l'homme dans de bien lourdes chaînes. L'affectation
est insupportable. Louis xiv révoqua l'édit de Nantes.
L'attention est le burin de la mémoire. L'affaire pa-
raissant plus grave qu'on ne l'avait cru d'abord, on
ne put s'empêcher de l'examiner avec l'attention la
plus sérieuse. La plante, lorsqu'on l'a mise en liberté
garde l'inclinaison qu'on l'a forcée de prendre. Des
chaleurs insupportables, l'insalubrité de l'air, et l'aspect hideux des crocodiles et d'autres animaux dangereux rendent peu agréable l'habitation de la Séné-
gambie, d'où l'on tire de l'or, de l'ambre, des plumes
d'Autruche, etc.

(*) Grammaire selon l'académie, Nos 249 et 250. — Noël et Chap
sal Nos 268. 269, 270. 271.

8. L'honneur, l'esprit, le rang, tout disparaît. Le temps s'enfuit. Nos chimères s'envolent. Nos désirs s'épuisent. Le mal s'acharne. L'erreur nous suit. Les vicissitudes s'introduisent dans notre demeure. L'ordre et l'arrangement tendent à s'échapper. Nous sommes précipités dans l'âge des infirmités et l'impatiente Clotho achève d'ourdir la trame que l'impitoyable Atropos va couper à l'instant. Tel est l'aveuglement d'un fils ingrat qu'il oublie les sacrifices d'un père et d'une mère qui l'ont aimé jusqu'à se priver de tout pour l'élever. Voici l'outil que l'ouvrier de ton oncle m'a remis. L'officier que vous voyez là-bas est de retour de l'armée d'Afrique. Qu'il vienne d'Alger ou d'Athènes peu m'importe. N'est-ce pas que l'apostrophe tient la place d'une lettre qu'on a supprimée ? C'est moi qui vous dis qu'ici on n'a rien vu de semblable. Nous avons côtoyé la presqu'île de Quiberon. Nous n'avons pas fait grand'chère. Il ne m'a pas dit grand' chose. Pourquoi t'a-t-il frappé ? Quoiqu'il soit plus grand qu'elle. Dijon est le chef-lieu de la Côte d'Or. J'ai su que vous êtes sorti pendant les entr'actes.

9. Dans cette maison tout le monde est honnête jusqu'aux valets. On sait ce qui s'est passé jusqu'alors. Etes-vous parvenu jusqu'au roi ? Quelqu'un de chez vous était-il au sermon ? S'il le faut j'irai chez votre grand'mère. On vous a vu dans la grand'rue. Vous lui fîtes grand'pitié. Il était à la grand'messe. S'ils s'étaient réunis dans la grand'salle, s'ils y étaient venus à l'heure qu'on leur avait indiquée. S'ils n'avaient pas manqué à l'appel, ils auraient terminé cette affaire. Quoiqu'il n'y ait pas grand'chose à leur reprocher jusqu'ici, on peut assurer que l'oubli de leurs devoirs n'a pas peu contribué à leur malheur. Quoiqu'il dise, quoiqu'il fasse, il n'entraînera jamais les suffrages de l'assemblée. Il se faut entr'aider, c'est la loi de nature. Les tyrans, n'en doutez pas, ont toujours quelque ombre de vertu. Lorsqu'Alexandre se fut emparé de Thèbes, il ordonna qu'on brûlât cette ville. Allez jusqu'à Paris. Venez jusqu'ici. S'il pleuvait. Aujourd'hui je l'ai trouvé plus obligeant qu'il ne l'est ordinairement.

PREMIÈRE PARTIE.

✳

4ᵉ EXERCICE.

GENRE ET NOMBRE DU NOM.

(N'oubliez pas de consulter les deux premiers chapitres de votre
Grammaire.)

*Le signe * indiquera désormais le son AN de quelque
manière qu'il doive être écrit : enf* pour enfant ou
enfants, logem* : logement et logements, m*teur :
menteur ; ch*ter : chanter.* (3)

10. Mettre *un* ou *une* devant les noms suivants :
Ab*don, (un abandon) abbaye, abricot, adage,
(proverbe), acte, admiration, addition, chiffre, père,
frère, bœuf, cheval, mère, sœur, lionne, jum*, habit,
chapeau, redingote, robe, jardin, tapis, plume, ch*-
delle, fils, bras, croix, nez, tonneau, or*ge, huile,
ongle, perle, incendie, souris, oraison, cuillère, din-
de, dindonneau, orge (grain), hémisphère, horizon,
atmosphère, (une) péninsule, isthme, promontoire,
cratère, orage, déluge, saison, muguet, rose, tulipe,
œillet, tubéreuse, abrégé, al*bic, amadou, amalgame,
anathème, anniversaire, antre, appareil, armistice,
image, garderobe, armoire, arthère, a rhes, asile

---

(3) On pourrait habituer l'élève à connaître les noms métaphysiques, c'est-à-dire, ceux qui n'existent que dans l'imagination ; il
n'y aurait qu'à les lui faire souligner.

(un), astérisque, atôme, auditoire, âtre, centime,
cigare, bouge, crabe (poisson), décime, anicroche,
angoisse, attache, aval*che, courroie, *blême, *plâtre,
épi, équilibre, équinoxe, ermitage, érysipèle, es-
compte, escl*dre, avarie, *buscade, *clume, *quête,
épée, épidémie, épigramme, épigraphe, été, év*gile,
évêché, éventail, exorde, hameçon, holocauste, hôpital, horoscope, hôtel, indice, insecte, inventaire,
obstacle, opuscule, épitaphe, épithalame, épithète,
équerre, équivoque, ère, erreur, espace, esquisse,
estampille, horloge, hydre, los*ge, oie, ouie, outre,
paroi, réglisse, s*tinelle, spirale, tare, otage, orga-
ne, ouvrage, p*pre, ust*sile, tuile, urne, usine, usure.

*Ecrivons au singulier et avec l'article les noms sui-
vants, qui ne sont employés que pour désigner des
êtres métaphysiques, c'est-à-dire qui ne sont point
matières:*

11. Sagesse (la sagesse) probité, prud*ce, bien-
veill*ce, timidité, pudeur, modestie, honte, arrog*ce,
fierté, hardiesse, jalousie, douceur, pati*ce, modération att*tion, persévér*ce, résignation, docilité,
espér*ce, confi*ce, religion, méchanceté, dégoût, éloi-
gnem*t, malheur, rep*tir, pénit*ce, pardon, ordre,
arr*gem*, propreté, sil*ce, habileté, industrie, capacité, adresse, *vie étourderie, m*songe, gourm*dise,
colère, erreur, vérité, ardeur, insouci*ce, douceur,
amertume, souvenir, oubli, amitié, éloignem*, géné-
rosité, avarice, plaisir, chagrin, douleur, abbattem*,
peur, courage, prés*, passé, futur, t*, (temps),
éternité, joie, ennui, honneur, honte, esprit, igno-
r*ce, appréciation, estime, mépris, dédain, pardon,
v*g*ce, humilité, orgueil, liberté, esclavage, maintien,
ab*don, justice, arbitraire, piété, irréligion, vertu,
vice, soumission, rebellion, modestie, arrogance,
savoir. ignorance, étude, paresse, crainte, espér*ce,
amitié, inimitié, défér*ce, respect, brutalité, insu-
bordination.

L'élève mettra au pluriel les mots suivants, il les fera précéder de l'article. (Voir dans la grammaire comment on forme le pluriel du nom).

12. Homme, femme, enf*, terre, mer, eau, ciel, royaume, ville, (*l'élève écrira* les hommes, les femmes, les enfants, les terres, les mers, les eaux, les cieux, les royaumes, les villes), province, village, hameau, maison, rue, père, mère, frère, sœur, par*, (les parents), ami, roi, ministre, pair, député, magistrat, secrétaire, commis, serviteur, domestique, honneur, vertu; plaisir, mérite (les plaisirs, les mérites), talent, désir, grandeur, source, voix, att*tion, av*tage, t*ple, ouvrage, ouvrier, fabric*, horloge, bruit, école, ch*bre, appartement, comm*d*, capitaine, lieuten*, officier, soldat, lundi, mardi, mercredi, jeudi, v*dredi, samedi, dim*che, maison, c*pagne, jardin, allée, arbre, fontaine, b*, (bancs), table, canif, plume, papier, *cre, *crier ou écritoire, sablier, registre, cahier, règle, armoire, classe, maître, élève, écolier, disciple, récomp*se, punition, châtim*, devoir, page *d'écriture*, dessin, machine, instrum*, estrade, image, statue, buste, placard, cloche, clochette, cloison, préau, cour, promenade, *trée, sortie, congé, fête, retour, r*trée, retardataire, amateur, compas, dos, enclos, os, propos, repos, corps, mors de cheval, poids pour peser, puits, palais, rebours, recours, remords, secours, temps, pouls ou battement *des artères*, velours, (ces derniers noms ont un *s* final au singulier).

13. *Ecrivons au pluriel une partie des principaux noms terminés par* eau *au singulier (il y en a environ* 150 *); nous y ajouterons les* 17 *noms dont la finale ne renferme point un* e : (Souvenons-nous que deux points horizontaux annoncent une abréviation).

Des anneaux, des appeaux, des arbrisseaux, arc.., balein.., band.., bat.., bed.., blair.., blut.., boiss..,

boul.., bourr.., bur.., cad.., carp.., carr.., cav..,
cerc.., cerv.., chaîn.., chalum.., chap.., chapit..,
chât.., chevr.., cis.., corb.., côt.., cout.., crén..,
cuv.., damois.., dindonn., drap.., les..aux pluviales,
échev.., fourn.., fourr.., fricand.., friponn.., fus..,
gât.., godiv.., grum.., ham.., jambonn.., jouvenc..,
jum.., lamb.., lint.., lionc.., lit.., loùvet.., mant..,
mart.., moin.., monc.., morc.., mus.., nas.., niv..,
ois.., orm.., pann.., p.., perdr.., pigeonn.., pinc..,
pip.., plat.., plumass.., pomm.., porr.. ou poir..,
pot.., pourc.., prun.., rad.., ram.., rat.., renard..,
rés.., rid.., rond.., roul.., ros.., ruiss.., sc.., s..,
serpent.., soliv.., sur.., tabl.., taur.., tomb.., tomber.., tonn.., tourt.., traîn.., troup.., trouss.., trum..,
vaiss.., vann.., v.., vermiss.., vers.., toler...

Aloyau (1), bacaliau (2), bau (3), boyau (4), cor-
nuau (5), étau (6), gluau (7), gruau (8), hoyau (9),
huyau (10), joyau (11), noyau (12), sarrau (13), tuyau,
fléau, pilau (14), landau (15) (les landaus), senau (16),
unau (17).

14. *Ecrivons au pluriel quelques uns des noms qui finissent en* ot.

Berlingot, billot, brûlot, cachalot, cachot, cahot,
caillot, camelot, canot, capot, chariot, chicot, culot,
dépôt, entrepôt, écot, falot, fricot, garrot, gigot, go-
denot, goulot, grelot, haricot, îlot, jabot, javelot,
larigot, lingot, lot, magot, manchot, margot, mar-
mot, matelot, mignot, mot, rabot, palot, paquebot,

(1) Pièce de bœuf coupée le long du dos. (2) Morue sèche. (3) So-
lives pour soutenir le tillac. (4) intestin. (5) Poisson. (6) Machine
de serrurier. (7) Petite branche frottée de glu. (8) Avoine modifiée.
(9) Instrument de vigneron. (10) Coucou. 11 Bijou. 12 Ce qui contient la semence d'un fruit. 13 Souquenille. 14 Riz cuit. 15 Sorte
de voiture. 16 Petit bâtiment de mer. 17 Quadrupède.

Plus tard on pourrait donner le même exercice à l'élève en
l'invitant à donner un adjectif qualificatif à chacun de ces noms.

pavot, picot, pilot, pivot, pot, prévot, ragot, rôt, sabot, subrécot, suppôt, turbot.

Ecrivons aussi au pluriel : b*bou, clou, coucou, cou, écrou, filou, fou, licou, matou, mou, sou, toutou, trou, verrou, brou, bijou, caillou, choux, genou, hibou, joujou, pou.

Arsenal, bocal, canal, capital, caporal, cardinal, cheval, confessionnal, étal, cristal, fanal, général, hôpital, journal, libéral, local, mal, maréchal, métal, minéral, principal, provincial, quintal, radical, rival, signal, total, tribunal, éventail, détail, épouvantail, portail, gouvernail, ail, bail, corail, émail, soupirail, travail.

Un ciel de lit. Un ciel de carrière. Le ciel de ce tableau est admirable. L'italie est sous un des plus beaux ciel.. de l'Europe. Il y a au haut de cette maison des œil.. de bœuf. Ce lapidaire possède de beaux œil.. de chat. Cette dame brode de beaux œil.. de perdrix.

15. *Pluriel du nom.* Rien de plus brill* aux yeu.. des mortel.. que les gr*des dignité..; rien de plus pénible ni de plus accabl* qu* on veut remplir les devoirs.

La double abdication que Charles-Quint fit de l'*pire et du royaume est l'action de sa vie la plus digne d'admiration. Ce prince, connaiss* à fond la vanité des gr*deur.. et le faux éclat des couronne.. préféra la retraite de Saint-Just, en Espagne, au palais impérial. Il trouva d* cet état une satisfaction plus solide qu'à être l'arbitre de l'Europe. La gloire qui *vironne les gr*des dignité.. fait que nous accordons volontiers notre estime aux personn.. qu.. y renoncent.

De tous t* on a remarqué d* les fr*çais un amour singulier pour leurs roi.. : ce n'est pas seulem* une fidélité, un attachem* réfléchi et sincère, c'est une passion bien réelle, capable des plus gr*des chose.. ; nos annale.. en offrent des preuv.. s* nombre. A la batail.. de Pavie, Jean le Sénéchal, gentilhom.. de la ch*bre, voy* un arquebusier viser un prince, se jetta au-dev* du coup et fut tué, sacrifi* ainsi sa vie pour celle de son maître. C'est là que François Ier vit toute sa no-

blesse expirer à ses côté.. ; ces gentilshom..., qui n'a-
vaient vu que leur père d* leur souverain, s*blaient
*core lui faire un rempart de leurs cadavre...

〜〜〜〜〜〜 〜〜〜〜〜〜〜〜〜〜〜〜〜〜〜〜〜〜〜〜〜〜〜

5ᵉ EXERCICE.

ACCORD DU NOM ET DE L'ADJECTIF.

(N'oubliez pas de consulter le chapitre III de votre Grammaire.)

*Mettre le pluriel à la place du singulier et commen-
cer par l'article.*

16. Phrase *bigüe (*les phrases ambigües*) ; jeune
homme *bitieux (*les jeunes hommes ambitieux*) ; en-
f* studieu... ; bel... *guille ; pierre *gulaire ; terrain
*guleux ; animal *phibie ; surprise étonn* ; discour...
*phibologique ; vaste *phithéâtre, deuxièm.. *tich*bre ;
proposition *tichrétienne ; antidate ridicule ; quelqu..
*tidote.. ; *tienne sacrée, ch* sublime, cantiq... admi-
rabl... ; saison av*cée ; grand archipel ; les îles des
Antilles ; menée *timonarchique ; *técéd* fâcheux ; antépénultième effacée ; am*de amère ; am*de très-oné-
reuse ; am*de honorable ; b*de longue ; comm*de considérable ; contreb*de découverte et punie ; dem*de
importune ; gl*de dur.. ; guirl*de varié.. , riche habit* ;
hirlandais catholique ; l*de aride ; fort multiplicande ;
pieuse offrande ; plate-b*de fleuri.. ; sévèr.. réprim-
m*de ; faible divid*de ; tarte friande ; fille gourm*de ;
viande salé.. : bel.. légende ; p*te rapide ; long *chaîne-
m* ; serp* monstrueux ; hareng salé ; exist*ce pénible
(sing) ; rev*che perdu.. ; plusieur... dim*che.. ; robe
blanche ; longue br*che ; fr*che-coudée ; gros.. h*che ;
m*che large ; pl*che pourri.. ; tr*che roti.. ; b* d'école ;
gros b*bou ; peti.. b*bin ; b*deau royal ; b*dit incar-
céré ; banlieue déserte ; banque royal.. ; dos élevé ;
enclos bien fermé ; *héros célèbre* ; os carié ; propos dé-

placé; repos nécessaire; (ces derniers noms ont un
s final au singulier). (4)

Je continue de mettre le pluriel au lieu du singulier :

17. B*quet magnifique (les banquets magnifiques);
b*queroute frauduleuse; banquette verte; premier
b*quier; méch* anthropôphage; détestable mis*thrope
gr* ch*bell*; ch*ce défavorable; honorable ch*celier;
ch*cre hideux; mauvais.. ch*son; méch* garnem*;
instrum*tr*chant; j*be allongé..; j*bon r*ce; assaill*
malheureux; accueil bienveill*; liquide bouill*; ver-
nis brill*; jeune malveill*; angle saill*; infidèl.. sur-
veill*; vaill* guerrier; p*talon étroit; p*thére féroce;
p*tin amus*; p*toufle étroit..; circonst*ce aggrav*.. :
longu.. dist*ce; bel.. prest*ce; st*ce poétique; arr*ge-
m* difficile; haut r*g; adroit bl*chisseur; vaste bl*che-
rie; jeune pl*te; br*che tortu..; écr* commode; cadr*
*tique; fr*ge neuve; gr*deur démesuré..; fr*çais poli;

(4) Sans vouloir donner des règles bien précises sur l'orthographe
d'usage ou des mots en eux-mêmes, nous aimons à faire part de
quelques remarques qui ne seront peut-être point sans intérêt. 1.
Il nous a semblé qu'on commence toujours par *a* les syllabes initiales *ambi*, *angu*, *amphi*, *anti* (excepté enfin. enfiler, entier,
enticher, entité.)

2. Il nous a semblé aussi que la voyelle *a* règne dans la finale *ande*
(excepté dans amende, qui est une peine; commende, qui est un bénéfice, componende, dividende, prébende, légende, provende).

3. Que *a* règne aussi dans les syllabes *anche*, *ancie*, *antroph*,
han, *chan*, *jamb*, *illan*, *pant*, *stance*, *blan*, *clan*, *flan*, *glan*, *plan*,
bran, *cran*, *dran*, *fran et gran*, (excepté dans enchère, enchaîne-
ment, prébende, arpent, pente, pentamètre, penture, serpent,
serpentine et existence.

4. Que la préposition *en*, se combinant avec un primitif quelconque, ne peut dans aucun cas aliéner son orthographe naturelle,
c'est ainsi que l'on écrit désenchanter, désenrouer, enchaîner, en-
fermer, rendormir, renfermer; et si cette préposition change son
n en *m* devant *b*, *p*, *m*, (rembrunir, désemprisonner, emmener,)
c'est par une loi d'harmonie sur laquelle, un peu plus loin, nous
avons soin d'exercer nos élèves.

gr*ge isolé.. ; haut plancher ; pl*chette mathématique ;
pl*teur habile ; r*pe circulaire ; chèr.. r*çon ; r*cune
continuelle ; *cien militaire ; malade agonis* ; affreus..
*goisse ; amar*te odorifér*.. ; nombréux *bul* ; *ge tu-
télaire ; *gle aigu ; pôle *tarctique ; *tre sauvage ; saint
arch*ge ; arrog* méprisé ; nos heureux ascend* ; av*ce
refusée ; foll.. bacch*tes ; bal*ce juste ; ban.. matrimo-
niau.. ; prés* funeste ; augmentation considérable ;
heureuse influ*ce.

18. Boul*ger complais* (les boulangers complai-
sants) ; bilan désapprouvé ; broc*teur adroit ; joie
bruy*.. ; cab* lourd ; long cabest* ; cal*dre plum.. ; sot..
condolé*ce ; disciple const* ; cormor* palmipède et vo-
race : cré*cier impitoyabl.. ; pauvre d*din ou niais ;
d*se aujourd'hui très-d*gereuse ; liquide devenu d*se ;
rich.. fin*cier ; heureu.. dev*cier ; bel.. din*derie ; ust-
*sile luis*te ; voix discord*.. ; dist*ce considérable ;
dolé*ce désagréabl.. ; parure élég*.. ; él* généreu.. ;
ém*cipation intellectuell.. (au singulier) ; batail..
s*gl*te ; nouvel.. foudroy*.. ; sable mouv* ; preuve évi-
d*te ; pli ondoy* ; couleur amar*te ; v*te publiq.. ; r*te
viagér.. ; t*te (toile) protectrice ; t*te germain.. ; v*ge*ce
cruelle ; s*tim* noble ; dévouem* généreux ; ornem*
sacerdotal ; *chaînem* singulier ; tourm* horrible ;
élém* grammatical ; dénouem* tragique ; sifflem* af-
freu.. ; cons*tem* dangereu.. ; attachem* naturel ; raf-
finem* de politesse surpren* ; dérangem* mom*tané ;
chiens err*.. ; compliment flatteur ; logem* spacieu.. ;
emportem* déplorable ; ménagem* délicat ; docum*
précieu.. ; amusem* innocent ; imm*se trésor ; gr*d..
rivière ; fleuve majestue.. ; gr*de *bouchur.. ; canal
nécessaire ; lac profon.. ; rive ri*te ; serm* religieu.. ;
départem* limitroph.. (5).

(5) N'oublions pas de bien faire remarquer à nos élèves que la
finale *ment* s'écrit toujours avec un *e* ; nous en excepterons seulement
aimant [participe], aimant [minéral], diamant [bijou], et les adjectifs
terminés en *man*, tels que musulman, ottoman, etc. qui font leurs
féminins par l'addition d'un *e* muet [musulmane, ottomane etc.] ;
mais ces derniers sont très-peu nombreux.

19. Cette leçon sera d'un intérêt d'autant plus grand qu'elle renferme des mots contraires à la loi de dérivation, et qui doivent pourtant être connus de bonne heure. (6) — Écrire au pluriel :

Conjugaison irrégulièr.. ; jeune extravag* ; travail fatig* (les travaux fatigants) jeune homme fring* ; personne intrig* ; application (singulier) const* ; com..-unication intéress*.. ; preuve convainc*.. (les preuves convaincantes) ; frêle *barcation ; fabric* distingué ; fabrication frauduleu.. ; chemin praticable ; honteu.. prévarication ; couverture suffoc*.. ; suffocati.. pénib.. ; long.. vacance ; poste vac* ; éducation incomplè.. ; convocation tardiv.. ; provocation condamnabl.. ; *cependant on écrit toujours :* attaquable, croquant, imm*quable , marq*, remar..able ; *et contrairem* à la loi de déri-vation :* remède abstergent ; adhér*ce fâcheus.. ; système adhér* ; conför*ce util.. ; coïncid*ce remarquabl.. ; différ*ce notabl.. ; rayon divergent ; somme équival*.. ; faute évid*.. ; note excell*.. ; exigence révolt*.. ; exist*ce pénibl,.. ; expédi* singulier ; heureu.. influ* ; sot.. néglig*ce ; précéd* lettre ; préfér*ce marqué.. ; présid* honoraire ; résid*ce lointain.. ; révér*ce distingué.. ; sem*ce agricole ; viol*ce atroce ; robe neuve ; femme jui.. ; vie sauv.. ; vie activ.. ; lettre brèv.. ; lumière vive ; conduite païen.. ; action chrétien.. ; maison an-cien.. ; bon.. nouvelle ; tourterelle mignon.. ; fille bouffon.. ; mémoire fidèl.. ; chef rebel.. ; serv*te infidèl.. ; joue vermeil.. ; faute habituel.. ; l*gue muet.. ; copie

---

[6] Outre le but principal que nous devons nous proposer dans chaque exercice , nous tâchons d'appeler accessoirement l'attention des élèves sur des notions intéressantes de grammaire : ainsi dans cette leçon sur l'accord de l'adjectif avec le nom et sur la forma-tion du pluriel, il est encore question des mots dérivés, sur lesquels on doit appeler de bonne heure l'attention des jeunes élèves. Nous avons eu soin de faire imprimer plusieurs leçons sur un article aussi essentiel.

Grammaire selon l'académie, page 90, voir les Nos 226 et les sui-vants.—Noël et Chapsal, No 224.

net..; *formons le féminin de* complet, concret, discret, inquiet, replet, secret, bas, épais, gras, gros, las, nul, gentil, paysan, sot, fou, mou, vieux.

20. Belle enf* ; sot.. enge*ce ; épouv*te mortel.. ; fort ét*con ; ét*g vaste ; étr*glem* fâcheu.. ; saint év*gile ; pieus.. est*pe ; écolier fainé* ; fais* délicieux ; f*fare bruy*.. ; f*ge sal.. ; vi*de fil*dreu... ; les fin*ces de l'état rétabli.. ; f*freluche puéril.. ; off*se réparé.. ; déf*se opiniât.. ; forb* redoutable; b.. fricandeau ; joli.. g*se; mal g*gréneu.. ; g* ver.. ou blanc ; gar*ce excell*.. ; Goliath gé* ; bel.. gir*doles.

Écrivez au masculin pluriel : chanteur, amateur, chasseur, débiteur, demandeur, devineur, vendeur, bailleur, antérieur, inférieur, supérieur, majeur, mineur, meilleur, auteur, traducteur, docteur, professeur, pécheur, gouverneur, vengeur, libéral, original, principal, égal, spécial, brutal, fatal (fatals) grammatical, illégal, impérial, loyal, machinal, musical, numéral, original, radical, social, trivial, verbal.

Écrivez au féminin pluriel les mêmes adjectifs.

(Si les élèves sont assez forts on pourra exiger qu'ils ajoutent un nom à chacun de ces adjectifs).

21. Grand.. muraille (7) large feuil.. ; pail..asse grossiè.. ; grille usé... ; groseil.. excellen... ; long... quenouil.., guenil.. blanc.. ; limail.. fin.. ; cruel.. mitrail.. ; maison ancien.. ; fol.. malveil..ance ; pareil.. sottise ;

(7) Dans les mots qui commencent par *ill*, comme illimité, illustre, illumination, les deux *l* ne sont point mouillés; le son mouillé ne se rencontre également pas dans armillaire, Avril, barril, bissextil, Brésil, capillaire, chenil, civil, coutil, distillation, exil, fournil, fusil, gentil (signifiant joli), gentilshommes, gril, maxillaire; menil, mille, millésime, morfil, nombril, oscillation, osciller, outil, persil, pistil, pupille, scille, scintillation, sextil, sil, Sicile, sille, sourcil, subtil, tranquille, vaciller, vaudeville, village, ville ; et en général nous savons que *ill* dans le corps des mots et *il* final offrent un son mouillé dans plus de 800 mots.

oreil.. délicat..; bouche vermeil..; oseil.. sèch..; patrouille protect.. (fém. de protecteur); pécadil.. publiq..; long.. fusillade; vieil.. péch.. (féminin de pécheur); fille moqueu.. (fém. de moqueur); ces personn.. sont naïv.., bénig..; elles ne sont ni sot.., ni ragot.., ni vieillot..; cette enfant est docil.., bon.. aimabl.., intelligent..; cette vieil.. est une sorcièr.. méchant.., laid.., faus.., trompeu...

Tail.. viv..; pail.. fraîch..; coquil.. net..; médail.. *cien..; grand.. merveil..; rocail.. meilleur..; crémail.. ère neuv.. ; cui..ère noir.. ; vie l.. ouvrièr.. caduq.. ; écail.. très-dur.. ; bel.. taille..; batail.. cruel..; aigui.. d'*gereus.. ; citrouil.. fraî..; corbeil.. neuv..; arti..erie régulië..; manœuvre habil..; cui..erée de bouil..on douce; parole sèc..; proposition naï.., mei..eure grosei..e ; majeur..partie; circonst*ce *térieur..; genti..esse remarquable; treil.. verdoy*..; loi judaïq..; femme jui.. (d'un juif); serv*te traîtr.. (fém. de traître); délibération nul..; fol.. dem*de; vi*de mol...

Donnons un nom masculin pluriel aux adjectifs châtain, dispos, fat.

22. *Adjectifs déterminatifs. (Rappelez-vous que * remplace généralement le son* an, *de quelque manière qu'il soit écrit, que des points annoncent une abréviation; maintenant* ' *remplacera* s, ss, c, ç, t doux, *et généralement l'articulation* s; ce, cet, cette, ces, *seront représentés par* c *suivi de deux points.*

C.. 'èdre *tique (ce cèdre antique); c.. long.. 'édille; c.. auguste 'énacle; c.. amateurs d'horloges; c.. ami 'en'eur; c.. *droit 'endré; c.. cerf.. agiles; c.. 'erfeuil frais; c.. 'érémonies intére'*tes; c.. large.. cicatri'es; c.. 'idre aigre; c.. 'inquante écu..; c.. joli.. 'iboires; c.. 'ierges pascal..; c.. 'iels de tabl.. azuré..; c.. rudes 'ilices; c.. 'igogne au lon.. bec; c.. cigares excell*; le ch* peu mélodieu.. de c.. cigale; c.. hardi.. cavaliers; c.. *tière 'ertitude; c.. gran.. arceaux; c.. 'erviteurs inutil..; c.. 'ent*ces terribl..; (*m.* mis pour *mon, ma, mes; t.* pour *ton, ta, tes; s.* pour *son, sa, ses; n.* pour *notre, nos; v.* pour *votre, vos*): m. ber-

ceau fleuri ; t. violents accès ; s. joli.. 'erises ; n. commer'e floriss* ; leur dou.. con'ert.. ; m. conce'ion..
onéreuses ; t. vaste con'iergerie ; leur.. dur.. écor'es
v. extraordinaire for'e ; v. courageu.. athlètes ; n. *cien..
far'es ; v. mor'eaux de 'ire ; leur.. peti.. pin'eaux ;
leurs min'es par'elles ; c. 'inqu*taine de 'itrouil..; L.
heureus.. 'ivilisa'ion, v. long.. 'irconlocutions ; t. 'ir-
conspec'ion util.. ; c.. lieux 'irconvoisins ; votre cire
bl*che ; n. vins clairet.. ; mon gr* para'ol (8) ; t. vrai-
'embl*ce frap..ante ; m. nombreu.. mono'yllabes ; c.
dé'uétude ; t. pompeu.. dédicaces ; v. pré'upposi'ions
ridicul.. ; c. pré'é*ce est illégal.. ; on appelle tr*ssubs-
t*tiation le ch*gem* miraculeu.. du pain et du vin d*
l'Eucharistie, au corps et au s* de n.. Seigneur J. C.

23. c *tient souvent lieu de* ss. N. avide popula'e ; v.
inutil.. mena'es ; s. tra'es remarq..ble.. : s. bel.. préfa-
fa'e ; v. noces splendid.. ; s. espè'e original.. ; t. atro-
'e.. grima'es ; leurs puce.. désagréabl.. ; c. ra'e impie ;
la gla'e dur.. ; c. honnêt.. épi'ier ; c. dé'ès malheureux ;
c. pro'ession solennel.. ; v.. paroi'e éloigné.. ; s. mau-
vai.. pro'édés ; v. pro'ès ruineu.. ; n. parti'ipes pa'é..
t. charm* a'o'iés ; c. poli'e est prud*.. ; t. pays est
'ivilisé ; s. domi'ile est ignoré ; c. march*de de fi'elle
est raison..abl.. ; (*mots terminés en isse ou en ice*) les
même.. couli'es ; plusieur.. gros.. écrevi'e.. ; quelq..
gr* in'endi.. ; v. bon.. régli'e ; c.. étof.e est li'e ; met-
tez de côté un.. tel.. péli'e ; quelqu..écli'e (rond d'osier)

---

(8) Quelquefois *s* entre deux voyelles ne se prononce pas comme
z ; Désuétude, monosyllabe, parasol, polysynodie, préséance, présupposer, soubresaut. vraisemblance. Quelquefois au contraire *s*
se prononce comme **s** après une consonne : Alsace, balsamine, bal-
samique, balsamite, transiger, transaction ; transition, transit,
transitif, transitoire, etc.
On met deux *s* après la consonne nazale *n* dans transsubstantiation,
transsudation, et aux finales de l'imparfait du subjonctif, excepté à
la troisième personne : que je vinsse, que nous obtinssions.
Nous donnons ailleurs une remarque plus complète sur l'articulation *S*.

né'essaire.. ; les li'e.. de c. vai'eaux sont solid.. ; plusieur.. fabri'iens distingué.. *Adjectifs numéraux* ; sc au lieu de ss (9).

Écrivez les adjectifs numéraux en toutes lettres.

Le premier ascend* ; l'adole'ence 'econ.. âge ; la deuxième a'en'ion ; un troisi.. acquie'em* ; le 4e 'élérat ; v. 5e di'iple ; n. 6e 'eau royal ; c. 7e 'ission ; v. 8e 'ène théâtrale ; v. génie tran'*d*. La di'ipline est sévèr.. d* c. classe ; r*gez le 10e fai'eau ; la 11e 'ience consiste à connaître Dieu. Un 18e canari. Le 19e corbeau. La 20e perdrix. Le 22e épervier. Le 30e vautour. La 40e pie. Le 50e pic. Le 60e toucan. Le 70e cygne. La 80e oie. Le 100e courlis. Le millième héron. La millionième autruche. Les 1res bécasses. Les 2es paons. Les 3es cailles. Les 4es moineaux. Les 5es rossignols. Les 6es ortolans. Les 27es merles. Les 38es fauvettes.

24. *Adjectifs numéraux cardinaux* ; écrire en lettres les nombres suivants : 2 gr* h*gards (deux grands hangards) ; 3 bel.. har*gues ; 5 fort.. haub* ; 6 condamna'ion.. infam*tes ; 7 av*turier.. troublé.. ; 8 j*tes rompu.. ; 9 chars-à-b* commode.. ; 10 lambeaux dégoût* ; 11 travail..eurs l*bin.. ; 12 fort.. l*bourdes ; 13 l*pes sépulcral.. ; 14 l*des défriché.. ; 15 l*dier.. façonné.. ;

(9) Voici presque tous les mots qui s'écrivent avec *sc* et que l'on pourrait quelquefois faire copier aux élèves : ascendant, asciens (habitants de la zône torride) adolescence, ascension, ascète (sorte d'hydropisie), acquiescement, concupiscence, conscience, convalescence, coscinomancie (divination), descente, descendre, disciple, discipline, fasce (blason), faisceau, fascine, fasciner, s'immiscer, irascible, incandescence, lascif, miscellanées (mélanges de littérature), miscible, piscine, obscène, osciller, réminiscence, sceau, scélérat, sceller, scène, scénite, sceptre, schakot, schall, scheling, schisme, schiste (pierre), sciatique, scille (plante), sciomancie, scion (petit rejeton flexible), scie, science, scillo'e (vase), scinder, scintillation, sciomancie, scissible, scission, susciter, susceptible, transcendant, vesce (grain) ; et les dérivés de ces mots.

16 l*gue.. divers.. ; 17 malade.. l*gui'* ; 18 l*terne..
neuv.. ; 19 jeune.. lieuten* ; 20 misérabl.. man*. 21
(vingt-et-un)homm.. malveill* ; les mam* de c. 22 *f*
sont abs*tes ; 23 gros m*geur.. ; 24 haut.. m*sarde.. ;
25 m*teau.. usé.. ; 26 personne.. mél*coliq.. ; quelle
m*suétude d* c. 27 (vingt-sept) magistra.. ; 28 nu*ces
divers.. ; 29 piè'e.. d'org*di ont été jeté.. d* l'Océ*;
tout ce qui est rép*du sur la surfa'e du globe; les pl*tes
odorifér*te.., les plus petit.. animau.., tout a été tiré
du né*. Nonobst* vos s*glot.., mon *f*, j'exigerai à ou-
tr*'e que vous ne fréqu*tiez plus ces 30 péd*. Ce furent
c. 40 outrecuid* ou présomptueu.. qui voulurent faire
partie de la phal*ge ennemi.. ; c. 51 (cinquante-et-un)
beau.. vai'eau.. firent voile vers le pon* ; parlez-nous
s* r*cune de ces 1000 c*c* inoffensif.. ; on nous a montré 550 rossin*te.. ; ces saint.. mi'ionnaires ont tra-
vaillé à la s*ctifica'ion de plus de 70 (soixante-et-dix)
peuple...

    25. Des toits neuf.. 3 t*bour..-maître.. ; 4 ligne.. sé-
c*te.. 7 évêques suffrag*. 2 séc*te.. ; 1 seule t*gente.
J'ai vu t*tôt deux tisser* renommé.. Ces 20 turb*
appartiennent à des musulm*. Nous avons 2 tymp*.
Rome, Athènes et Syracuse ont eu leurs tyr*. Ces 5
petit.. enf* sont *core faible.. et va'ill*. Ces lettre.. de
ch*ge sont toute.. à 3 us*ce.. Les 3 principaux volc*
sont l'Etna, le Vésuve et l'Hécla. Ces 25 vétér* ne se
nourrissent que de vi*des noire.. Nos 8 s*tinelle..
étaient vigil*te.. Quand vous auriez 100 truchem* vous
ne comprendriez rien à ces propo.. 2 gran.. puits. 1
gr* puit.. 7 notaire.. royaux. 8 chapeau.. bl*.. 8 soldat.. flam*. 9 ber'eau.. commode.. Ce magasin est
fréqu*té par plus de 64 bon.. chal*.. Ces 13 écolier..
sont inconst*. Ces 15 d*ger.. ne furent point pour lui
effray*. Il est cep*d* poursuivi par 14 impitoyabl..
cré*cier.. J'ai acheté 18 paires de g* bl*.. Allons voir
vos 17 pl*ta'ion.. Ces 20 jeun.. gen. sont élég*..
Ils étaient 24 plais*. 27 comm*ç*, vingt-huit rangées
d'arbr.. Les 38 jours suiv*. Cette couronne a 29 diam*.
30 épouv*tes 31 grand.. étang.. On a coupé *viron 32

br*che.. de c.. arbre. Il y avait sur la place 33 ch*teur..
Nos ouvrier.. occupaient 44 ch*tier.. On avait fait 60
br*card.. J'ai pl*té 36 fr*boisier.. Ce passem*tier a fait
av*-hier 37 fr*ge.. Plus de 45 gr*ge.. existent d* les
propriété.. voisine.. Ils se sont éclairés par le moyen
de 19 ch*delle.. Voyez mes 44 belle.. est*pes. Il nous
est arrivé 49 étr*ger.. On paiera c.. 42 bl*chi'euse..
Cet archevêque a fait 47 m*dem*. On a v*du soixante-
et-dix m*che.. de balai. 91 m*telet...

26. Ce d*tiste a visité 367 m*dibule.. dans une *née,
plus d'une par jour. Dans ce restaur* on a mangé 150
fais* en moins d'une *née. Vous avez d* votre atelier
54 laine*. Voici 52 pl*çon.. 54 pl*chette.. 55 pl*cher..
56 p*carte.. 57 personne.. prévoy*te.. 67 réunion..
brill*te.. Nous avions dans le régim* 64 vaill* cavalier..
Ces 74 jeune.. homme.. ne sont que des f*faron.. Il y
a d* cette gr*de ville 81 riche.. fin*cier.. et 2000 com-
merc*.. tous *bitieu.. Faites 70 jolie.. g*se.. avec ces
rub*. Jetez au feu vos 84 rom* pernicieu.. On comptait
parmi eux 90 gé*.. fameu.. On envoya au sénat 10 *ba-
adeur.. 10000 f*ta'in.. se mirent en campagne, C..
*voyés ne firent que des f*faronnade.. Quatre-vingt-onze
l*beau.. dégoût*.. Cent l*bris doré.. 2 cents l*pe..
300 j*be.. mol.. Deux cent cinq l*ternes. Quatre-vingt-
cinq franc.. Quatre-vingts an.. Quatre-vingts petit..
faon.. (petits de la biche). L'an mil huit cent vingt-
trois. L'an 1836. L'an 1792. Une paysan.. âgé.. de quatre-vingts *. Deux cent quatre-vingts jours. La somme de 1650 fr*. Deux mille sept cent quatre-vingt-
quinze témoin.. 2995 grosse.. orange.. Soixante-et-
seize figues noir.. 77 pêche.. moll.. Un million de prunes sèch.. Deux billions de pruneau.. Trois billions de
châtaigne.. blanc.. 1280 gros marron.. 1200 jujube..
Quatre cents pomme.. reinettes. 880 prunes reine-
claude (au sing.) 600 pistaches fraîch.. Cent deux
bonne.. azerole.. 104 beau.. coing.. 780 grenade.. ven-
due.. sur la pla'e publi..

~~~~~~

6e EXERCICE·

—

SUR LES PRONOMS.

(N'oubliez pas de consulter le chapitre IV de votre Grammaire.)

On n'a mis dans cet exercice que l'initiale de certains pronoms, les élèves devront ajouter celles qui manquent. (10)

27. L'appât qui est nuisible. L'âne q.. porte son bât. Le bâton que j'avais. Le château q.. tu as. Le dégât du gâteau q.. tu as fait. L'idolâtre q..'on a chassé. Les mâchoires q..'ils ont trouvées. La grâce dont on parle. Les pâtures d.. on nourrit les animau.. L'opiniâtreté qui est d* sa tête. La pâleur q.. se montre. La pâte q.. se gâte. O.. a gâché d* ce travail. O.. s'y emplâtre s..-même. Cette pâte est mauvaise. La patte de chien q.. nous avons trouvée dans l'hôtellerie. Mâchez-en, ne tâtonnez-v.. pas? Pourquoi t.. hâtes-t..? Tâtez l.. le pouls. Goûte le vin q.. est d* ce tonneau? Je l.. goûte. J.. bâtis des châteaux en Espagne. Bâtis-l.. un théâtre. Votre pâtisserie n.. dégoûte. N.. rabâchons. On dit que v.. m'apprêtez du poisson pour dîner. Vêts-t.. magnifiquem*. T.. bêches tout le jour. Empêche-m.. de partir. J'arrête celui q.. porte les dépêches. Clôture-l.. son jardin. Il est blême. J.. l'empêche de jouer. Prête-les l.. T.. la pêches. T.. les mêles. Traîne-les dans la boue, N. rôdâmes sur les côtes de cet.. île. Traîtres! v.. serez punis! Q.. sont ceux qui vous l'ont

---

[10] Cet exercice comprend un grand nombre de mots usuels qui reçoivent l'accent circonflexe. Voir l'exercice 3, page 15, et la note.

On conçoit que ce chapitre comme celui de l'article, ne renferme guère que des difficultés syntaxiques,

dit? Va-t'en, allons-n.. en, allez-v.. en. Y es-t..? Y
est-il? Y est-el..? Y êtes-v..? Y avez-v.. été? Y fus-
sent-i..? Rafraîchissons-la, rafraîchissez-les, i.. s..
rafraîchissent. N.. savons qu'e.. ont lu votre épître,
la vôtre et non la mi.. Otez-m.. cet objet; qu'i.. est hideux! Voilà une action q.. n'est pas exempte de blâme. A la tête d'une nombreu.. armée, il marche à l'ennemi q.. est complètement défait. Que ce.. et cel.. qui
profitent des victoires, aillent combattre, dirent-ils.
La mer et les v* se sont tûs. On v.. a dit que le sui-
'ide est toujours le crime d'un lâche.

28. Cepend* le soleil se montra avec éclat sur le
sommet des montagn.. voisin.. Nicolas et Xavier s..
remirent en route et desc*dirent dans une vallée où
i.. aperçurent différ*tes habitation.. I.. *trèrent dans
un châlet et dem*dèrent l'hospitalité au nom du Seigneur. Une femme entouré.. de 5 enf*.. en bas âge les
reçut avec bonté, et l.. prés*ta une écuelle de lait et
quelque.. pomme.. de terre préparé.. pour le déjeûner de ses enf*. Lorsqu'e.. apprit que les 2 fugitif..
étaient des victime.. de la guerre, el.. se mit à pleurer.
N.. payons l'impôt l.. plus fort. Qu'il est doux de
chérir ce.. qu'i.. faut qu'o.. respecte..! Les dieu.. s..
déclarent; i.. veulent, mon cher Télémaque, v.. mettre en sûreté. Les bons habit*.. le féli'itèrent; son ton
aimable l.. frappa; i.. le con'idérèrent longt*. Faites
le *trer, donnez-l.. à manger, engagez-l.. à pr*dre
quelque repos. Dites-m.. c.. q.. vous avez-vu. Dites-
n.. c.. qu'o.. en p*se. Savez-v.. c.. que v.. voulez? Q..
v.. a-t-on dit? Ma plume est meilleur.. que la v.. Votre *cre est plus blanc.. que la m.. Voilà votre habit,
où est le s..? Voici mon chapeau, où est le v..? Nos
boîtes sont jolie.., les l.. ne valent rien. Vos chaîne..
sont usée.., les n.. sont neuv.. Comme on exigeait de
François premier q.. les ennemi.. avaient fait prisonnier à la batail.. de Pavie, certaine.. condi'ion.. hon-
teus.. pour le mettre en liberté, il chargea l'agent de
l'*pereur de m*der à son maître la résolu'ion où il était

de pa'er plutôt toute sa vie * prison que de rien dé-
m*brer de ses états.

29. Le chevalier Bayard avait été ble'é mortellem*
* combatt* pour son roi (François premier ; en 1524),
à la batail.. de Rebec, il était couché au pied d'un arbre, lorsque le connétable duc de Bourbon, rebel.. à
sa patrie, et q.. poursuivait l'armé.. fr*çais.. ; ven* à
pa'er près de l.., le reco..nut et l.. dit qu'i.. avait gr*
pitié de l.. voir en c.. état. Bayard l.. répondit : « M.
il n'y a point de pitié à avoir pour m.., car je meurs
hom.. de bien : mais j'ai pitié de v.., q..servez contre
votre prin'e, v.. patrie et vo.. serm* » Peu après, Bayard expira. La gloire est el.. ici du côté du vainqueur
et le sort du vaincu mour* ne l.. est-i.. pas infinim*
préférable ?

O.. a dit que la bataille de Rebec fut moins 'élèbre
par la déroute des Français que par la mort de Bayard
qui mérita le titre de *chevalier s* peur et s* reproche.*

Autre, nul, plusieurs, tel et *tout* ne sont plus pronoms dans : r*voyez à un autre jour vos projets de v*g*ce
Nulle pui'an'e n'est comparable à cel.. de Dieu. Plu-
si... jeune.. gen.. s.. sont perdu.. pour avoir écouté de
mauvais couseil.. Tel.. vie, tel.. mort. Tou.. les biens
du mond.. ne valent point le salut de votre âme. Person.. n'aime qu'o.. parle mal de s.. Voilà q..q.. chose
de bon. C'est q..q.. chose de bien fait. *Ces mêmes mots
sont pronoms indéfinis dans* : nul n'est satisfait de sa
fortune. Tel se dit votre ami q.. ne vous obligerait
pas. Il ne faut pas que plusieur.. pâtissent pour un
seul. François premier écrivait à sa mère, Madame,
tout est perdu fors l'honneur. Le bonheur des autr..
doit nous faire plaisir ; *l'élève écrira successivement
les pronoms personnels, démonstratifs, possessifs,
relatifs, indéfinis* : je, me, moi ; pluriel nous, etc.,
ou *ce qui serait mieux encore*, il fera entrer chaque
pronom dans une petite phrase de sa composition.

7e EXERCICE.

—

CONJUGAISON DES DEUX VERBES AUXILIAIRES (AVOIR ET
ÊTRE) COMBINÉS AVEC UN ADJECTIF OU SUBSTANTIF.
—TEMPS SIMPLES.

Emploi des signes précédents.

Dans cet exercice le signe (λ) *indiquera un i ou un y,
et généralement toutes les combinaisons qui se pro-
noncent i* (11).

30. *Présent de l'indicatif.* Je ne suis pas un hλdre
(je ne suis pas un hydre). Es-tu un hλdrographe? Ceci

(11) Y, entre deux voyelles, vaut autant que deux *i* : royaume
[roi-iaume], pays [pai-is].

Cette lettre est encore étymologique et alors d'un emploi difficile
pour ceux qui ne connaissent pas la langue grecque,

Y est ainsi employé dans les initiales suivantes : *hydr..* comme
dans hydropique ; *hyp..* : hyperbole ; *phys..* dans les mots scienti-
fiques : physique ; *poly..* dans ceux qui marquent pluralité : poly-
syllabe ; *gyné..* lorsqu'il est question de femme : gynécocratie ; dans
gymnase et ses composés : gymnastique ; *cycl..* dans les mots qui
désignent un objet rond : cyclostome ; *type..* s'il est question d'empreinte : typographie ; *pyr..* en parlant du feu : pyrotechnie.

Les autres mots les plus usités (*non compris dans cet exercice*) qui
reçoivent l'y sont :

Acolyte, analyse, apocryphe, asphyxie, azyme, baryton, by,
Cocyte [fleuve des enfers] ; coryphée, cotyle, cylindre, cyprès,
dynastie, dyssenterie, ectype, encyclopédie, étymologie, hiéro-
glyphe, lacrymal, lycée, martyre, mystère, mystique, mytholo-
gie ; oxycrat, paralysie, presbytère, pyramide, sycophante, syl-
labaire, syllabe, syllepse, syllogisme, sylphe, sylvain, symbole,
symétrie, sympathie, symphonie, symptôme, synagogue, syna-

e.. de l'hʌdromel. Sommes-nous hʌdrophobes? Etes-vous hʌdropiques? Ils s.. amateur.. d'hʌberbole..

Imparfait. J'étais hʌpercritique. Tu ét.. alors hʌpocrite. Il é.. hʌpnobate ou somnambule. N.. ét.. dans votre hʌpothèse. V.. ét.. hʌpocondre.. Ils ét.. phʌsicien..

Passé défini. Je fus phʌsionomiste. Tu fus ennemi de la polʌgarchie. Il ne fut pas approbateur de la polʌgamie. N. f.. polʌgraphe.. V.. f.. désapprobateurs du polʌthéisme. Ils fu.. d* une gʌnécocratie.

Passé indéfini. . . . .

Passé antérieur. . . . .

Plus-que-parfait . . . .

Futur. Je serai demain dans un gʌmnase. Tu sera.. en réputation par la beauté de ton style. Il s.. un de no.. acolʌtes. N.. s.. forts dans l'analʌse. V.. s.. le sauveur de ces asphʌxié.. Ils s.. les corʌphée.. de la révolte, mais malheur à eux!

Futur passé . . . .

Conditionnel. Je serais volontiers le propriétaire de ce cʌlindre. Tu s.. déjà à ce gr* cʌprès. Il s.. l'écrivain des fait.. mémorable.. de cette dʌnastie. N.. s.. collaborateur.. de l'encʌclopédie. V.. ser.. forts dans la connaissance des étʌmologie.. Est-ce que ces caractère.. ser.. hiéroglʌphique..?

Conditionnel passé. . . . .

lèphe, synallagmatique, synaxe, synchronisme, syncope, syncrétisme, syndérèse, syndic, synecdoque, synérèse, synode, synonyme, synoptique, synoque, syntaxe, synthèse, système, syzygie, thyrse, type, tyran, zéphyr et les dérivés de ces mots.

On écrit toujours *y*, lorsque cette voyelle est seule : j'y vais, y avez-vous pensé? Qu'y a-t-il? S'y reconnaît-on?

L'usage a fait presque généralement disparaître cette lettre avant un *e* muet; c'est pour cela que nous écrivons : je paie, paiement, nettoiement.

Mais *y* ne saurait entrer dans les mots païen, baïonnette, Moïse, mosaïque, et dans les autres mots de ce genre où il faudrait le prononcer comme deux *i*, ce qui serait contraire à la prononciation reçue.

31. *Impératif.* Sois connai'eur du tʌm. Soʌons plein d'horreur pour les discours cʌnique... Soʌez assez sage pour ne pas croire à la métempsʌcose.

Subjonctif présent et futur. On veut que je sois en état d'écrire s* le secours du dic'ionnaire : apocalʌpse, anonʌme, amʌgdales (*glandes*), ankʌlose, que tu sois po'e'eur d'un beau cʌgne (*oiseau*), qu'il soit l'architecte de c.. cʌmaise, q.. n.. soʌ.. mʌope.., q.. v.. soʌ.. néophʌte.. q..'ils so.. d* un labʌrinthe.

Imparfait. On voudrait q.. je fu.. prêt à écrire correctem* : chʌle, cʌmbale, Cʌthère (île), cacochʌme, Chʌpre (île), chrʌsalide, q.. tu fu.. prêt à tracer les mot.. corʌbante, drʌade, q.. n.. fu.. les auteur.. de ces dactʌle.., q.. v.. fu.. phʌsionomiste.., qu'ils fu.. capable.. d'écrire un panégʌrique.

Passé . . . .

Plus-que-parfait. . . . .

Infinitif. Être propre à donner l'explica'ion des mots : dey, élʌsée, empʌrée, érʌsipèle, Egʌpte, homonʌme, hʌacinthe, hʌène, hʌmen, hʌmne, hʌsope, Lʌon, larʌnx, lʌre, lʌnx, mʌrthe, mʌrre, nʌmphe.

Participe Présent. Ét* au presbʌtère j'y trouvai des onʌx et du porphʌre pour ma collec'ion.

Participe Passé. . . . .

Ceci est un polʌpe. Est-ce un monosʌllabe? C.. hom.. e.. un pʌgmée. Le pʌrrhonisme e.. absurde. Qu'e..-ce que douter de tout? La Pithʌe ét.. (imparfait) une prêtre'e qui r*dait les oracles d'Apollon. L'Olʌmpe ét.. le séjour des dieu..

32. Ce que vous faites-là est du prosélʌtisme. Tu e.. un pseudonʌme, cet ouvrage n'es.. pas de toi. Qu'e.. c. qu'un satʌre ? c'e.. un demi-dieu de la fable, moitié homme et moitié bouc. Si l'amitié e.. la délicate'e du cœur, la lettre doit être la délicatesse du stʌle. Quelle e.. c.. arme meurtriè..? C'e.. un stʌlet. Quel e.. ce fleuve par lequ.. jurait irrévocablem* les *ciens? c'e.. le Stʌx. Il y avait là un sʌcomore ; c'était une espè'e de figuier d'Egʌpte. Guillot le sʌcophante e.. un ac-

teur du bon La Fontaine. L'église catholique, s'e..
élevée sur les débris de la sʌnagogue. Ét..-ils sots ceux
qui écoutaient les oracles de la sʌbille! Les Bacchante..
ét.. armée.. du thʌrse, c'ét.. un javelot *vironné de
p*prc et de lierre. Le tʌmpan a é.. formé pour l'o-
reille et le tʌmpanon a é.. inventé pours les corp.. de
musique. Les zoophʌtes s.. des animau.. s* vertèbres,
qui n'ont ni nerf.., ni m*branes articulés. Les yeux
ser..-ils, comme on le dit, le miroir de l'âme. L'ʌonne-
ne e.. une rivière. L'ʌeuse e.. une espèce de chêne.

Y e..-il? oui, il y e.. Y êt..-vous? j'ʌ su.. Y so..-
nous? vous y ê.. Y éti..-nous? Y f..-il jamais? Y ser..-
je un jour? ʌ ser..-vous? Je désire que n.. y so.. avec
vous? Il faudrait qu'ils ʌ f.. Qui en ét..? Qui en f..?
Qui en serai..? Qui ʌ est? Qui y ser.. le premier?
Q..'en serai..-il, s'il en ét.. ainsi. C'e.. un mʌstère q..
no.. devons croire. C'e.. votre croʌance, je la respecte.
C'e.. un homme mʌstique? Qu'e..-ce que le sʌmbole
des apôtres? c'est l'abrégé de cette foi chrétienne qui
a fait t* de martʌrs. Il y a de Toulon à Draguignan
huit mʌriamètres. Drʌades, hʌsope, hʌgromètre,
idʌlle, oxʌmel, oxʌde, oxʌgène, prʌtanée, pʌlore,
pʌthonisse, psʌché (*meuble*) s.. des mots moins usuels.
Je viens de voir la plupart des principau.. mots où
y est emploʌé comme lettre étʌmologique. Si ces mots
n'euss.. point été ra'emblés ici, il e.. probable que
j'en aurais longtemps ignoré l'orthographe.

VERBE AVOIR, ACTIF ET AUXILIAIRE.

Z et S représentés par deux points. (12).

33. *Présent de l'indicaiif.* J'ai un zèbre, tu as un
ami zélateur, il a du zèle pour la religion, nous av..

---

(12) On sait que *s* entre deux voyelles, se prononce *z* ; arrosage,
phrase, noisette, raison, etc. Cependant on est convenu d'excepter désuétude, monosyllabe, parasol, polysinodie, préséance,
présupposer, soubresaut, vraisemblance et les dérivés. On écrit
encore avec *s* au lieu de *z* : Alsace, balsamine, balsamite, transi-

notre zénith , vous av.. du drap zéphyr, ils o.. beaucoup de zéros.

Imparfait. J'avais des zestes de noix et de citrons , tu av.. un zigzag, il av.. du zinc, nous avi.. de la zizanie, vous av.. le cercle du zodiaque, ils av.. une zoologie.

Passé indéfini. . . . .

Passé antérieur. . . . .

Plus-que-parfait . . . .

Passé défini. J'eus à dîner un voyageur de l'Alsace, tu eus dans ton jardin un bal..amier, Il eut une tran-..action à faire, nous eû.. un tran..it à effectuer, vous eû.. une pénible tran..ition, ils eu.. une conversation tran..itoire.

Futur. J'aurai à faire un voyage dans le pays des Ama..ones, tu au.. onze pièces d'étoffe couleur d'a..ur,

ger, transaction , transition , transit, transitoire, et tous les dérivés.

Z Entre deux voyelles , après une consonne ou à la fin des mots, règne dans une foule de termes d'astronomie, de chimie, de minéralogie, de médecine, de botanique, de zoologie et dans quelques noms usuels : alcarazas, alezan , alèze , alguazil, alize , alizé , alizier, amazone , apozème , assez, auzomètre, azalée, azébro , azédarac , azerbe , azérole, azérolier, azi , azier, azimut, azote , azur, azuré, azyme , bazan , bazar, Bec-d'Ambez , belouze , belzébut , belzof, benzoate, benzoïque , bezeau , bézestan (marché Turc), bézoard , biez , bizaam , bizarre , bizarrerie , hizé , bouze , brandirtz , bronze , cabézon , chalazes , chez, colzat , coryza , cruzadeh (monnaie), czigitai , diablezot , dizain , dizaine , dizeau , dizenier, douze , douzième , épizootie, ezteri , ferze , le Forez , gaz, gazelle , gazer, gazetier, gazette , gazifère , gazon , gazouillement , gazouiller, gerzeau , horizon , izari, Lazagnes , Lazaret, Lazulite, Lazzi , lez , lézard , lézarde , lézardé , luzerne , mazame , mazette , Metz (ville), mézail (t. de blason), mézair, mézéréon (t. d'architect.), mezzo , myzore , Nazareth , nez , nazaréen , onze, onzième , ozène, pétunzé , pézize , quartz , quatorze , quinze , recez , rez , rez-de-chaussée , rize (monnaie) , rizière , rodez , scazon , seize , sonnez (jeu), spizaete , suzerain , syzigie , topaze , trapeze , treize , trézalé , tzar, vizir, zigzag , zinzolin (couleur) , zizanie.

il au.. un caractère bi..arre, nous au.. ou vous au.. dou..e gendarmes à souper, ils au.. assez d'huile de Col..a

Futur passé . . . .

34. *Conditionnel.* J'aurais l'honneur de voir le Tzar, tu aurais un joli dizain très-poétique, il au.. sans cela trei..e di..aines de lé..ards, aurions-nous quator..e lé..ardes? auriez-vous quin..e pl*tes de lu..erne? Ces ma..ettes aurai..-elles une récep'ion.

Conditionnel passé. . . . .

Impératif. Va, aie une heureuse r*contre. Ayons pour ba..e de nos principes la vertu. Ayez l'u..age de faire le bien.

Subjonctif. Il faut que j'aie cette odeur dans le nez. Je souhaite que tu aies et qu'il ait avec toi sei..e mille livres de rente. On veut que nous a.. les appartements du re..-de-chaussée. On veut que vous ay.. une topa-..e. On voudra qu'ils ai.. la me..ure de ce trapè..e.

Imparfait du subjonctif. On voulait que j'e.. des ro..es. On voudrait que tu eu.. une rosse. On aurait voulu qu'il e.. du poisson. Voudrions-nous qu'il eût du poi..on? Voudrait-on que nous eu.. encore la tête ra..e? On voulait que vous eu.. pour leçon les rois de la première race. Mes amis auraient voulu que mes fermiers eu.. encore des ceri..es de mes beaux cerisiers.

Passé . . . .
Plusque-Parfait. . . . .
Infinitif . . . .
Participe Présent. . , ...
Participe Passé . . . .

On a déterminé deux points dans le ciel dont l'un s'appelle zénith, il est au-dessus de notre tête; l'au-nadir, il est oppo'é au premier et répond à nos pieds. La ligne courbe qui borne notre vue, a pris le nom d'horizon sensible. La zône torride a pour limites les deux tropiques.

(a verbe, se distingue de à préposition, en ce qu'on peut lui substituer une autre personne du verbe avoir, par exemple *aura*).

8ᵉ EXERCICE·

—

(N'oubliez pas de consulter le chapitre V de votre Grammaire.)

SUJET ET COMPLÉMENT DES VERBES. — DES DIFFÉRENTES SORTES DE VERBES. (1)

L'élève devra souligner les personnes ou sujets des verbes. l, ll, eil, eils, il, ill, ille, illes, et les sylla- bes mouillées, seront représentés par deux points.

35. *Je* travai..e (travaille) volontiers. *Tu* évites adroite-
tement les écue.. Le *sol..* bri..e aujourd'hui sous un
ciel sans nuage.. *On* habil.. ici les *fant.. avec beaucoup de goût. Le *feu qui* brûlait sous la pa.. a été éteint.
La *tai..* av*tageu.. de ce vie..ard est remarquable.
  Les *feu..* en tourbi..ons formaient des nuage.. épais
dans l'air et dérobaient le ciel à l'œi.. du voyageur
que la *fatigue* venait d'ailleurs abattre à chaque pas.
  Si *vous* nous cuei..ez des fleurs n.. v.. ferons des
couronnes. Tai..ez vos arbres *(sujet sous-entendu).*
Il faut que *j'*aille à la ville. Le *présid** recue..lit les
suffrages. C'est la *canai.. qui* a fait le mal. *Tu* n'es
rien qui vail.. N'as-*tu* rien de mei..eur à nous offrir?
Les *pêcheurs* moui..ent leurs bateau.. dans c.. an'e.
Des *jets d'eau* ja..issent de ces rocher.. Alors le *sang*
bou..onnait dans nos veine.. Mille *éclair..* bri..aient
dans les cieu.. Les *pré..* émai..és de fleur.. offraient
leurs don.. odoriférant.. à Flore. *Nous* aperçûmes des
dauphin.. couvert.. d'une éca..e *qui* paraissait d'or
et d'azur. Des chevau.. marin.. *qui* laissaient loin der-

(1) Grammaire selon l'académie, page 34, voir les Nos 104 et les
suivants.--Noël et Chapsal, Nos 91 et les suiv.

rière eux un vaste si..on dans la mer. Tout *ce que*
vous verrez de plus merve..eux dans cet.. île est le
fruit de ses loi..

36. Tout le *monde* travaille et *personne* ne songe
à s'enrichir. *J'*avais cessé de suivre ses conseils. *Ha-*
zaël leur répondit : ne croyez pas, ô Crétois! que *je*
méprise les homme.. Non, non, *je* sais combien *il* est
grand de travailler à les rendre bon.. et heureux. v..
avez craint des conseiller.. trop sincère.. Souvent *il*
arrive qu'*on* éloigne de sa confi*'e les hommes sage..
et vertueux dont *on* craint la vertu, pour prêter l'o-
reille à des flatteurs dont *on* ne craint point la trahison. N'ayez point honte d'attribuer aux bonnes instruc'ions ce que *vous* ferez de meilleur.

L'*homme* doit av* tout désirer une docilité humble
et const*te à la loi de Dieu; si tous ses *effort..* abou-
tissaient à calmer l'effervesc*ce de ses passions.. , à
di'iper le prestige de ses sen.. et à imposer sil*ce au
murmure de la nature corrompue, *il* goûterait bientôt les bienfait.. de la foi, *il* serait chrétien et heureux;
quand', au contraire, il s'ab*donne à ses passion.. ,
mille *ennemi..* secret.., *mill.. tourm** surgissent dans
son cœur, son *âme* est * proie aux remords, aux agi-
ta'ion.. et à l'ennui. *La religion*, * lui appren* à se
connaître et à combattre ses pench*.. veut lui procurer la paix avec lui-même, *elle* veut le conserver d*
l'inno'*'e, et cet.. *inno'*'e* doit être le fruit de l'a-
mour de Dieu. *Elle* seul.. fait not.. bonheur sur la
terre, parce qu'*el..* rétablit l'ordre d* no.. cœur.. et
assure not.. bonheur pour l'éternité.

37. *Soulignons maintenant le régime du verbe :*
sachons bien que devant b, p, m, *on ne peut jamais*
mettre un n, *si ce n'est dans* bonbon, bonbonnière,
bonbanc, néanmoins, embonpoint, mainmise, non-
pareil *et à la première personne du pluriel du passé*
défini de certains verbes : nous vinmes *(voir la gram.)*
m, mm, n, nn ; *souvent remplacés par deux points.*

Je vois un et une *tro..pette* (trompette). Tu vois un *ta..bour*. Il voit une *esta..pe*. Nous voyons une *bo..be*. V.. voyez une *la..pe*. Ils voient le *to..beau* de l'e..pereur.

Je voyais mon *o..bre*. Tu voyais un *e..boiseur*. Ce *tro..peur* voyait là un grand *e..barras*. Nous *vous* voyions *e..mailloter*, car vous n'aviez alors que six *moi..* Vous *nous* voyiez *em..ancher des outil..* que l'on avait dém*chés. Ces e..pailleur.. *nous* voyaient *e..magasiner no.. grain..*

Je vis un gr*d *e..pire* (empire). Tu vis *e..enoter un grand nombre d'*bulants que* l'on soupçonnait. Notre ambitieux vit un *ba'adeur*. Ne vîmes-nous pas *bo..barder la ville*? Vîtes-vous cet *ho..me* saoûl? Des femmes virent le *do..age que* l'on *nous* faisait.

Je verrai le *do..pteur* de ce monstre. Tu verras le *conteur* des nouvelle.. du temps.. On verra *l'exactitude* de mon co..pte. Nous *le* verrons se désemparer de sa fortune. V.. verrez *e..mener les voleur..* de vos march*dise.. *que* l'on conduira ensuite au bagne. Ceuxci verront *to..ber les feuilles* de l'arbre, ceux-là *les* rama'eront.

38. Je verrais volontiers un *somn*bule*. Ne verraistu pas avec plaisir ce charm* *ca..pagnard*? Il verrait avec frémissem* un maudit *v*pire*. Nous ne verrions qu'avec douleur un si gr* *do..mage*. V.. verriez d* ce jardin de superbe.. *po..mes*. Ils verraient une *fla..me* très-vive.

Il faut que je voie le sommet des Alpes. Il faut que tu voies notre *gra..aire*. On veut qu'elle voie les *ho..age..* que l'on rend à notre *prince*. Faudra-t-il bien que n.. voyions tou.. les *résultat..* de son co..erce. Il sera nécessaire que v.. voyiez consta..ent notre *co..mis*. Nous souhaitons que ces officier.. voient une meilleure *di'ipline* dans leurs régim*.

Il faudrait que je visse des *bo..bons* (bonbons) sur cet.. table. Je voudrais que tu visses les *juli.. bo..-bonnière..* qui sont dans cet.. gr*.. armoire. N.. voudrions qu'il vît les *bo..banc..* (pierres blanches) des

carrières de Paris. On voulait que n.. vi‘ions ces joli..
cornet.. de bo..bons. Il serait à désirer que v.. vissiez
l'e..bonpoint de votre fils. On voulait que les hui‘iers
vi‘ent la *mainmise.* Nous vînmes, nous revînmes,
nous parvînmes, n.. prévînmes, n.. survînmes, n..
devînmes, n.. tînmes, n.. obtînmes, n.. retînmes,
n.. appartînmes. (Dans ces derniers cas *n* se rencontre devant *b, p, m*).

39. *Dire à quelle sorte de verbe appartiennent
ceux qui suivent. Souligner les verbes actifs* : Je con-
nais la maison de mon père, mon village, les évènem* qui se pa‘ent autour de moi. Tu *m'invites* sa-
gem* à *étudier* l'histoire de mon pa⅃, à *suivre* les
progrè.. de ma na‘ion. Cet.. étude *m'apprendra* que
l'instruc‘ion publiq.. a le plus contribué à la civilisa-
‘ion de notre belle patrie.

Nous *voyons* que les Gaulois ou Celtes étaient des
hommes plein.. de courage : ainsi que vous le *croyez*
les Romains seuls ont pu *subjuguer* ‘es guerrier.. qui
46 ans avant J. C., *sentirent* pour la premièr.. fois
tout le poids d'un joug étr*ger.

Souligner les verbes passifs : *J'étais surpris* du courage de Pharamon, tu *étais étonné* de la prise de
Cambrai et de Tournai par Clodion, C'est que celui-
ci *était ex‘ité* par la victoire d'Aétius. Du temps de
Mérovée n.. éti.. *divisé..* en 4 peuple.. Vous *éti.. indignés* de l'éta.. des Fr*çais, sous Chilpéric premier,
nos an‘être.. toutefois *étai.. gouverné..* avec gloire
sur la fin de ce règne (en 480). Un verbe est dit Pas-
sif lorsque l'action *est soufferte* par le sujet.

Souligner les verbes neutres : Je *convins* de la gloire de Clovis à Vouillé ; tu ne *brillas* pas * le déf*d* au
sein de sa famil.. ; ce roi ne *dormit* pas à la batail..
de Tolbiac.

Nous *reculâmes* au ré‘it de ‘es cruauté.. Pourquoi
sortîtes-vous qu* on *parla* de sa victoire sur Syagrius?
c'est vraim* à Soissons que *comm*cèrent* ses exploi..
Le verbe est neutre lorsque. . . . . . .

Souligner les verbe.. pronominau.. Je me *souvien-
drai* que la première réunion de la Bourgogne à la

Fr*'e (en 534) est l'événem* le plus import* du règne de Childebert premier. Tu te *récrieras* * lisant le suppli'e de Chramne, fils de Clotaire premier ; mais tu ne te *révolteras* jamai.., comme lui, contre ton père. Nous ne n. *glorifierons* pas de 'e que Caribert se *soumit* le premier à la pui'an'e d'un maire du palais. N. *flatterons*-nous d'avoir eu un Néron * Chilpéric premier ? V.. v.. *accorderez* à dire qu'une reine telle que Frédégonde ne se r*contre qu'une fois; t*dis que tous les Fr*'ais 'e *plairont* à con'erver le souvenir d'un.. reine qui 'e *distingue* si fort aujourd'hui par son amour pour la na'ion. Les verbe.. pronominau.. sont ceux qui 'e conjugu. . . . . .

40. *Soulignons les verbes unipersonnels.* Il *faudrait* savoir ce que c'est qu'un 'iècle barbare pour compr*dre le sup..li'e de Brunehaut ; *aurait-il* jamai.. convenu que Clotaire II la fît arrêter et la livrât aux bourreau.. Il *est arrivé* que des chevau.. indompté.. traîner.. cet. fem.. hautain.. sur des caillou.. Le verbe uniperso.. ou imperso.. est celui qui..

Souligner les verb.. act.. On veut que *j'étudi..* l'histoire, que tu *ap..rennes* le règne de Dagobert Ier (* 628), afin que tu *n'ignor..* pas ses victoir.. sur les Saxon.. et sur les Gascon.., que tu *voies* Samon, march*d fr*'ais à la tête des Esclavon.. Je dout.. que tu *approuv..* le partage de la monarchie. Faut-il que l'histoire *t'apprenn..* que Saint-Éloi, fut orfèvre, puis ministre du roi. Il convient que n.. *recueillio..* un trait de bonté et de bienfais*'e d* la vie de Clovis II : il faut que tu *saches*, que tous les Fr*'ais *sach..* qu'il *épuisa* ses trésor.. pour secourir les malheureu..

Souligner les verbes neutres. On désirerai.. que je *couru'e*, que tu *marcha'es*, qu'il *sortit*, Il ignorait que n.. *parla'ions* de la régen'e de la reine Bathilde sous Clotaire III, que v.. *déclama'iez* contre les vexa'ions d'Ebroin, alors maire du palais. Il fallait que les vertu.. de Bathilde *brilla'ent* d* le monastère comme sur le trône.

Mettre sur chaque verbe une lettre qui indique la

classe à laquelle il appartient. En 673 , sous Chilpéric ɪɪ , successeur de Clotaire ɪɪɪ , un seigneur de la
cour, nom..é Bodillon, fut attaché à un poteau et
battu de verges , pour avoir représ*té au roi les in-
convéni* d'un impôt ex'essif. Bodillon pour se ven-
ger fit assa'iner le roi , la reine et un de leurs fils. Le
jeune Daniel échappa au ma'acre ; il fut confiné d* un
monastère : n.. le verrons régner sous le gouvernem*
de Charles-Martel.

41. *Souligner les verbes pronominaux essentiels.* N.
nous somm.. abstenus de blâmer tous les rois fainé*.
Ces roi.. faibl.. s'étai.. adonnés aux plaisir.. Les mai-
res du palais se sont pour ainsi dire moqués d'e.. Toutefois quelqu.. un.. de ces rois se son.. très-bien comporté.. ; ils se serai.. empressés de se soutraire au joug
humili* de leurs ministr.., s'ils ne fussent point mort..
en bas âge. Dès l'an 561, les noble.. du royaume d'Aus-
trasie prét*dirent au droi.. d'élire le maire du palais ;
ceux-ci s'*parèrent de l'autorité et ne se désistère..
plus du pouvoir.

Pépin d'Héristel vainquit (* 673) Thìerry ɪᵉʳ à la
batail.. de Testry ; ce roi pourt* s'étai.. méfié d'E-
broin qu'il avai.. fai.. assa'iner. Le nouveau maire
s'acquitta parfaitem* de sa mi'ion, p*d* les 5 anné..
du règne de Clovis ɪɪɪ, qui mouru.. sans avoir régné,
p*d* les 6 anné.. du règne de Childebert ɪɪ, et p*d*
les 5 anné.. de la royauté de Dagobert ɪɪ, sous lequel il mourut.

Charles-Martel gouverna pour Clotaire ɪᴠ , força
les neustriens, a s'agenouiller devant lui ; s'indus-
tri* toujour.., il sut encore régner pour le jeune Daniel, qui ne se formalisa point de ce que le maire du
palais s'arrogeai.. le pouvoir. Le jeune roi , sous le
nom de Chilpéric ɪɪ, prit les arme.. pour s'opposer
à Charles-Martel, mai.. ses for'e.. s'évanouirent bientôt et Charles toujours victorieux s'illustra surtout,
sous Thierry ɪɪ, en gagn* sur les Sarrasin.., près de
Poitiers la victoire décisive, où pour s'être opiniatré..
les ennemi.. perdir.., dit-on, trois cent mille hommes.

~~~~~~

9e EXERCICE.

———

DE L'ORTHOGRAPHE DES VERBES , ET DE LA PARITÉ
DE LEURS TERMINAISONS A CERTAINS TEMPS. (1)

*Sur les terminaisons des trois personnes du singulier
du présent de l'indicatif de tous les verbes.*

*Deux points annoncent l'absence d'une lettre facile à
remplacer ; ici ils remplaceront souvent z. Désormais le signe ⏑ remplacera souvent le son é ou è,
écrits par è, é, es, er, et, ez, ai, aie, ais, ait,
aient, aix, toujours de manière que la partie sté-
nographiée puisse facilement se représenter (12).*

42. *Les verbes en* er (comme parler) *ont tous la
première personne du présent de l'indicatif terminés
par* e, *les verbes* assaillir (j'assaille), tressaillir, cueil-

(1) Grammaire selon l'académie page 76 , n.os 192 et les suivants.
—Noël et Chapsal n.os 175 et les suivants.

(12) Dans les mots *abstrait , aimer, antiquaire , braise , clair, consulaire , contraire , fantaisie , funéraire , haine , saignée , traitre* et
plusieurs autres , le son *ai* est clairement indiqué par la dérivation : *abstraction , amour, antiquaille , brasier, clarté , consulat, con-
trariété , fantasque , funéraille , haïr, sang , trahison,* etc.

2. *Aire* final , ajouté au primitif, semble s'écrire toujours par
ai : *arbitraire* (arbitre), *bénéficiaire* (bénéfice) , *bibliothécaire* (bibliothèque) ; *célibataire* (célibat), *complémentaire* (complément),
parlementaire (parlement), *centenaire* [cent] , *censitaire* [censive,
cens].

3. La finale *aine* par *ai* règne dans les substantifs numéraux :
huitaine , dizaine , douzaine , quinzaine , centaine , etc.

lir, couvrir, offrir, ouvrir *et* souffrir *sont soumis à cette règle (voir la Grammaire)* : Je quitte l'Al..ace (je quitte l'Alsace). Je cultiv.. une bal..amine et une bal..amite. J'achett.. un élixir bal..amique. Je ne tran-..ig.. point avec ces gen.. Je rejett.. toute tran..action de ce genre. J'admir.. cette tran..ition. J'indiq.. com-me verbe.. tran..itif.. ceu.. qui marquent l'action d'un suj[∇] sur un autre. J'appell.. tran..it une sorte de passav*. J'achette deux chevau.. alè..an.. (alezans; d'un roux fauve). Je plac.. un alè..e sous chaque malade. Je m'habill.. en Ama..one. Je n'étudi.. pas asse.. Je considèr.. le cristal de cette font[∇]ne, lequel me semble [∇]tre d'a..ur. Je m'effrai.. lorsque cet [∇]tre bi..arre par-r[∇]. J'entr.. dans la boutique d'un cordonnier; je trouv.. une dou..aine de bi..é..; je demand.. pourquoi on voit che.. lui un si gr* nombre de ces outil.. Je m'é-clair.. par le moyen du ga.. J'écout.. le ga..ouillem* des oi..eau.. Je me repos.. sur le ga..on fleuri. J'ess[∇].. de traduire quelques articles d'une ga..ette angl[∇]se. Je prépar.. de la limonade ga..euse. Je découvre à l'hori..on une frégate holland[∇]se. J'épur.. cette huile de col..a. Je vous envoi.. ce paquet au la..aret de Mar-

---

4. *Ai* se trouve dans les infinitifs en *aître*, en *aire* et en *ayer* : *paraître, naître, faire, payer* [exceptons-en *être, je suis, etc. mettre, grasseyer, languéyer* et *planchéier*].

5. *Ai* commence les mots dont le son initial est *aig* [g dur] : *aiguille, aiguillon, etc.*

6. *Aise, aison, laire, liaire, saire, ionnaire, ataire,* sont finales communes : un commissaire mandataire fit en mauvaise saison une visite domiciliaire chez un Consulaire célibataire qui était mi-lionnaire.

Cependant on écrit autrement les mots terminés en *thèse* comme *parenthèse,* et *dièse, diocèse, genèse, lèse.*

7. On écrit avec *ei* : *aveine, baleine, haleine, peine, pleine* [adj.] *reine, Seine* [fleuve], *veine, verveine, seigneur, seigle, enseigne, éteignoir, empeigne, neige, peigne, seize, treize, sereine* [adj.], *teigne.*

Cette note exige une table complémentaire qu'on pourrait, au besoin, faire composer par les élèves.

seille, où je pens.. que vous êtes depuis le trei..e ou
le sei..e de ce mois. Voici un vr℣ la..i comique; je
l'arrêt.. au re.:-de-chaussée, où on lui rit au ne.. Je
n'o.. point vous parler de ses faute..

43. Dans ces exercice.. je remarqu.. qu'on a inséré
le plus grand nombre des mot.. où le z est employé.
Je tue un lé..ard. Je s℣me de la lu..erne. Je suppos..
qu'il m'a aperçu par cette lé..arde. Je n'os.. rev*dre
cette ma..ette. Je dessin.. des ne.. en profil. Je salu..
un la..ariste. Je trouv.. trop de petit.. su..erains d* ce
pays. Je pai.. mon méde'in pour m'avoir guéri un o..è-
ne douloureux. Je trac.. un trapè..e et un losange. Je
me procur.. une topa..e. J'ignor.. l'époque de cette
sy..igie. J'écart.. les bestiaux atteint.. d'épi..ootie. Je
cueill.. des fleur.. Je recueill.. des gr℣nes de col..a. Je
couvr.. ce ga..on. J'offr.. trei..e franc.. pour cette ré-
para'ion. J'ouvr.. la porte du re..-de-chaussée. Je souffr.. sei..e ma..ette d* mes écuries.

J'agré.. je rong.. je song.. je supplé.. je plac.. je jou..
j'avanc.. je clou.. j'argu.. je règn.. je peign.. je saign..
je gagn.. j'appell.. j'attell.. je ficell.. je jett.. j'achèv..
je lèv.. je mèn.. j'amèn.. je promèn.. j'emmèn.. je dé-
p℣ch.. j'emploi.. je pai.. j'appui.. je pri.. j'oubli.. je
suppli.. j'envoi.. je renvoi.. je nettoi.. j'essui.. je balai..
je remu.. je côtoi.. j'effrai.. je défrai.. je nou.. je dénou.. j'étudi.. je ni.. j'approuv..

Je rencontr.. d* m.. être même la preuve de l'exis-
t*'e de Dieu : je la r*contre d* l'admirable structure
du cor.. humain; je la trouv.. d* la faculté que j'ai de
p*ser, de juge.., de vouloir ; je la découvr.. d* l'u-
nion admirable de m.. cor.. et de m.. âme ; je la tir..
des rapports mervei..leu.. qui se trouve.. entre l'hom..
et le monde ; je la puis.. (de puiser) d* le f℣ de la con-
serva'ion des so'iété.. humain..

44. J'ai remarqué que la première personne du singulier du présent de l'indicatif, dans les verbes terminés en ir, en oir et en re, est toujours terminée par
un s, si ce n'est dans j'assaill.. je tressaill.. je cueill..

5

je couvr.. j'offr.. j'ouvr.. je soufr.. *et leurs compo-*
sés qui finissent par un e, dans je peu.. je veu.. je
vau.. je prévau.. *et* j'équivau.. *qui ont un* x *à la place*
d'un s, *et dans* j'ai *qui se termine par un* i : je dor.. j'a-
boli.. j'accompli.. je fini.. je cour.. je discour.. je recour.
j'attendri.. j'averti.. j'écri.. je fui.. je li.. je di.. je meur..
je frémi.. j'anobli.. j'ennobli.. j'enfoui.. je prend.. je
sen.. je rend.. je men.. j'attend.. je vêt.. je revêt.. je
bat.. je combat.. je rebat.. je met.. j'admet.. je soumet..
je permet.. je remet.. je voi.. je croi.. je doi.. je boi.. je
par.. je sor.. j'asservi.. je tien.. je vien.. je déchoi.. je
meu.. je sai.. je surseoi.. j'absou.. je dissou.. je résou..
je rabat.. j'attein.. je boi.. je cein.. je clo.. je conclu..
je confi.. je connai.. je contredit.. je coud.. je crain.. je
di.. je maudi.. je fai.. je fein.. je moud.. je nai.. je nui..
j'instrui.. j'oin.. je plai.. je parai.. je pein.. je repein..
je dépein.. je tein.. je cein.. je fein.. je plain.. je prédi.. je compr* je surpr* je ri.. je suffi.. je sui.. (*suivre*),
je tai.. (*taire*), je trai.. je vainc.. je convainc.. les beau..
diseur.. de folie.

J'aperçoi.. un lièvre. Je conçoi.. ce projet. Je ne vous
doi . plus rien.. J'entrevoi.. des malheur.. Je ne m'é-
meu.. pas si facilement.

45. Je pourvoi.. au.. besoin.. de ma famille. Je pré-
voi.. la ruine de cet empire. Je reçoi.. souv* des lettre.. de ce pays. Je sai.. tout cela. Je voi.. cette m$^\triangledown$-
son. Je vous convainc.. de mauv$^\triangledown$se volonté. Je me
compl$^\pi$ dans cette idée. Je contref$^\triangledown$ cet.. personne. Je
déf$^\triangledown$ ces nœud.. Je dépl$^\triangledown$ à ces gen..-là. Je me distr$^\triangledown$
à la campagne. J'extr$^\triangledown$ le beurre du l$^\triangledown$. J'appar$^\triangledown$ sous
la forme d'un vieux serviteur. Je compar$^\triangledown$ devant ce
tribunal. Je conn$^\triangledown$ ces juges. Je dispar$^\triangledown$ promptem*.
Je méconn$^\triangledown$ ces œuvre.. Je repar$^\triangledown$ de nouveau. J'apprend.. mes leçon.. J'att* votre dé'ision. Je desc* au
salon. Je déf* qu'on parle mal des abs*. J'ent* vos raillerie.. J'ét* mon linge. Je surpr* ces voleur.. Je bat..
mon chien. Je combat.. pour ma patrie. Je perd.. cela
de vue. J'atteind.. au somm$^\triangledown$ de la montagne. Je veu..
croire que je sui.. cet étr*ger dont vous parlez. Je veu..
vous être utile. Je prévau.. d* cette circonst*ce.

Je s͞ que Pépin châtia les saxons. Je di.. que Alcuin aida Charlemagne à établir des écol.. Je reconn͡ᵛ.. que Louis 1er eut tort d'asso'ier Lothaire à l'*pire et d'a'igner un royaume à chacun de ses deux autr.. fils. Je plain.. les 100 mille fr*'ais qui restère.. sur la pla'e à la batail.. de Fontenay. Je ne pui.. voir qu'avec p͡ᵛne que Charles 1er *(le Chauve)* ait acheté à prix d'or la retr͡ᵛte des Norm*. Je sai.. à prés* que la féodalité fut tr͡ᵛ-funeste à ce roi et à ses suc'e'eur.. Je voi.. bien que le méde'in de ce malheureux monarque étai.. aussi perfide que celui de Pyrrhus. J'*trevoi.. de nouveau.. malheur.. d* l'aliéna'ion que Louis le bègue fit du'dom͡ᵛne royal. Enfin j'aperçoi.. deux frères qui vont r͡ᵛgn.. d'un commun accord ; je frémi.. à la mor.. du premier et j'applaudi.. aux s*tim* généreux qui accompagnent les dernier.. inst* du second.

DEUXIÈME PERSONNE DU SINGULIER.

46. *Nous devons connaître de bonne heure les mots invariables qui sont l'*Adverbe, *la* Préposition, *la* Conjonction *et l'*Interjection : *nous allons souligner tous les mots de cette classe qui se rencontreront dans les phrases suivantes. On mettra sur le mot invariable un* a, *un* p, *ou un* c, *selon qu'il sera adverbe, préposition ou conjonction.*

Remarquons bien que toute seconde personne du singulier finit par s, *dans quelque temps que ce soit (hormis à l'impératif qui déroge quelquefois à cette règle générale) ;* tu peu.., tu veu.., tu vau.., tu prévau.., tu équivau.. *conservent le* x *final de la première personne.*

D'abord tu parle.. Tu parle.. *ici.* Tu parle.. *ailleurs.* Tu cherche.. *alentour.* Tu travaille.. *peu.* Tu écoute.. *aussi.* Tu dor.. *assez.* Tu brode.. *proprement.* Tu demeure.. *loin.* Tu danse.. *aussi.* Tu tombe.. *aussitôt.* Tu raisonne.. *beaucoup.* Tu donne.. *autant.* Tu cour.. *autour.* Tu déjeûne.. *avant.* Tu raconte.. *bien.* Tu as *beau* dire. Tu parle.. *bas.* Tu retourne.. *bientôt.* Tu te plain.. *toujours. Certes* tu gagne.. *beaucoup.* Tu le

répète.. *encore*. Est-ce que tu arrive.. *lard?* Tu t'é-
gare.. *à coup sûr.* Tu te montre.. *tout à coup.* Tu t'arrête.. *tout court.* Y demeure..-tu *davantage?* Reste..-
tu *debout?* Cherche..-tu *dedans?* Tu ne trouve.. *ja-*
mais tes livres. Pourquoi joue..-tu *dehors?* Est-ce que
tu offre.. *déjà* le thé? Est-ce que tu revien.. *demain?*
Dès-lors tu travaille.. avec nous. Tu partage.. *enfin*
notre opinion. Tu doi.. partir *ensuite.* Tu reçoi.. *en-*
viron cent fr* par mois. E..-tu *là? oui.* Tu e.. *fort*
heureux d'en échapper. Tu passe.. pour un *franc* par-
leur. Tu l'a.. attrapé *aujourd'hui, à l'improviste.* Tu
va.. à *l'instant* recevoir le prix de tes travaux. *Doré-*
*nav** tu peu.. être *plus* circonspect. Tu e.. *moins*
av*cé que tu ne l'étai.. *hier.* Est-ce que tu te trouve..
mal? Tu te soutien.. *mieux* d* ta cla'e.

47. Sai..-tu que Solon fut un des sept sage.. de la
Grèce? Tu e.. *moins* sage que ton frère, tu l'étai.. *ce-*
pendant beaucoup plus que lui. Tu prenais *naguère*
cette vertu pour un défaut. Je sais que tu étudie.. *seu-*
lement par la crainte des puni'ion.. Tu trouverai..
beaucoup de fertile.. vallée.. au pied des Andes. Tu
verra.. *parfois, souvent même,* l'amazone et ses afflu-
ent.. inonder les plaines sept*trionales du Brésil. Tu
di.. avec raison que le pays des Amazone.. est *peu*
fertile; tu sai.. *surtout* qu'il est suj⁵ à de brusque..
changem* de t*pérature. Tu appr*dra.. *core s* doute
que les troupeaux de bœuf.. sont *surtout très* nombreux dans les province.. unie.. de la Plata (Amérique méridionale). Toi, tu te plain.. *quoiqu'on* ne t'ait
rien pris, et toi, renard, a.. pris ce qu'on te demande.—Si tu n'avai.. servi qu'un meunier comme moi tu
ne serai.. pas si malade.—Tu trouble.. mon breuvage!
et je sais que de moi tu médi.. l'an passé. Tu dor..
trop tôt. Tu accompli.. *très-bien* tes promesses. Tu
att*drira.. *sûrement* cette mère. Tu avertira.. *sage-*
ment tes enf*. Tu écri.. *donc toujours.* Tu va.. *donc*
à Paris. Tu demeure.. *à* la campagne. Tu ira.. *aux*
tuilerie.., tu y arrivera.. *avant* la nuit; tu devrai.. *ne*
point entrer *avec* ton chien; tu pourrai... t'y trouver

près de ton professeur. Tu veux, tu peu.. te préparer
pour partir, *tend..-tu mugir le vent ? Tu me trou-
vera.. *hors* la ville. Tu passerai.. *à travers* la foule ?

48. Ne t'arrête..-tu *pas à* la porte ? Tu passe.. dans
la ville *pour* être un Polonais réfugié. Tu conn▽tra..
sa vie *depuis* sa naiss*ce *jusqu'à* sa mort. *Pourquoi*
te cache..-tu *pendant* le jour ? Met..-toi derrière le
mur. Voi.. s'il n'est pas *sous* le bois. Il faut que tu travaille.. *devant* ton maître, *sous* ses yeux. *Voici* le personnage dont tu me parle.. si *souvent*. Ne compte..-
tu pas *sur* un mauvais payeur ? Il faut que tu reste..
avec moi *durant* l'*quête. A l'égard *de* tes parents
soi.. *toujours* respectueux. Il faudrait que tu parcou-
russe.. les forêts que nous avons *en* Provence. Tu fera..
un bon soldat, lui dit le capit▽ne, *en* lui frappant sur
l'épaule, tu te recomm*de.. *par* la belle ac'ion que
tu vien.. de faire. Il faudrait que tu marchasse.. *durant* le jour et que tu te reposasse.. *pendant* la nuit.
Il faut que tu sâche.. qu'il y a du salpêtre *dans* la
poudre. Tu passera.. *loin du* rivage. Nous savons que
quant à toi nous n'avons rien à craindre. Tu e.. innocent *selon* nous. *Voici* le pêne de la serrure que tu
brisa.. jeudi dernier. Ce que tu fai.. *touchant* mes in-
térêts ne sera *point* oublié. Tu le fai.. malgré tes nom-
breuse.. occupa'ions. Tu le veu.. *moyennant* le con-
sentem* de ton père. Tu prospèr.. *nonobstant* le
mal que les méch* disent de toi. Outre les ennemis
déclaré.. tu en a.. de *plus* d*gereux que tu ne connais *pas*, que tu crain.. *trop peu*, que tu caresse..
même; ce sont ceux dont tu écoute.. *avec* avidité les
basses flatteries. N'a..-tu pas *déjà* éprouvé *qu'après*
les ris viennent les pleur.. Tu devrai.. *mieux* réfléchir
sur tes défauts. Tu ne rougirai.. *point* si *souvent*.

49. *On sait que la seconde personne du singulier
de l'impératif des verbes en* er, *des verbes* assaillir,
tressaillir, cueillir, couvrir, offrir, ouvrir, souffrir,
ainsi que du verbe aller, *n'a un* s *que lorsqu'elle est
suivie du pronom* en, *ou de* y (*voir la* Grammaire) :

cache-toi, parle-nous, écoute-la, dicte-lui, comm*-
d.., arrêt.., oubli.., admir.., protèg.., consol.., soign.., ne te glorifi.. point de ce qui ne t'appartient pas
Goût.. un repos nécess▽re. Repos..-toi sur nous du
soin de te guérir. Accepte *en* échange ces bijou.. Souffre *en* pa'i*ce ce malheur. Écoute *en* sil*ce ces avis.
Mont.. *en* voiture. O mon fils, ne t'écart.. jam▽ du
s*tier de la vertu, fui.. la so'iété des méch*, consol..
ta mère, honor.. tes aïeu.., pri.. sans ce'e le Ciel afin
qu'il t'accorde la sage'e. Mais il *en* est t*ps *core, re-
nonc.. à tes désordre.., cess... de fréqu*ter les réunion.. d*gereuse.. qui t'éloignent de Dieu. Tu ne trouve.. plus de goût à la prière : tes devoir.. te pèsent et
tu ne songe.. qu'aux plaisir.. O mon fils ! je t'en con-
jure, écout.. les avis de ton père, et revien.. au bien
av* que le Seigneur t'envoie des puni'ion.. pour briser ton orgueil et te rappeler à la vertu. Essui.. tes
larme.., cess.. donc tes plaint... Si je péris, va trouver ma femme et mes deux fils, et di..-leur : William
vous *voie sa dernière bénédic'ion. Promet..-moi de
ne point m'ab*donner.

50. Mon frère, s'écriait-il, écoute-moi ! n'ab*donn..
pas ainsi les tien.. ! Tu te trompe.. nous t'▽mons. Permet..-moi d'ép*cher mon cœur d* ton sein. Souvien..-
toi de ses bon.. avis. Promet..-moi de vivre en jeune
homme chrétien. Rassur..-toi, ma mère. Malheureux
jeune homme, lui dit-elle, qu'as tu à f▽re aupr▽ de
ces jeune.. gen.. pervers ? Fui.. leur société. O Ber-
ney, que fais-tu ici ? a..-tu donc perdu le souvenir de
ta vieille mère, de ta femme et de ton enf* ? je t'en
conjur.., vien.. avec moi ; quitt.. cet auberge, où tu
n'e.. pas à ta place.
   Sui..-moi si tu l'ose.. Lai'e-moi pa'er. Voilà des
fleurs cueille..-*en*. Voici des fruits prend..-*en*, m*ge..
en, porte..-*en*, donne..-*en* à ton frère. Que veu..-tu ?
—Des plume.. —Cherche..-*en* dans ce tiroir. Où sont
tes enf* ? — Au jardin. — Appelle..-*en* un. Je t'apporte
des livre.., garde..-*en* pour toi, distribue..-*en* à tes
ami.. Nos conscrit.. sont arrivés, loge..-*en* quelque..

un. Si tu a.. de l'argent, prête..-*en* à ton cousin. Va..
en chercher. Va: -y. Va *en* dilig*ce. Va *en* Italie. Voilà
des ouvrier.. , va.. *en* appeler. Nous n'avons plus d'*-
cre, va.. *en* acheter. Tu n'a.. point de travail, va.. *en*
demander. Va *en* Suisse, va *en* Allemagne, Travaille
en homme prud*. Donn..-*y* tes soins.

RÉCAPITULATION. — 1re ET 2e PERSONNE DU SING. DU
PRÉS. DE L'INDIC. ET 2e PERS. DE TOUS LES TEMPS.

51. O étr*ger (Philoctète à Néoptolème), ne soi..
point effrayé de voir un homme si malheureux ; tu doi..
en avoir pitié.

O fils d'un père que j'ai t* ⊽mé ! cher nourrisson de
Licomède, comment vien..-tu donc ici ? d'où vien..-
tu ? — Tu n'ét⊽ pas, lui di..-je, de la première expédi'ion ? Et toi, me dit-il, en ét⊽-tu ? Alors je lui ré-
pondis : tu ne conn⊽, je le voi.. bien, ni le nom de
Philoctète ni ses malheur..

Aussitôt je lui dis : ô mon fils, je te conjur.. par
les mânes de ton père, par ta mère, par tout ce que
tu a.. de plus cher sur la terre, de ne pas me l⊽sser
seul d* les mau.. que tu voi.. Rend..-moi à mon père.
— O mon fils, souvien..-toi de la fragilité des chose..
humain.. — Tu peux tout. — Tu peu.. toucher ces
arme..

Je m'écri.. ô mort t* désiré..*!* que ne vien..-tu. O
terre, reçois un mour*. — Me veu..-tu donc surpr*-
dre ? lui dis-je. — Ah ! qu'a..-tu dit, mon fils ? Rend..-
moi cet arc ; je sui.. trahi !

Rend.., mon fils, sois s*blable à ton père, que di..-
tu ? tu ne dis rien. — Mais, mon fils, tu ne par⊽ pas
méch* ; rend..-moi mes arme.. va-t'en.

Ose..-tu nommer Jupiter ? Vois-tu ce jeune homme qui souffre en exécut* ce que tu l'oblige.. de f⊽re !

Puisque tu m'a.. ab*donné sur ce rivage, que ne
m'y laisse..tu en paix ? Va chercher la gloire des combat.., joui.. de ton bonheur. — Laiss..-moi ma misère et ma douleur.

TROISIÈME PERSONNE DU SINGULIER DU PRÉSENT DE L'INDICATIF.

Désormais le signe ÷ représentera le son in *de quelque manière qu'il doive être écrit.* (13)

52. *Hormis* il essaille, il tressai.., il cueill.., il ac-

(13) **1.** La dérivation indique très-souvent la manière d'écrire ce son.

Exemples : Faim (fa-mine). Main (ma-nipule). Sain (sa-nitaire). Grain (gra-nuler). Pain (pa-ner). Plain (pla-ne). Chagrin (cha-griner). Plein (plé-nitude). Serein (sé-rénité). excepté *seing* (signature.

2. Les qualificatifs dont le son final est *in* au masculin, *ène* au féminin, s'écrivent *ain*, *aine*.

Exemples. Mascul. : *Haut* ain, *incert* ain, *hum* ain, *s* ain. Fém. *Haut* aine, *incert* aine, *hum* aine, *s* aine; excepté *plein* (rempli), fém. *pleine.*

S'écrivent avec *ain* : ainsi, andain, bain, bisquain, contraindre, convaincre, craindre, demain, diocésain, dizain, douvain, airain, chapelain, dédain, écrivain, étain, (métal) essaim, étaim (laine) lendemain, levain, maintenant, maintenir, maintien etc., massepain, nonnain, parabolain, parrain, plaindre, poulain, quatrain, quinzain, refrain, saint, sixain, soudain, terrain, train, trentain, vaincre, et les dérivés.

Quelques mots s'écrivent avec *ein*; ce sont : astreindre, atteindre, aveindre, ceindre, ceinture, dessein (projet), empreindre, enfreindre, éreinter, éteindre, étreindre, feindre, geindre, peindre, rein, sein, seing, teindre, chanfreindre.

Les autres mots qui reçoivent le son *in*, au nombre de plus de cinq cents, s'écrivent naturellement avec *in* : bambin, bassin, citadin, cylindre, épingle, vin, etc.

In dans les personnes des verbes *tenir*, *venir*, se représente toujours par *in* : il vint; il tint, il appartint.

In s'écrit toujours avec *in* ou *im* lorsqu'il est ajouté à un mot dans lequel il équivaut à une négation, ou s'il donne à ce mot une signification d'intériorité.

1. *Inutile* (non utile). *impossible* (non possible), *impraticable* (non praticable), *infini* (non fini).

2. *Intimider* (mettre dans l'état de timidité).

3. *Introduire* (conduire dedans).

cueil.., il recuei.., il ouvre, il rouvr.., il couvr.., il recouvr.., il souffr.., il offr.., *il n'y a que les troisiè-mes personnes du présent de l'indicatif des verbes en er, qui soient terminées par un e.*

Ma sœur vous écout.. Cet homme parl.. bien. Vot.. mémoire trouv.. facilem* des mot.. Cett.. femme re-cherche.. trop les mode.. Ce flatteur n.. ennui.. L'éco-lier qui étudi.. le plus profit.. aussi davantage. Voyez ce qu'il *coute à la Grèce pour etc. C.. br*che pli.. sous le poids des fruit.. Idoménée tout hors de lui,, *fonc.. son épée d* le cœur de cet *f* : il la retir.. tout.. fum*-te. L'*f* tombe d* son s* ; ses yeux se couvrent des ombre.. de la mort; il les *trouv.. à la lumière. Le père march.. ch*cell* vers la ville et demand.. son fils. Cep*d* le peuple s'écri.. que les Dieu.. juste.. l'ont li-vré aux furies. La discorde souffl.. d* tous les cœur.. un ven: mortel. Ils ont résolu de choisir un roi q.. conserv.. d* leur pureté les loi.. établie..

53. C.. vérité souver⌐n.. q.. éclair.. tou.. les esprit.. Il pass.. sa vie d* une profonde nuit, comme les peu-ple.. q.. le soleil n'écl⌐re point. C'est la r⌐son éter-nelle q.. n.. :spir.. qu* n.. fesons bien. On les ac-coutum.. d'abord à une vie s:ple, frugal.. et laborieu.. On suppos.. que cela est :si. On ne leur propose que la vertu. Elle nous consol.. On le chagrin.. qui le mèn..? Où le mène-t-on? Qui vous parl.., qui vous cherch..? Que lui reproch..-t-il ? Q.. lui conseill..-t-elle ? Donn..-t-il son avis? Ordonn..-t-elle quelque chose? Charg..-t-on le navire? Partag..-t-on votre s*tim*? Retrouv..-t-il cet objet? L'on pardonne souv* un tort bien grave. Le méch* s*ble cr:dre le gr* jour. Il re-grett.. les *nées qu'il a vécu d* la molesse. Il se mon-tr.. modéré d* la prospérité. L'homme vertueux ho-nor.. la vertu, t*dis que le méch* outrag.. c.. même vertu. Celui q.. se montr.. aimable a le secret de ne jam⌐ vieillir.

54. *Il n'y a que les troisièmes personnes du singu-lier du présent de l'indicatif des verbes* avoir *et* aller

qui soient terminées par a ; *on termine par* c *la même
personne des verbes* vaincre *et* convaincre Elle a, elle
va, elle s'en va, il vainc, il convainc. Où va-t-il ? A-t-il
vu cela ? J'ai des livre.. ; en a-t-il ? en a-t-elle ? Y va-
t-il ? Y va-t-on ? On a du courage, lorsqu'on a du
bonheur. Il ne vous convain.. donc pas ? Son argum*
e.. trop faible. Nous veu..-on surpr*dre ? S'en va-t-il
aujourd'hui ? Où va c.. écervellé ? Combien y a-t-il
de scélérats qu'on punir̄ p*d* la p̄, et dont on a
besoin de recomp*ser l'audace d* les désordres de la
guerre ! Le sage m̄me a ses défaut.. Chaque pays a
ses gr* homme.. La mort a ses rigueurs ; on a beau la
prier. On va affronter les péril.. les plus gr*. On succombe à la moindre p̄ne d'esprit. Celui qui ne vain..
pas ses pa'ions en est le plus lâche serviteur. L'harmonie, la beauté, l'ordre des cieux conv⁖ l'athée de
mauvais.. foi. Cette âme s'en va au Ciel ; alle a trop
bien vécu ; sa mort a quelque chose de gr*. L'⁖pie n'a
fait que pa'er, on l'a méprisé. Il n'y a plus de lui
qu'une mémoire odieuse.

55. *Les verbes terminés en* endre, ondre, erdre,
ordre, *et les verbes* coudre *et* moudre, *ont la troisième personne du singulier du présent de l'indicatif
terminés par un* d.

L'histoire nous appr* que Solon contrefit le fou. C..
personne pr* toutes les choses au pied de la lettre. Ce
moul⁖ mou.. très-bien le blé, il r* la farine très-bl*-
che. Le sage n'*trepr* rien au-de'us de ses force.. ;
car il s̄ que celui qui ne pr* pas de précau'ions, qu*
il *trepr* quelque chose, risque fort d'échouer. L'homme se r* recomm*dable par ses ac'ion.. Une des ou-
vrière.. ¡décou.., une autre cou.., une troisième re-
cou.. En phⱴsique on prét* que l'eau bouillie est plus
légè.. à volume égal que l'eau qui n'a pas bouilli..
L'homme vertueux n'att* sa récompen'e que du Ciel.
Celui-ci fen.. le bois, un autre le ref*. Il prend son
livre et il appr* sa leçon, il compr* l'explica'ion, il
trepr sa tâche avec joie, il écout.. tout avec docilité
et répon.. toujours avec une gr*de polite'e. C.. poule

pòn.. des œuf.. extraordin̅rem* gros. Chaque *née ce
berger ton.. ses mouton.. C.. écolier ne perd pas le t*,
ce joueur reper.. Celui qui se p* volontairem* est un
lâche qui n.. compr* pas que d'une tel.. ac'ion dép*
son malheur éternel. C.. femme ét* son l͜ge, celle-ci
en pr* soin, ell.. déf* aux *f* de le salir. On vous compr* fort bien, mon ami, m̅ on vous déf* de jouer avec
ce chien, car il mor.. tous ceux q.. l'aga'ent; on pré-
t* du reste qu'il est *ragé.

56. *Nous venons de voir quelles sont les troisièmes
personnes du singulier du présent de l'indicatif qui
se terminent par c, a, d, e; les autres prennent généralement un t (Voir la Grammaire).*

L'espoir, dit-on, adouci.. la p̅ne. La vertu q.. souffre att*dri.. les cœur.. La vérité seul. pl̅.. L'amitié
dispar̅ lorsque l'égalité ce'e. Un cœur bien né r*pli..
avec joie la dette sacré.. de la reconn̅s*ce. Dans une
société honnête on fui.. celui q.. parle mal de la vertu.
Celui q.. réfléchi.. est le moins exposé à mal parler.
Un médicam* guéri.. un mal phʌsique, un.. bonn..
pensée guéri.. un mal moral. Un fou croi.. régler le
monde au gré de sa cervelle. La satire, di..-on e.. un
métier funeste, qui pl̅ à quelques gens. Notre bonheur bientôt f̅ notr.. quiétude.

Le Mexique fourni.. de l'or en qu*tité. Le Guatimala
e.. exposé à de viol* tr*blem* de terre. On ne conn̅
aux Antilles que deux saison.., la saison sèch.. et celle
des pluie..; un animal tr*sporté de notre sol y dépéri.
La Martinique, l'une des petit.. Antille.., qui appar-
tien.. aux Franç̅ produi.. le meilleur café de ces îles.

Ravaillac poussé par le fanatisme, médit̅ depuis
longt* le parri'ide. Henri se r* à l'ar'enal, où loge le
duc de Sully; un *barras survien.. dans la rue de la
Féronnerie, la voiture ne peu.. av*cer; Ravaillac mon-
te sur une des rou.., saisit un couteau dont il se ser..
pour ôter la vie au monarque. Ainsi meur.. Henri iv
(1640), que n.. devons regarder comme le mod̅le
des bon.. roi..

Ce roi, apprit.. un jour que quelque.. m̅sons de

paysans av⁀ été pillées par des soldat.. Partez, di..-il à ses capit⁀nes, partez * diligen'e, mettez-y ordre ; vous m'* répondrez. Quoi ! si on ruine mon peuple qui me nou..rira ?

57. Cris des animaux. — *Donner pour finale une des lettres* c, a, d, e, t, *aux troisièmes personnes que nous allons écrire.*

L'âne brai.., c'est le chien du fermier qui aboi.. apr⁀ un voleur, le cheval henni.., l'abeille bourdon.., l'⁀gle trompett.. d* les airs, l'alouette grisoll.. sur l'ar-bre, le bœuf qui beugl.. d* sa crèche, *t*-tu la brebis q.. bêl..? il *t* le buffle qui souffl.. q.. beugl.., écou-tez la caille q.. margott.., q.. carcaill.., voilà le canard q.. nasill.., nous *t*dons le cerf qui bram.. et l'ours q.. grogn.., c'est le chat q.. miaul.. sous la table, c'est ton petit chien q.. japp.. ou qui glappi.. d* la rue. N.. *t*dons la chouette qui hu.. chaque nuit. N'est-ce pas la cigale qui craquett..? On dit que la cigogne claquett.., le cochon grogn.., la colombe gémi.., le coq coquelin.., le corbeau croass.., le grillon grésillon.. la grue craq.., le crapaud coass.., le crocodille lam*te, l'épervier gla-pi.., le courlis siffl.., l'éléph* barèt.., le faon râl.., le geai qui cajol.., la grenouille qu.. coass.., le hanneton bourdonn.., le hibou hu.., l'hirondelle gazouill.., la huppe pupul.., le jars jargonn.., le lap: glapi... le lion rugi.., le loriot siffl.., le loup hurl.., le magou coass.., le merle siffl.., le mil* hui.., le moineau pépi.., la mou-che bourdonn.., le mouton bêl.., l'oïe siffl.., le paon braill.., criaill.., la perdrix cacab.., le perroquet caus.. la pie jacass.., le pigeon roucoul.., le pinson frigott.., la poule glouss.., le poulet piaul.., le ramier gémi.., le renard glapi.., le rossignol gr:gott.., le s*glier.., nasill.., gromell.., le serp* siffl.., le taureau mugi.., le tigre rauq.., la tourterelle gémi.., la vache mugi..

58. RÉCAPITULATION. *Nous remarquerons particu-lièrem* que dans les verbes dont l'infinitif est termi-né en* indre, *la troisième personne qui nous occup..*

prèn.. *un* t *et non un* d. On att: difficilem* à c..hau-
teur. C.. cavalier c: très-bien l'épée. C'es.. :si que
l'on contr: au sil*ce ceux q.. parlent trop. On v..
dép: sous les dehors les plus favorables. C.. robe est
mal t:te, elle dét:. Ce t:turier t: parf♈tem*. On di..
que l'on enc: c.. ville. Pourquoi ét:-on les lumière..?
Cet homme f: d'être ce qu'il n'es.. pas. Qui p: ce por-
tr♈? On pl: le malheureux. C'es.. :si que l'on restr:
mes droits.

(11) astr:, att:, av:, c:, empr:, enfr:, étr:, f:, g:,
p:, t:, chanfr:, restr:. Qui trop *brass.. mal étr:.

Le coq d':de n.. vien.. de l'Amérique du nord, il a
été :troduit * Angleterre sous le règne d'Henri VIII, il
f♈ un obj♈ :port* de commer'e d* nos f♈tes de Noël.
Pris jeune il pass.. pour un des m♈ les plus délicat..
D* l'état sauvage on le trouv.. d* les for♈ du Canada.
Il e.. alors beaucoup plus gr* qu'* captivité, et pèse
quelquefois jusqu'à 20 kilogramme.. Voici comm* l'habit* du Canada f♈ la cha'e à cet oiseau : lorsqu'il découvre la retr♈te des d:don.. il l*ce les chien.. au milieu du troupeau ; le chien poursui.. les fuyard.. et les
force enf: à se réfugier sur quelques arbre.. où on les
aba.. à coup de perche.

La pie peu.. être apprivoisée ; on lui appr* à prononcer différ* mot..; souv* qu* un bruit étr*ger a frappé son oreille el.. cherche à l'imiter. El.. es.. très-por-
tée à dérober.

59. Le geai se tien.. d* les bois : il construi.. un nid
gro'ier de petit.. racin.. *trelacées. La femelle pon..
5 ou 6 œuf.. d'un gris verdâtre.

Si l'on élèv.. la grive avec la linotte et le ro'ignol,
el.. sembl.. étudier leur ch* et fini.. par se l'appro-
prier. La grive se nourri.. de tout.. sortes de gr♈nes
et de quelques :'ectes.

Le merle aim.. la solitude : il ne se tien.. que d*
les taillis les plus ép♈. Il se nourri.. de vers, d':'ectes ; il ouvr.. adroitem* l'escargot, en le bris* contre
les pierr..

L'histoire nous montre l'*tique Egypte, comme le

ber‘eau de l'idolatrie. Elle r* des hommages au.. plus
vils animau.., au chien, au cha.., au lou.., à l'épervier, au crocodile ; m⁵ ‘elui auquel elle r* les plus gr*
honneurs es.. le bœuf Apis. C'es.. un bœuf noir qui a
sur le front une tache bl*che * forme de croi‘*, sur le
do.. une figure d'⁵gle, et sur la l*gue cel. d'un escargot. On voi.. l'Egypte qui lui bâti.. des t*ples magnifique.., qui l'honore p*d* sa vie, qui pr* le deuil à sa
mor.. Alors elle lui f⁵ des funérail.. magnifiq.., puis
el.. lui choisit un succe‘eur qui doit parf⁵tem* lui res-
‘embler. Lorsqu'on trouv.. ce dernier, le deuil f⁵ pla‘e
à la joi..; ce n'e.. plus que fest: et réjoui‘*‘e. Telle est
la folie de ce t* de supersti‘ion.

60. Charles le Gros déplu.. au peuple en achet* la
p⁵ des Normands (885). Ce roi meur.. de chagr:n d*
un village de la Souabe. Eudes (888) qui s'est couver..
de gloire en déf*d* la capitale, s⁵ ap⁵ser les révolte.. excité.. par Charles le simple, à qui il ne veu..
point r*dre la couronne ; il comba.. même pour la con-
‘erver, et apr⁵ dix * de règne, sa mort l⁵s.. Charles
seul po‘esseur du trône.

Sous ce dernier roi, les Normands font des :cur-
‘ions * Fran‘e ; leur chef, Rollon, épouse la fille du
roi de Fran‘e, se converti.. au christianisme et obtien..
la Neustrie, qui pren.. le nom de Norm*die, pays qui
devien.. très-flori‘*. Plus tard Charles III, victime de
la perfidie de Herbert, comte de Vermandois. es.. f⁵
prisonnier et retenu au château de Péronne, où il meur..
sept * après. Son fils es.. emmené par sa mère * Angleterre.

Raoul, élu par les Seigneur.., parvien.. au trône
par la flatterie et par les con‘e‘ions qu'il f⁵ aux gr*.
De nouvel.. b*des de Norm* son.. taillé.. en piè‘es
pr⁵ de Limoges.

Louis IV ⁵ ra..pelé d'Angleterre par Hugues le Gr*,
comte de Paris. Ce roi f⁵ de louabl.. effor.. pour r*-
dre au pouvoir royal quelques dignité..; il comba.. les
seigneurs, s*pare de la Norm*die, refuse de la partager avec Hugues ; enf: il meur.. d'une chûte de cheval.

Hugues le Gr*, couvert de gloire, fini.. sa carrière
sous Lothaire. Alors on voi.. Othon II, qui f° hommage de la Lorraine. Le poison, di..-on, m° f: aux jours
de Lothaire qui es.. r*placé par Louis V, son fils. Celui-ci péri..*core par le poison. :si s'ét: la deuxième ra'e. (987) — Durée 236 * — 13 rois.

~~~~~~

10ᵉ EXERCICE

SUR LES TERMINAISONS DES DIVERS TEMPS SIMPLES
DES VERBES (1).

Pour peu que nous écrivions nous ne pouvons man-
quer de nous apercevoir que les trois personnes du
pluriel de tous les verbes sont toujours terminées
par une des finales suivantes : ons ou mes, ez ou tes,
ent ou ont (2)

61. Nous compren.. votre appréhen'ion. (14) Nous fêt..
l'Ascen'ion. Nous fes.. une asper'ion. Nous av.. com-
pa'ion de ce malheureux. Vous av.. une compré*'ion

(1) Les temps simples sont les seuls qui renferment ordinairement des difficultés orthographiques.

(2) Grammaire selon l'académie n. 194 et les suivants ; Noël et
Chapsal n. 175 jusqu'à 187.

(14) Sans avoir la prétention d'assigner des règles certaines à l'orthographe radicale ; nous pensons qu'il est de certaines classes de
mots dont les initiales ou les finales sont soumises à une commune loi.

Les finales *ession*, *cussion*, *mission*, *version* s'écrivent généralement avec *ss* ou *s*, comme dans *procession, discussion, admission, con-*
version, etc. Excepté : locution, exécution, persécution et leurs
dérivés.

On écrit avec *sion* ou *ssion* : appréhension, ascension, aspersion,

difficile. Vous fait.. des contor‘ions ridicule.. Ne vous effray.. pas à la vue de ces convul‘ions. N.. pr*dr.. les dim*‘ions de c.. porte.. N.. faisons diver‘ion à son chagr÷. N.. pren.. une émul‘ion (médicament). V.. déplor.. cet.. éver‘ion. Ils aim.. cet.. exp*‘ion de cœur. N.. désapprouv.. cette expul‘ion. Comm* trouvez-v.. cette exten‘ion?

Ces peuples baptis▽ par immer‘ion. Donn..-vous une noble ÷pul‘ion à vos cœur.. Les Arab.. fir.. une ÷cur‘ion sur nos terre.. Les rois fais▽ alors des ju‘ions ou comm*dem* formel.. aux autorité.. af÷ qu'elles fiss.. les choses qu'el.. av▽ refusé de f▽re. Il faut q.. n.. combatt.. fortem* nos pa‘ions. Il faudr▽ que n.. obt÷ss.. une pen‘ion de mille fr*. Est-ce que v. av.. de la prop*‘ion à la v*ge*ce? Corrig..-vous de ce défaut. Que pens..-vous d'une telle répréh*‘ion. Voul* toucher ce corps nous éprouvâ.. une forte répul‘ion. V.. v.. servît.. d* ce cas d'une s÷gulière rétor‘ion. Nous comprim.. qu'il y av▽ sci‘ion dans le conseil. Visitât..-vous Sion d* le Valais? Oui, nous y vî.. un gr* nombre de Crétins, qui sont des hommes sourd.., muet..,

compassion, compréhension, contorsion, convulsion, descension, dimension, dispersion, dissension, émulsion, excursion, expansion, expulsion, extension, extorsion, immersion, impulsion, incursion, jussion, passion, pension, propension, répréhension, répulsion, rétorsion, scission, Sion (ville), submersion, suspension, tension et les dérivés.

On écrit comme ci-après: scion, alcion, annexion, connexion, fluxion, suspicion, complexion, réflexion.

Les autres mots qui finissent en sion, au nombre de près de 1000, sont terminés par *tion*; exemple: attention, action, élévation, contention, direction, fraction, habitation, munition, notion, portion, ration, satisfaction, vocation, etc.

T tient encore lieu de *s* ou de *ss*, dans: abbatial, balbutier, initial, impartial, martial, nuptial, captieux, contentieux; facétie, factieux, impéritie, minutie, primatie, suprématie, essentiel, obédientiel, partiel, pénitentiel, pestilentiel, substantiel, impatience, plénipotentiaire, satiété, propitiation, propitiatoire, profontié, prophétie, épizootie et les dérivés.

‡bécil.., presque ‡sen‘ibl.., et qui ont des goître..
énorm.. Les Holland⚊ vir.. plusieurs fois des prov‡-
ces *tières ravagé.. par des submer‘ions désastreus..
Ces peupl.. fatigué.. de la guerre obt‡r.. alors une
susp*‘ion d'armes. La récréa‘ion est accordé.. aux élè-
vé.. af‡ qu'ils ne soie.. pas d* une continuel.. t*‘ion
d'esprit.

62. *Les terminaisons du passé imparfait sont fixes
et sans excep‘ions. On trouve régulièrem*, selon les
personnes* : ais, ais, ait, ions, iez, aient.

J'av⚊ (j'avais) la direc‘ion de c.. affaire. Tu av⚊
une fâcheus.. contesta‘ion. Il av.., à appr*dre la réduc-
‘ion des frac‘ions à leur plus s‡ple expre‘ion. N.. éti..
d* une habita‘ion magnifiqu.. Vous cherchi.. des muni‘ions pour vos solda.. Quelle satisfac‘ion n'éprouv⚊
point vos par* lorsque vous les consol.. par vos suc-
c⚊ des perte.. que leur procur⚊ une fortune inconst-
t*te. Si nous sorti.., si nous alli.. nous promener, vous
v.. fachi.. Si vous resti.. ici. Si vous pouvi.. demeurer
avec nous, vous nous obligeri..

Les proj⚊ que form⚊ le dictateur aur⚊ *core ajouté
à sa gloire, s'il av⚊ eu le t* de l.. exécuter : il se pro-
pos⚊ de réunir ses loi.. d* un code et de les ‡poser à
toutes les na‘ions ; il voul⚊ orner la ville de Rome de
superbe.. édific.. et lui donner une imm*se bibliothèque destiné.. à rép*dre l'‡struc‘ion ; il projet⚊ un port
gig*tesque à Ostie. L'isthme de Corinthe dev⚊ être coupé.., pour réunir la mer Égée à la mer Ionienne ; enf‡
les trois gr*des cités qu'av⚊ détruit.. la guerre, Corinthe, Carthage et Capoue all⚊ être relevées.

M⚊ ce n'ét⚊ pas assez pour satisf⚊re c.. génie *tre-
pren* ; l'Occid* ét⚊ trop étroit pour César. On ne peu..
travailler en gr*, dis..-il, que dans l'Ori*. Il voul⚊, en
eff⚊, pénétrer dans la haute-Asie pour dompter les
Parthes et renouveler les conquête.. d'Alexandre. M⚊
au mom* où tout se dispos⚊ pour l'exécu‘ion de ses
vast.. dess‡, le héros qui les form⚊ fut arrêté par la
mort.

63. Longt* le peuple s'ét♡ abusé sur les ÷ten‘ions de César; m♡ un jour que le sénat * corps ét♡ venu lui déférer de nouveau.. honneur.., il ne se leva point de son siége, etc.

Bientôt une conspira‘ion fut formée; Cassius q.. des motif.. personnel.. av♡ r*du l'ennemi de César, en ét♡ le chef. Il *tr♡na Brutus. César aim♡ Brutus et l'av♡ comblé de grâces. Celui-ci cr♡gn♡ de sacrifier aux ÷tér♡ d'un seul homme les ÷tér♡ de son pays.

Hugues Capet, fils de Hugues le Grand, sav♡ comm* il fall♡ gagner les s♡gneurs : il les attir♡ à lui, les disposai.. en sa faveur et se fray♡ ÷si une route au trône. Parvenu à la royauté il cherch♡ à se con‘ilier le clergé; il renonc♡ à plusieurs abbayes, tandis qu'il laiss♡ à perpétuité aux s♡gneurs les gouvernem* qu'ils av♡ usurpés. Ce roi cep*d* ét♡ digne de la couronne.

Robert, son fils, ét♡ un pr÷‘e clém*, pieux, appliqué, aim* l'étude. Des scélérat.. cep*d* se prépar♡ à l'assa‘iner! Croiri..-vous qu'apr♡ leur avoir pardon..é, il les fi.. a‘eoir à sa table? Il lav♡ les pieds aux pauvre.. le jeudi s÷. Le peuple, qui appréci♡ un tel monarque, ne pouv♡ s'*pêcher de le pleurer en le perd*. On dit de lui qu'il ét♡ roi de ses pa‘ions comme de ses peuples.

Gerbert, pré‘epteur de ‘e roi, ÷troduis♡ alors l'usage des chiffres Arabes et nous fais♡ conn♡tre l'art de mesurer le temps. Ses horloge.. né*moins ne val♡ pas celles d'aujourd'hui.

Écrivons ici une liste des mot.. où l'on emploi.. encore t *au lieu de* s. *Si nous en reteni.. l'orthographe n.. n'en seri.. pas fâchés.* Abba‘ial, balbu‘ier, ini‘ial, impar‘ial, mar‘ial, nup‘ial, cap‘ieux, conten‘ieux, facé‘ie, fac‘ieux, impéri‘ie, minu‘ie, prima‘ie, supréma‘ie, essen‘iel, obédien‘iel, par‘iel, péniten‘iel, pestilen‘iel, substan‘iel, impa‘ience, plénipoten‘iaire, sa‘iété, propi‘ia‘ion, profon‘ié, prophé‘ie, épizoo‘ie.

64. *Nous aurons remarqué que les terminaisons du passé défini sont de quatre sortes, savoir* : ai, as, a, âmes, âtes, èrent; is, is, it, îmes, îtes, irent; ins,

ins, int, înmes, întes, inrent; us, us, ut, ûmes, ûtes, eurent. *Ces terminaisons ne suivent point l'ordre des conjugaisons. Si ce ne sont les premières qui se rapportent seulem* aux verbes en er. (Voir la Gramm.)*

.. *mis à la place de* f, ff, *et* ph. (15)

Passé défini.— Avant hier j'achet᷍ un alphabet. Tu achet.. ton remède chez le ..armacien. Ce jour-là nous

---

(15) Cette note qui doit faciliter l'emploi de *ph* ne comprendra pas les mots peu usuels d'histoire, de minéralogie, d'anatomie, de botanique, de chimie, de médecine, de chirurgie et de divination.

1. *Phil, phys, sph, diaph, métaph, empha, amphi, emphy* semblent être des initiales qui s'écrivent ordinairement avec *ph.*

Exemples, philodoxe, philosophe, physicien, physionomie, sphère, sphynx, diaphane, diaphragme, métaphore, méthaphysique, emphase, emphytéose, amphibie, amphigouri, amphithéâtre, cependant, fils, fille, fil, filou, fisc, fissure, fistule, filtrer, et les dérivés s'écrivent avec *f.*

2. *Sphère, phrase, phage, aphe, yphe, ophe,* semblent être finales communes : hémisphère, périphrase, antropophage, épitaphe, apocriphe, catastrophe, philosophe, cependant on écrit : agrafe, carafe, gaffe, girafe, piaffe, étoffe, calife, pontife.

3. *Phore,* à la fin d'un mot qui marque un transport, répétition : métaphore, anaphore.

4. *Phon,* lorsqu'il est question de la voix : euphonie.

5. *Ophtal* (dans les mots qui ont rapport aux yeux) ophthalgie ou douleur des yeux, ophtalmie (inflammation de l'œil).

6. La syllabe *graph* s'écrit toujours avec ph, dans les mots qui ont rapport à l'écriture, au trait ou à une description quelconque : géographie.

7. Les syllabes *cépha,* dans les mots où il est question de la tête : remède céphalique, courbe céphaloïde.

8. *Pheg, phlo, phos,* lorsqu'il s'agit d'inflammation, de maladie : phelgmasie, antiphlogistique. Cependant on écrit flegme, flegmatique, flegmon.

9. *Ph* remplacera *f* dans les mots où il est question de lumière ou de feu, de transparence : diaphane ; Phlégéton ; phosphore.

vîm.. un ..énomène. Où prît..-vous ces allumettes-
..os..oriques.. Achetâ..-vous aussi de ..os..ore. Le 3
du mois de juill▽ nous abordâ.. sous le ..are de Mes-
sine. On dit que pend* votre maladie vous lût.. toutes
les pro..étie.. Vous crût.. acheter un ..énix, v.. n'a-
chetâ.. qu'un méch* oiseau. Notre Seigneur confond..
plusieurs fois les ..arisien.. Les blas..émateurs s*tir..
jadis la force des loi..; ils éprouvent aujourd'hui le
mépris de la bon.. société. La ..ysique fu.. longt* un
délassem* pour moi. Vous revîn.. à la religion des S⁚
Louis, des Bossuet, des Bayart, sous l'inspira'ion
d'une ..ilosophie bien *t*due. De gr*de.. bougie.. dia-
..ane.. écl▽rèr.. hier au soir l'am..ithéâtre.

Le sphinx dem*d▽ aux pass* quel est l'animal qui
marche le mat⁚ à 4 pied.., à 2 sur le milieu du jour
et le soir à 3. Ceux qui ne pur.. le deviner, fur.. les
victim.. de ce monstre. Œdipe répond.. c'est l'homm...
A peine c.. explica'ion f..-elle donnée, que, suiv* la
loi du dest⁚, le s..inx se pricipit.. du haut du rocher et
expir.. Les Thébains reçur.. avec acclama'ion.. pour
leur roi, Œdipe qu'ils croy▽ ..ils de Polybe.

Conjuguer le passé défini des verbes suivants : coudre, prendre — moudre, résoudre — nuire, écrire —
lire — peindre, teindre, ceindre, craindre — tenir,
venir — recevoir, concevoir, apercevoir, devoir, pou-

---

10. *Phyl*, pour les feuilles : hydrophylle,

11. On écrit encore avec *ph* : acéphale, alphabet, amphore, anaphore, anamorphose, aphélie, aphorisme, apophthegme, asphalte,
asphyxie, atrophie, blasphème, bosphore, boustrophédon, cam-
phre, céphée, chlorephane, colaphiser, colophane, coryphée,
daphnite, dauphin, dauphiné, diphthongue, emphase, emphra-
xie, éphèbe, éphidrose, éphores, éphémères, éléphant, euphé-
nisme, Euphrate, eutrophie, hydrophobe, méphitisme, métamor-
phose, néophite, nymphe, odontophyc, omphacine, ophite, or-
phelin, pamphlet, paranymphe, périphérie, phalange, pharinx,
pharisien, pharmacien, phare, phase, **Phébus**, phénix, pheno-
mène, phosphore, phtisie, porphyre, prophète, pyrophore, sé-
raphin, sophiste, siphon, sémaphore, trophée, triomphe, typhon,
triglyphe, zéphyr et les dérivés.

voir, pleuvoir, mouvoir — croître, croire, boire, conclure, exclure, plaire, taire, paraître, connaître —
courir, mourir.

65. Les élève.. écrivir.. hier sur la table et sans se
tromper : Acé..ale, bos..ore, cam..re, élé..ant, é..é-
mère, di..thongue, méta..ore, pam..let, ..alange, ..leg-
me, ..thisie, or..elin ; vous écrivît.. v..—même.. ceux-
ci : néo..yte, nym..e, pro..ète, séra..in, so..iste ;
voici ceux qui écrivi.. tro..ée, ty..on, séma..ore, zéphyr, m$^{\overline{v}}$ ils se trompèr..

Les moniteur.. dictèr.. : émis..ère, péri..rase, an-
thropo..age, épita..e, apocry..e, catastro..e, ..iloso-
..ie ; il nous fir.. remarquer que agra..e, cara..e, ga-
..e, gira..e, pia..e, éto..e, cali..e et ponti..e qui finiss..
de la même manière ne doive.. point recevoir les même.. consonne.. final..

Les premier.. écolier.. prir.. la craie et tracèr.. les
mots suiv* sur le tableau : fils, ..ille, ..il, ..ilou, ..isc,
..issure, ..istule, ..iltrer et leurs dérivé.., ils se gar-
dèr.. bien de les orthogra..ier avec *ph* initial, comme
ils l'euss.. f$^{\overline{v}}$ dans ..ilodoxe, ..ysicien, ..ysionomie,
..ysionomiste, etc.

Cert: étudi* soutinr.. qu'on doit écrire avec *ph*, la
syllabe *pho* lorsqu'il est question de voix (eu..onie) ;
phore, dans les mot.. qui indique.. un tr*sport (méta-
..ore) ; *ophtal*, ay* rapport à la vue (o..talmie), et
graph pour exprimer quelque descrip'ion ou écriture
(calligra..ie, géogra..ie, chorogra..ie, orthogra..ique).

66. Henri Ier (1031) ne parv: pas s* p$^{\overline{v}}$ne au trône.
La r$^{\overline{v}}$ne Constance :trigua contre lui ; elle form.. un
parti au jeune Robert, *gagea celui-ci à se révolter
contre son frère. Les deux pr:'es * vinr.. aux m:.
Henri v:queur de son frère lui pardonn.. généreuse-
m* et lui céd.. le duché de Bourgogne.

Un an av* sa mort, Henri ass*bl.. les évêques et les
s$^{\overline{v}}$gneur.., il leur fi.. reconn$^{\overline{v}}$tre pour son suc'esseur
Philippe, son fils $^{\overline{v}}$né.

Philippe Ier (1060) fu.. sacré à Reims, du viv* de son père; il mont.. sur le trône à l'âge de 8 *; Baudouin, comte de Flandre, eut la rég*ce au préjudi'e de la r⁰ne-mère. Les Fr*çais cr⁰gnir.. qu'* qualité d'étr*gèr.. c. femme ne fu.. s* autorité.

Une mauv⁰se pl⁰s*terie attir.. à Philippe une guerre terrible. Guillaume roi d'Angleterre, av⁰ un *bonpoint extraordin⁰re. Philippe di.. un jour à ses courtis* : *Qu* ⁻ce dont que 'e gro.. homme accouchera ?* Guillaume lui fit reprondre que, qu* il ser⁰ accouché, il ir⁰ f⁰rè ses relevail.. à *Notre-Dame de Paris*, *avec* 10,000 l*ces * guise de 'ierges. En eff⁰, dès qu'il pu.. monter à cheval, il v⁚ a'iéger Mantes, qu'il brûl.. Heureusem* pour Philippe, Guillaume y tomb.. malade. Ces gens le tr*port.. à Rouen où il mouru..

Ce règne fu.. un des plus remarquables par les événements qui eur.. lieu, m⁰ auxquels le roi pri.. peu de par..

On appela *croisades*, des ligues f⁰tes pour reconquérir la Terre-s⁚te sur les infidèles. Un péler⁚, Pierre l'ermite, peigni.. si vivem* la profana'ion des lieux s⁚ et la cruauté des Turc.. *vers les chrétien.. qu'il *flamma tous les espri.. pour la conq⁰te de la Palestine. Le con'ile de Clermont, * 1095, proclama la première croisade, et Godefroi de Bouillon l'un des plu.. gr* capit⁰nes de son siècle conduisi.. les croisés qui, sous son comm*dem*, s'*parèr.. de Jérusalem et le choisir.. pour roi de c. ville.

Remplaçons j et g par ..

67. Rai, ras, ra, rons, rez, ront; rais, rais, rait, rions, riez, raient, *sont les terminaisons régulières du futur et du conditionnel. N.. appliquer.. ici cette remarque.*

Futur. N.. boir.. tout à l'heure une carafe d'or..eat (orgeat). Vous verrez un geai dans ma basse-cour. Les ju..es punir.. demain l'abigeat dont ces voleurs se sont rendus coupabl.. On p⁚dr.. ce soir vos muraill.. avec du badi..eon. C.. ouvrier voudr.. être bour..eois d* peu de t*. La grêle détruir.. les bour..eons de c.. ar-

bres. Dans dra..ée, dra..eoir, dra..eon, la voyelle *a*
ser.. suivi.. de la même conso..ne. Les chevau.. que
l'on a mis au vert m*ger.. tout l'escour..eon de cette
prairie. Les calomniateur.. me paraîtr.. toujours une
mauvaise en..eance. Tu verr.. d* ce livre un.. gravure
qui représ*te un estur..eon (gros poisson de mer).
Ce facteur ac..order.. mon fla..eolet. Ce scélérat chercher.. le moyen de sortir de la geole, mais le ..eolier
l'*fermera d* un cachot ténébreux. Cet *tiquaire conserver.. *core longt* un hauber..eon (cuirasse) qui lui
attirer.. maints curieux. La rou..eole fera périr un gr*
nombre d'enf*, si ce fléau demeure quelq.. temps d* c..
pays. Vous arracher.. prud*m* les sur..eons qui su'ent
le pied de c..: arbre. Je mettr.. bientôt des pi..eons
d* mon pi..eonnier. Cet.. commune ne réduira pas son
bud..et. Les mots suivants ne s'écriv.. pas de la même
manière : jardin, ..amais, ..ouer, ..oindre, ré..ouir.

68. *Conditionnel.* Je ne voudr.. (voudrais) point
avoir tenu c.. propos ab..ect (abject). Ces malheureux
vivr.. d* l'ab..ection sans vos secours charitable.. V..
diri.. avec justesse que ces mot..: ma..eur et sur..et
sont des ad..ectifs.. Pourquoi ..eûneriez-vous ..eudi
prochain, puisque ce n'est point un jour d'abstin*ce
et que d'ailleurs v.. êtes trop ..eune. Les pro..ets de
c.. ..eunesse ins*sée serai.. sa ruine si de vertueux
par* ne lui opposaient point un.. sage résist*ce. N..
fer.. ce tra..et ens*ble si v.. le vouliez. Je croirai..
presque que v.. f⁷tes de fauss.. con..ectures. C'est
par des in..ection.. fréquente.. que v.. guérir.. son
mal d'oreille. Si vous alliez dans la forêt voisin.. vous
y trouver.. quelq.. jectisses. Je désirer.. avoir un jet
d'eau au milieu de mon ..ardin. N.. seri.. bien ingrat..
si n.. oubliions q.. Jésus e.. mort pour nous. Pourquoi jetterions-nous des perles aux pourceau.. La pro-
..ection des ombre.. dans ces tableaux paraîtr.. le tra-
va.. d'un excell* peintre si les coup.. de crayon étaient
moins dur... Les pro..ectile.. lancés par les ennemi..
ravager⁷ nos rang.. si n.. étions plus près de leur
artillerie. Si vous le vouliez nous écrir.. encore scor-

pio..elle, ob..et, ma..eur, ma..esté, sur..et, sur..et-
ter, tra..ectoire, mais alors nous épuiser.. la cathé-
gorie des mots où *ge*, *gi* s'écrivent autrem* qu'avec
un *g*. Il pourr͞ᵛ d'ailleurs arriver que ce genre d'exer-
'i'e nous ennuyât.

69. Il faut que je me souvienn.. que les terminaison.. régulière.. du subjonctif sont *e*, *es*, *e*, *ions*,
iez, *ent*, que les verb.. *avoir* et *être* sont les seuls
qui s'écart.. de c.. règle, dans *que je sois*, *tu sois*, *il
soit*, *qu'il ait*.

Je ne veu.. pas que tu ment.. Je crains qu'on n'al-
lum.. un gr* in'endie (incendie). Il faut que tu chas-
ses cette vieil.. sor'ière, que notre orchestre ait un
violon'elle. Il convient que v.. soy.. sin'ères. S'il pleut,
il convient que tu t'abrit.. sous les ar'eau... On souhaite que vous ber'iez votre jeune frère, que vous fu-
yiez l'amor'e trompeu.. des plaisir.. frivole.., que v..
v.. occupi.. de ce qui v.. con'erne, que vous con'e-
viez des projet.. plus digne d'un fonc'ionnaire public.
Pauvres ! il est à désirer que des cœur.. charitable..
partag.. avec vous le mor'eau de p⁝ qu'ils ont gagné
au détrim* de leurs for'es physique.. Riches ! n'ap-
préhendez-v.. pas que des suppli'es éternel.. ne cuc-
'ède.. à la par'imonie que vous exercez à l'égard des
malheureu.. Je fais des vœu.. pour que vous profi-
t.. de cette con'ession. A moins que vous ne fassi..
point dur'ir la pâte, vous pourrez la conserver. Quoique n.. aimion.. la vérité, nous ne laissons pas de recevoir les flatteries de ces far'eurs qui ne n.. en'en-
sent que pour se moquer de n.. — On veut que v..
circonstan'ii.. mieux cette scène si fâcheus.., que quelques-uns appellent s⁝plem* une far'e.

70. On veut que je fass.. partie de c.. con'ert, que
tu con'ili.. les différ* avis de l'ass*blée, que tu cess..
ton commer'e illégal, que tu aill.. chez le con'ierge,
q.. tu ne m*g.. point l'écor'e de cette or*ge, q.. tu
exer'.. tes fonction.. avec probité, que tu ne noircis-
s.. pas. Il faut que n.. ramass.. les petit.. par'elles

d'or qui sont à la mer'i des enf*, q.. v.. fass.. vac'iner votre fils, par'e que la variole pourrait v.. l'enlever. On veut q.. v.. acheti.. quelq.. article.. de mer'erie ; q.. v.. buvi.. ce sirop in'isif. On cr÷ qu'ils ne gât.. leurs pin'eau.., q.. leur économie ne devienn.. par'imonie. Il faut qu'on enferm.. ces pour'eau.. Quoique n.. mangions dans la por'elaine, nous ne trouvons pas les mets mei..eurs. Quoique v.. per'eviez les impôt.. d'autrui vous êtes obligés de payer les vôtr.. Faut-il q.. je remer'ie c.. messieurs? Il faut q.. n.. n.. soumett.. aux dé'isions des con'iles. Croyez-v.. qu'il pleuv.. d* mon escar'elle? Veux-tu que je m'*-dur'iss.. aux travau.. les plus pénible..? On veut que j'écrive : ab'éder, ab'ès, circonst*'ier, coer'itif, coer'ition, con'etti, con'iliabule, con'is, divor'e, éfour'eau (voiture), ger'er, in'ise, in'iser, in'ération, in'inération, in'identer, lin'eul, man'elle, on'iales, per'er, pon'eau, pon'er, pon'ire, sic'ité, ma'on, fa'ade (16).

71. *L'imp. du subj. a aussi des terminaison.. régulièr..* (sse, sses, t, ssions, ssiez, ssent); la 3me *pers. a toujours un accent circonflexe sur la dernièr.. voyelle.* S÷ Louis ne put cons*tir à ce que l'on payâ.. une r*çon pour lui. Il ét⊽ t* que je m'en alla.., dis⊽ Fontenelle * quitt* le monde, car je comm*ç⊽ à voir les chose.. tel.. qu'el.. sont. Mentor qui craign⊽ les maux av* qu'il.. arriv.., ne sav⊽ plus ce que c'ét⊽ que de les craindre dès qu'ils ét⊽ arrivés. Les gens in'a'iabl.. voudr⊽ que tous les bien.. leur appart÷.. Qui aur⊽ pu croire que v.. fus.. coupables! Je craign⊽ que ces gens n'entras.. * foule. La s÷ple raison voul⊽ q.. v.. v.. corrigea.. de ce défaut. Il faudr⊽ q.. n.. missi.. notre gloire et not.. bonheur d* la pratique de la vertu. Pourquoi

(16) Ordinairement la dérivation indique l'emploi de la cédille, comme dans suçons (*sucer*) et pinçons (*pincer*); cependant il faut savoir écrire sans son secours : arçon, ça, caleçon, en deça, caparaçon, charançon, écoinçon, étançon, façade, façon, garçon, hameçon, leçon, limaçon, maçon, plançon, rançon, seneçon, soupçon, tronçon, et les dérivés : arçonner, caparaçonner, contrefaçon, désarçonner, étançonner, etc., etc.

vot.. mère appréhend♉-elle si fort q.. v.. v.. blessa..,
si ce n'est parce qu'el.. v.. aim.. t*drem*? Fall♉-il bien
que vous persévér.., s* cela vous n'euss.. jam♉ att₋
votre but. Alexandre , apr♉ s'être *paré de la ville de
Thèbes, ordonna qu'on la brûl.. à l'ex'ep'ion de la
maison du poète Pindare.

Il s'en fall♉ que Louis le Gros (1108) fû., le plus
riche s♉gneur de son royau.. il aur♉ fallu qu'il po'éd..
autr.. chose que le duché de Fr*ce. Ce roi voulu..
que 'es sujet.. eux-m... pu'e.. se déf*dre contre la ty-
r*nie féodale , il l.. donna pour 'ela la faculté de 'e
racheter. Dès que le peuple e.. (*avoir; subjonctif*)
acquis le droit de commune, qu'il e.. des m♉res, des
con'uls , des échev₋, de son choi.. il fu.. libre et plus
heureu.. La créa'ion d'une justi'e royale , la liberté
des villes , le rétabli'em* de l'ordre et de la p♉ , la
belle conduite du roi à Brenneville et le discour.. qu'il
t₋ (*indicatif*) à son fils au li.. de mort, son.. des acte..
dign.. d'immortalis.. 'e pr₋ce juste, brave et écl♉ré.

72. RÉCAPITULATION. — Mainten* que n.. n.. som..
occupés séparém* des finales de chaque personn.. d*
les t* s₋ples, essay.. de f♉re un.. applica'ion général..
des pr₋cipes. Mentor n.. di.. qu'il av♉ été autrefois *
Crète, et il n.. expliqua ce qu'il * connaiss♉. C.. île,
di..-il, admirée de tous les étr*ger.. et fameus.. par
ses 100 ville.., nourri.. s* p♉ne tou.. ses habit*, quoiqu'ils soi.. innombrabl.. C'♉ que la terre ne se lass..
jam♉ de rép*dre ses bien.. sur ceu.. qui la cultiv.. Son
sein fécond ne peu.. s'épuiser : plus il ⅄ a d'homme..
d* un pa⅄s, pourvu qu'ils soi.. laborieu.., plus ils
joui.. de l'abond*ce. La terre, c.. bonne mère, multi-
pli.. ses don.. selon le nombre de ses enf* qui mérit..
ses fruit.. par leur travail. L'*bi'ion et l'avarice des
hommes sont les seules sour'es de leur malheur : les
hommes veul.. tout savoir, et ils se rend.. malheureux
par le désir du superflu, s'ils voul♉ vivre s₋plem* et
se cont*ter de satisf♉re aux vr♉ besoins, on verr♉ partout l'abond*'e, la joie, la p♉ et l'union.

C'e.. ce que Minos le plus sage et le meilleur de tous

les rois ay⁵ compris. Tout ce q.. v.. verr.. de plus
merveilleux d⋆ c.. île e.. le fruit de ses loi... L'éduca-
'ion qu'il fais⁵ donner aux ⋆f⋆ r⋆ les corps s⁚ et ro-
bust.. On les accoutum.. d'abord à une vie s⁚ple, frugal.. ⁵ laborieus..;on suppos.. q.. tout.. volupté amolli.. le corps ⁵ l'esprit; on ne leur propos.. jam⁵ d'autre pl⁵sir que celui d'être inv⁚'ibl.. par la vertu et
d'acquéri.. beaucoup de gloire. On ne me.. (verbe
mettre) pas seulem⋆ ici le coura..e à mépriser la mort
d⋆ les d⋆gers de la guer.., m⁵ ⋆core à fouler aux pied..
les trop gr⋆d.. richesse.. et les pl⁵sir.. honteux. Ici
on puni.. 3 vi'es q.. sont ⁚punis chez les autr.. peupl..⁚
l'⁚gratitude, la di'imula'ion et l'avari'e.

73. Une sœur de l'ordre de S⁚-Vincent veill⁵ un
grenadier blessé et d⋆gereusem⋆ malade.—Le milit⁵re
repouss⁵ avec rudesse ses officieux secours: C.. pieu..
fille oppos⁵ à c.. ⁚sultes une pa'ien'e inaltérable. Un
jour ell.. se prés⋆t.. dev⋆ lui, ten⋆ à la m⁚ une po'ion
que le médec⁚ av⁵ ordonnée: il refusa de la pr⋆dre;
du refus il pass.. aux ⁚jure.. Elle le conjura de p⋆ser
au d⋆ger qu'il cour⁵, aux suite.. que pouv⁵ avoir son
obstina'ion. Il f⁵gni.. ⋆f⁚ de se r⋆dre, pri.. la tasse
qu'on lui offr⁵ et jet.. tou.. c.. qu'el.. conten⁵ au visage de la religieu.. El.. s'éloigna s⋆ murmurer, m⁵
l'⁚st⋆ d'apr⁵ la vit repar⁵tre au chev⁵ du lit du malade.
Poussé à bout par une const⋆ce qu'il croi.. de l'obstina'ion, le grenadier furieux s⁵si.. le vase et le brise ⋆
éclats : la liqueur jailli.. sur les vêtem⋆ de la femme
charitable à laquelle il ⁚sulte si cruellem⋆. Il croi.. c..
fois qu'apr⁵ un pareil outrage el.. ne s'exposer.. plus
à revenir pr⁵ de lui; m⁵ ce milit⁵re ne conn⁵ss⁵ que
le courage qui se montre sur un ch⋆ de batail.., il n'av⁵
aucun.. idée de celui q.. peut donner la religion. La
sœur de s⁚ Vincent s'approche pour la troisième fois :
prene.. ce breuvage, lui di..-el.., ne me refus.. pas
cette grâce, je v.. le dem⋆de à genoux. Le malade ne
s⁵ plus s'il doi.. croir.. à ce qu'il ent⋆, sa dureté a f⁵
pla'e à un att⋆drissem⋆ ⁚volont⁵re; les larme.. s'é-
chapp.. de ses yeu..: v.. êt.. un ⋆ge l s'écri..-t-i..; et

s͞siss* le breuvage salut͞re, il l'aval.. s* hésiter. C..
homme du.. la vie à la pieus.. persévér*ce de cel.. qu'il
av͞ tr͞tée comme ennemie. Il fu.. reconn͞ss* de cet..
faveur du Ciel , ét témoign.. le désir de mieux conn͞-
tre la religion qui ⸱spir.. des vertu.. à la fois si douces
et si élevées.

Madame Swanton Belloc.

~~~~~~

11ᵉ EXERCICE·

SUR LES DIFFICULTÉS DES VERBES DE LA PREMIÈRE CONJUGAISON. (1)

Voir la Grammaire à la suite des 4 conjugaisons principales.

*La grammaire nous apprend que cette classe de
verbes présente plusieurs catégories offrant chacune
des difficultés : les principales sont celles des verbes
en* ger *comme* ronger, bouger *; en* écr : créer *; en* cer:
placer *; en* uer : jouer, suer : *en* gner : régner *; en* eler :
appeler : *en* éler : révéler *; en* eller : interpeller *; en*
eter : jeter *; en* éter : végéter *; en* éder : procéder *; en*
ever : achever *; en* ener : mener *; en* enner : étrenner *;
en* ecer : dépecer *; en* ayer : payer *; en* oyer : nettoyer *;
en* ier : prier *; etc. Nous pourrions ajouter à ceux-ci
les verbes* geler *et* peler, *les verbes* envoyer *et* renvoyer *,* aller *et* s'en aller *(irréguliers), ainsi que les
verbes* importer, résulter, neiger *(impersonnels) ; voir
la Grammaire selon l'académie page* 53 *, n.* 162 *et les
suivants. —Noël et Chapsal *, n.* 129 *et les suivants.*

---

(1) Ces difficultés sont donc dans l'emploi des lettres : e , é , è , ê ;
l , ll ; t , tt ; i , ii , y , yi ; en , enn; c , ç ; g , ge ; ev , èv. Elles seront
représentées par deux points intercallés dans le mot.

&. *représentera* o , os , ot , ho , au , aux , hau , hauts ,
eau , eaux , heau.

74. Voici ce que l'on appel.. du bon sucre (17). N..
appel.. cet arbre un acacia. Pourquoi appel..-vous c..
subst*ce un a'ide? Les oculistes appel.. cet.. maladie
une ophthalmie. J'appel$^{\nabla}$ en v$^{\ddots}$ le sa..e Mentor; m$^{\nabla}$ il
n'accompagn$^{\nabla}$ plus Télémaque. Je dev$^{\nabla}$ succomber d*
cette occasion , si l'on n'eût appelé du monde à mon

(17) Les redoublements de consonnes consistent dans la réduplication des lettres b, c, d, f, g, l, m, n, p, r, s, t, v, z. Pour fixer les élèves sur l'emploi des lettres doubles l, m, n, p, r, t, nous ne connaissons qu'un moyen, c'est de leur faire copier les mots où elles se réunissent de cette manière.

La réduplication des autres consonnes doubles nous paraît facile à apprendre.

B, il n'est double que dans abbé, rabbin, sabbat, gibbeux, gibbar, gibbon, gobbe et les dérivés.

C, il est double après a, o, su initiales : accorder, raccorder, occupation, inoccupé, succomber, etc. Cependant on écrit avec un seul c, acabit, acacia, acacie, académie, acajou, acanthe, acariâtre, acagnarder, acarde, acarne, acatalepsie, acaule, acens, acensement, acerbe, acéride, acéteux, acide, acier, acolyte, acomas, aconit, acoquiner, acoustique, acquérir, âcre, acrobate, acropole, acrostiche, acrotère, acuminé, acutangle, oca, Océan, oculaire, ocre, sucer, sucre et les dérivés. (Près de 150 mots commencent par acc). On écrit encore avec cc : baccalauréat, bacchanales, buccale, ecclésiastique, eccrinologie, impeccable, saccager, saccade.

D, il n'est double que dans addition, adduction, quiddité, reddition et les dérivés.

F, il est double dans les mots commençant par af, ef, of, dif, souf, suf : L'affection offre effectivement ce qui suffit pour supporter les difficultés de la souffrance. Excepté dans afilager, afioume, afre, afin, Afrique, afouragement, éfaufiler, éfourceau, soufre et les dérivés. On écrit encore avec ff : beffroi, biffer, boufflaut, bouffée, bouffette, bouffi, bouffon, buffet, buffetier, buffle, chauffer, chiffe, chiffon, chiffre, coffin, se coffiner, coffre, escogriffe, ébouriffé, fieffer, gaffe, greffier, gouffre, griffe, griffonner, joufflu, ma-

secours. N.. v.. appel..mes longt*; v♣ occupa'ions et le bruit q.. l'on fais� v.. empêchèr.. d'*t*dre notre voix. Ces méch* ♣mmes que v.. croyiez ♣nnêtes nous accusèr.. de dilapida'ion. J'accost⊽ alors celui q.. m'av⊽ appelé. Appel..rez-v.. celui q.. prépar.. ces m⊽ succul*.

Qui app..liez-v.. d* c.. occasion? L'Océan recèl.. des poisson.. monstrueux. V♣ succ⊽ v.. ont vallu le baccal♣réat. L'habit ecclésiastique exi..e de gr*des vertu..; n.. sav..que celui q.. le port.. n'est pas ⁚pec-cable, toutefois il devr⊽ par⊽tre tel. N.. trouvâ.. une ♣ l⁚pide qui ruissel⊽ sur les rochers. Vous amon'e-lâtes tr⊽-maladroitem* un.. foule d'objets acce'oire.. Si la mort accable de m♣ tout.. les condi'ions du moins elle les nivel.. Renouv..lerons-nous l'acte q.. contien.. n♣ accord..? Occupez-v.. du soin d'accroître v♣ re-venu.. On app..lait Bacchanales des fête.. q.. l'on 'é-lébr⊽ ♣trefois à Rome en l'♣nneur de Bacchus. Les troupe.. ennemie.. saccagèr.. plusieurs de n♣ vill..

illé, naffe, piaffe, piffre, pouffer, raffiner, raffoler, siffler, soffite, taffetas, touffe, touffu, truffe, et les dérivés.

G, il n'est double que dans aggraver, agglomérer, agglutiner, suggérer.

L, est double dans les mots qui commencent par il, excepté dans île, ilot et les dérivés, et lorsque dans le corps des mots il est mouillé, voir la note n. 7 page 30.

M, il est double dans les adverbes terminés en *amment* ou *emment*; après *fla* et *so*: flamme, sommeil; dans les mots qui commencent par *im*: immortel; excepté image, imiter, iman; et par *co*: commis, communion; excepté comédie, comestible, comète, comice, comin-ge, comique, comite, comité.

S, est souvent double, voir les notes 12 et 14.

V, n'est double que dans les mots étrangers: wiski, waux-hall,

Z, cette lettre n'est double que dans Lazzi; Mezzo. Voir la note 12.

Grammaire selon l'académie page 94, n. 234, 235, 236, 237. Noël et Chapsal n. 243, 244, etc.

Votre réputa'ion ch*'el.., elle ch*'el..ra bien plus d*
c.. occasion. Ce bienf$^\triangledown$teur n.. renouv..la accid*tellem* ses offres de service.. Je niv..ler$^\triangledown$ mon jard⁚.
Tu cach..teras ta lettre, je ne la décachet..r$^\triangledown$ pas; si
on la décach..t$^\triangledown$, tu l'a recach..ter$^\triangledown$. Nous n'accéde-
ronś pas ⚘ proposi'ions, ni ⚘ conv*'ions d'un acca-
pareur qui, d'ailleurs n'offre ⚘cune garantie ⚘ ven-
deurs. N.. les pri..rons de ne plus nous parler de leurs
marchés.

75. L'hiver, d* ce pays, r$^\triangledown$gné toute l'année sur les
montagnes, et les frima.. ne 'ède.. d* la vallée qu'⚘
feux d'un soleil bient⚘ dévor*. Où v.. m..nera votre
ami? mon ami me mènera au jard⁚ des pl*tes. L'ac-
cepta'ion de cette lettre de ch*ge v.. j..tera d* un..
m⚘vais.. aff$^\triangledown$re. Votre élève se désesp..re; il ne peu..
venir à bout de découvrir la véritable accep'ion de c..
mot.. Tu te pén..treras de l'obliga'ion où tu $^\triangledown$ de
songer aux accessoires d* une occasion si ⁚port*te. De
tels accid* v.. am..ner$^\triangledown$ bient⚘ un.. gr*de perte. V..
par$^\triangledown$ssez soup'onneux; que di..-je! vous me soup-
'onn.. et si cela n'ét$^\triangledown$ pas ⁚si rep..seriez-v.. ce q..j'$^\triangledown$
pesé moi-même. Je ne rep..se jam$^\triangledown$ ce que v.. av..
pesé; c'$^\triangledown$ m'accuser de déloy⚘té. Si ma t*te emm..ne
ma sœur, el.. la ram..nera. Elles doiv.. aller se promener ,*s*ble. Ma sœur jou.. comme un *f*; n.. ne
jouon.. jam$^\triangledown$ *s*ble m⁚ten*; m$^\triangledown$ il ⋋ a deux * q., nous
jou..ons souv*. Si tu rép..tes bien tes le'ons, si tu
t'appliqu.. à tes devoir.., si tu s$^\triangledown$ f$^\triangledown$re des effort.. généreux, tu auras cert$^\triangledown$nem* des pri.. ou ⚘ moins des
accessits. Ne te rapp..les-tu pas les parties de p$^\triangledown$che
que n.. fîm.. l'année dernièr..?—Je me les rappel..
fort bien; il faut que n.. en proj..tions de nouvel.. Je
pai..r$^\triangledown$ volontiers mon écot. A combien s'él..veront les
fr$^\triangledown$? Je pen'e q.. nous pai..rons peu, car j'$^\triangledown$ déjà les
filet.. et le patron Michel doi.. n.. prêter son bât⚘
gratuitem*.

76. Un orateur célèbre fu.. chargé de har*guer les
sénateur.. af⁚ qu'ils abrog..ass.. la loi Porcia. N.. sou-

lag..ons notre cœur affligé lorsq.. n.. n.. confions à un
bon ami. N.. ach..verons promptem* l'a‘ide que contient ce flacon. On rel..gue les malf⁵teur.. Vous sou-
vene..-vous de ceux qu'on relégua l'année dernièr..?
ils av⁵ voulu altérer un acte de naiss*‘e; on n'alt..re
pas facilem* de pareils acte.. Je v.. rel..ver⁵ quoique
d* une tel.. occurr*‘e v.. ne m'ayez pas relevé. On doi..
toujours relever ceux q.. succombe.. sous les atta-
ques de leurs ennemis. V.. allégui.. certain.. occupa-
‘ions imagin⁵res pour ne point aller à la c*pagne.
Lorsque je ne puis me r*dre à une ⁑vita‘ion amicale,
je n'all..gue que des motifs réel.. Néron régna par la
terreur et Auguste par la clém*ce. Notre monarque
r..gne par la justi‘e. N.. devon.. régne.. sur n⚹ passions. N.. espérons pl⁵re à l'académie. Esp..rez-v..,
esp..riez-v.., esp..rions-n.. f⁵re fleurir ici un acacia.
On m'a acheté tout mon bois d'acajou; avec cette valeur j'achèter⁵ du sucre. N.. ach..terons du café. Il
f⚹ que v.. achet.. de bel.. or*ges.

77. L'univers ⁵ un t*ple où si..ge l'éternel. Le présid* des a‘ises ne peu.. siég.. aujourd'hui. Il ⁵ convenu que les plus jeunes de cet.. a‘*blée ne si..geront
pas à leur tour. Levons-n.; qu'ils se l..vent. Il con-
viendr⁵ que v.. v.. l..vassiez. Si v.. buve.. ces liqueur.. spiritueus.. v.. ch*cel..rez. Celui q.. n'espère
point.* la bonté divine ⁵ bien malheureux. Réglons n⚹
compte.., ils ont besoin d'être r..glé.. Si v.. v.. char-
giez des addi‘ions, n.. n.. charger.. des autres calcul..
Faisiez-v.. att*‘ion à la sueur qui rui‘el⁵ sur ses jou..,
je remarqu⁵ qu'il ét⁵ for‘é de s'essuyer à tou.. mom*.
V.. pla‘âtes-v.. ⚹près de lui? Effa‘ates-v.. ce qu'il av⁵
écrit? Esp..rez-v.. avoir fini v⚹ addi‘ions av* ce soir?
j'esp..re avoir fini les mien.. On rach..te quelquefois
cert⁑ petits déf⚹ par de ⚹tes vertus. On v.. rappel..ra
v⚹ devoir.., songez en att*d* qu'on ne doit jam⁵ suggérer le mal à ⚹trui et qu'on ne renouv..le pas ⁑pu-
ném* de pareil.. sottise.. On ach..ver⁵ ces provisions
* moins de t* si l'on m*g⁵ plus souv*. Voulez-v.. savoir où l'on m..ne ses personne..? on les mèn.. d* un

lieu où l'on ne s'égai.. pas, où l'on ne jou.. pas, où
on s'ennui.. toute la journée, *f: d* une prison.

78. N.. n.. rappel..rons toujours avec pl▽sir le t*
de n⚘ études. Voici les ⚘mmes qui nivel..eront votre
terrain. C'est monsieur l'abbé q.. m'a écrit la lettre
que v.. avez décach..tée ; v.. deviez la recach..ter ; il
faut que n.. la recach..tions. V.. dépe'âtes hier deu..
b⚘ lièvres. Apportez votre bal*ce af: que n.. p..sions
le fard⚘ que porte ce gibbeux. C'ét▽ un jour de sabbat que ces juifs projetère.. de se réunir pour 'élé-
brer la Pâques et ils la 'élébrère.. en eff▽ huit jours
apr▽. V.. souven..-vous que le 31 j*vier il g..la toute
la journée (*verbe* geler) , il ne g..le pas aujourd'hui ;
m▽ g..lera-t-il dem: ? — je ne le p*se pas. — Si v..
faisiez de tel.. proposi'ions à ce Rabbin , il les rej..te-
r▽ s* bal*'er. N.. délog..âmes n⚘ advers▽res. N.. ré-
:tégrâm.. n⚘ ami.. Ils s'* allèrent , n.. re'ûmes leurs
dernier.. adieu.. N.. pla'âmes les nombres de mani▽re
à pouvoir les addi'ionner. Vous appelâte.. cet ⚘mme
pour la reddi'ion de 'es comptes. Un réd*pteur div:
n.. a rachetés de la mort éternel.. Voici le même personnage qui n.. renouv..la des proposi'ions que n..
avo.. cent fois rej..tées. Votre habit décol..te (*le* t *n'est*
pas double). Il en est :si d* *gèle* pour le *l*.

79. Ce péler: rép..ta m:tes et m:tes fois qu'il av▽
dîné à l'abbaye. C.. abbesse j..ta, d* son monast▽re
les fondem* d'une ⚘stère réforme. C.. *pire ch*'el▽..
N.. pêchâm.. deux fameux gibbar..(espèce de baleine).
Les s:ges appelés gibbons ont de lon.. bras. Je v..
r*voi.. mon aff▽re af: que vous l'étud..ez mieux, que
v.. la revoy..ez d* ses moindre.. détail.. Je souh▽te
que vous accueilliez bien ma dem*de. On di.. que v..
affec'ionni.. un véritable :grat ; ce malheureux , di..-
on, végét▽ misérablem* ; vous le pla'âte.. à la direc-
'ion de votre comptabilité, il eu.. l'⚘da'e d'amener
un fripon d* v⚘ bur⚘, et *s*ble ils achevèr.. de vous
perdre. Est-ce :si que l'on pai.. le bienf▽ ? On croi..
effectivem* que v.. renon'âtes à ces erreur.. Offrez-v..

de rév..ler v♣ secrèt..? Pourrez-v.. les rév..ler? Pour
moi je ne rév..lerai jam♈ les mien.. Votre fermier doi..
semer son gr⁚; le mi.. ne s♈me point *core. En voi'i
un qui s♈mera dem⁚. Ce n'es.. pas celui qui sem♈
hier. On sèmer♈ mieux avec un meilleur ⁚strum*.
Ceux q.. sav.. régner sur leurs pa'ions sont véritablem* rois, ils soɒ.. digne.. de r..gner.. Si n.. régnons
de la sorte n.. n'essu..erons pas les révolte.. ⁚térieur..
qui nuir♈ si fort à nos âmes. Ne for'ons point notre
tal*, a dit le bon Lafont♈ne. Ne jug..ons pas et n..ne
sero.. point jugés.

80. Effor'ons-nous de suivre les bon.. ex*ple.. Cet
f s'effor'.. de profiter des le'ons de son m♈tre. F♣-
il que n.. vo..ions t* de scènes affreus..? Pourquoi
s'aper'oit-on de tout d* cette m♈son? — C'es.. que
l'on n'ʌ néglig.. pas les plus peti.. chose..—N♣ écrit..,
dit-on, dé'el.. n♣ s*tim*. Le t* révèl..tout. V..récré..-
rez votre esprit. Comm* supplé..rons-n.. ce qui m*-
que d* ce sac. Il est né'ess♈re que v.. supplé..z à la
for'e par l'adre'e. — C.. peupl.. fure.. bénis du Ciel.
Ces âmes sont béni.. Ces statue.. sont béni.. Song..ons
♣ besoins d'♣trui. Si nous essaʌons de vivre s⁚tem*
nous goûteri.. bient♣ tous les charme.. de la piété chrétien..; essayons de nous mieux conduire. Croyez-vous
que l'on rejèt.. mon suffrage? Av*'ons-nous vers c..
touffe d'arbres, n.. n.. pla'erons à l'ombre, n.. m*-
gerons de ces truffes; si tu * m*g♈ avec nous, n.. m*-
gerions plus volontiers. La Fr*'e se relev♈ sous Charles VII. Ma fille offrez v♣ souffr*'es au Ciel. Haïssez
v♣ péché.. Je les ʰh♈ (de haïr), je ha..r♈ toujours 'e
qui off*'e la majesté divine. Pourquoi ne ha..rions-n..
pas les vi'es qui afflige.. la so'iété.

81. Je v.. pri.. de n.. offrir quelques siège.. J'a-
br..ge c.. histoire si'effray*te. Le roi prot...ge les artiste.. dist⁚gué.. Les ♣mmes ♣struit.. son..protégé.. Ton
fermier s♈mera (verbe semer), le mi.. b♈chera la
terre. Des manœuvr..l♈veront les pierres. Il ʌ a quinze
jours que j'♈ emm..né mon fr♈re à la c*pagne. Jena-

ge d* un afflu* de la Seine. Tu voi.. là celui qui broi..
m♈ couleur.. Voici celle qui nettoi.. mon l⸮ge, elle le
le nettoi.. tr♈-bien. Je soul..ve facilem* la gro'e pié'e
que tu soulev♈ avec p♈ne. Voyons si tu la soul..ver♈
core. Mon ami c..da à mes inst'e.. quoique je ne 'é-
da'e point ⚘ sien.. Je ne cèd..rai jam♈ à vos proposi'ions. Il faut partager ces avis ; nous les partag..âmes
quelques mom*, nous ne les partag..ons plus. Je siffle-
rai pour vous avertir ; ne l'oubli..rez-v.. pas ? Allons,
soyez attentifs. Je p♈, vous pay.., n.. payons, n.. paie-
rons toujours. Ceux q.. pai..r♈ un tel suffra..e pla-
'er♈ bien mal leur arg*. Je p♈ mes ouvriers. Je nettoi.., tu nettoi.., il nettoi.., nous nettoyo.., v.. nettoie-
rez ces fusils. Pourquoi ne nettoi..r♈-ils pas leurs
gibernes. ? J'attel.. m♈ chev⚘, attel.. les tien.., attel..ons les nôtres ; att..lez ceux-ci à cette voiture. N..
per'âme.. la foule, n.. long..âmes les boulevart.. et
n.. arrivâm.. à c.. gr*de raffinerie de sucre.

82. Dem⸮ j'*verr♈ chercher le paquet que j'♈ l♈ssé
chez v.. d* un coffre. V.. j..terez tout ce qui ♈ gâté
d* un gouffre. Votre profe'eur n'affec'ionne pas plus
cet élève que l'⚘tre, il préf♈re toutefois le plus dilige*.
Les meilleur.. ac'ions s'alt♈re.. et s'aff♈bliss.. par la
manière dont on les f♈. Souffrez que je m♈le mon blé
avec le vô.. Je me récré.., tu te récré.., il se récr..e,
nous nous récr..ons ; Il faut que v.. v.. récr..iez avec
n.. Agr..ez ce complim*. Pourquoi ne l'agr..riez-vous
pas ? Adam et Eve fur.. cré.. d* l'état d'inno'*ce. Le
soufre que v.. j..tâtes d* le feu s'*flamma ⚘ssit⚘. L'histoire n.. appr* que l'on fais♈ souffrir des tourm* affreux ⚘ premiers Chrétiens q.. per'évér♈ d* la foi de
l'église. Les arts flori'♈ à Athènes, ils flori'♈ aussi à
Rome du t* de Périclés et d'Auguste : je désesp..re de
les voir refleurir chez les premiers de ces deux peuples. Voici des ⚘mmes q.. se cré.. m⸮ten* des besoins
dont difficilem* ils pourront se déf♈re plus tard. Bossuet ♈ le plus gr* orateur dont n.. n.. glorif..ons,
Veuil..z nous affr*chir d'un devoir qui n.. g♈ne.—N..
ne n.. gênons pas volontiers.—Pourquoi v.. gên..riez

vous. Il f♣ cep*d* se gêner quelquefois pour les ♣tres.
F♣-il que n.. pa..ions pour les f♣tes d'autrui? Les ser-
v*tes nettoi.. la m⁜son, elles ne l'on.. pas netto..ée
hier. Il ne faut pas que n.. la netto..ions n..-mêmes.

87. *Imparfait.* N.. jouions t*dis que v.. travailliez.
V.. joui..z t*dis que n.. travaillions. V.. nouiez, n..
dénou..ons. V.. cloui.. et n.. décloui.. V.. sci..ez, n..
sci..ons; v.. pri..ez et n.. pri..ons. Ceux-ci liai.., n..
déli..ons. V.. ni..ez, n.. affirmion.. N.. proposi.. V..
conclu..ez. V.. cri..ez, n.. n.. t⁜sion.. Pourquoi v..
appuy..ez-vous? Si n.. n.. appuy..ons, comme vous
v.. récri..riez.— *Subjonct.* Il est inutile que v.. nous
offr..ez vos servi'e.., il convient que n.. les rej..tions.
Il faut que je me cré.., que tu te cré.., que n.. n..
cré..ons, que v.. v.. cré..ez des moλens d'exist*'e. Je
veux que tu p..le.. ce fruit, qu'il p..le c.. arbre, que
n.. p..lions cet..or*ge. Pourquoi p..ler cette p⁜che? Qui
p..lera c.. citrouille.? (Peler, geler *et* coleter *changent
leur* e *muet en* è *grave et ne doublent jamais* l *ou* t).
Ces méch* t'injuri..ront. N'injuri.. personne. N.. dif-
féron.., n.. diff..reron.. de n.. pl⁚dre. Le cheval j..te
à terre un pr⁚'e aussi bien qu'un palefrenier. Lyon ⁜
une ville des plus flori'*tes de la Fr*'e. J'agr*dirai le
magas⁚ d* lequel n.. pla'ons n♣ march*dises. Hier
n.. y pla'âmes cel.. que n.. re'ûmes par les bat♣ à
vapeur arrivés mercredi dernier. Les Fr*'ais sous Fr*-
çois Iᵉʳ, gagn..rent la 'élèbre bataille de Marign*; on
dit que si ce monarque néglig..a trop les aff⁜res publiques d* sa jeunesse, il s'λ appliqua sérieusem* d*
un âge plus av*'é. Il λ a là une aggloméra'ion de pierres. Agenouille-toi. Pourquoi agglutinez-v.. tout cela?
Ne voλez-vous point que v.. aggravez votre posi'ion?
Agissez de manière à n'être point app..lé ⁚juste. Agréez
donc ces offr*des. Voulez-vous que n.. les agré..ons
pour vous. El.. ont été agré.., n.. ne les agré..rions
plus. Ne priez donc plus pour c.. âme el.. ⁜ sauvée;
el.. pri.. pour vous. Si n.. priions plus souv*, n.. se-
rion.. mieux ex♣cés. Il faut que n.. pri.. sans cesse.
Rej..tez les perfide.. conseils de la flatterie.

12ᵉ EXERCICE.

SUR LES VERBES IRRÉGULIERS DES 4 CONJUGAISONS. (1)

N'oubliez pas de consulter dans votre grammaire le tableau
des verbes irréguliers.

Les personnes des verbes sur lesquelles nous appelons l'attention des élèves seront indiquées par une ou plusieurs initiales ; ces initiales seront suivies d'un numéro qui correspondra à l'infinitif du verbe, placé en tête de la page ; l'élève doit écrire le verbe donné au présent de l'indicatif, à moins que le sens de la phrase n'indique positivement un autre temps ; et lorsque ce temps pourrait être difficile à connaître, il sera indiqué par des initiales placées à côté du n° de renvoi.

Ind. prés. (indicatif présent), imparf. (imparfait), p. d. (passé défini), fut. (futur), cond. (conditionnel), impér. (impératif), subj. (subjonctif), inf. (infinitif), p. pr. (participe présent), p. pas. (participe passé).

10 Aller. 11 Etre.

88. Laissez-le aller. Laissez-le s'en a10. Allons va-t'*. Je m'en v10. Est-ce que tu t'* v10? Oui, oui je m'* v10. Je v10 m÷ten* à la promenade. Tous les soirs mon frère s'* a(10 *imparf.*) ⚬ ch* pour quelques aff⁵re.. Ma t*te s'* est a10. Je m'* suis a10 hier av⁵ votre procureur. Ne nous en som..-n.. pas a10 * même t*? Que ceux qui font du tr÷ s'en a (10 *subj.*) Tous ceux qui son.. a10 à la guerre n'* reviendr.. pas ; tous ceux qui ont é11 à Rome n'* sont pas meilleurs. Lucinde a é11 au sermon et n'* est pas devenue plus charitable pour sa voisine. Paul est a10 ⚬ prône, il n.. dira ⚬ retour ce qu'il ⚬ra *t*du. Ceux-ci ont é11 à Paris, ils sont de retour.

(1) Grammaire selon l'académie pages 64, 65 etc. Noël et Chapsal pages 58, 59 etc.

12 envoyer, renvoyer. 13 acquérir, conquérir. 14 assaillir, tressaillir. 15 bénir. 16 bouillir, 17 courir, accourir, etc.

89. J'*ver12 dem: un expr⊽ à mon père. Tu env12
tout-à-l'heure quelqu'un au jard:. Après dem: n..
env12 Auguste ⚘ chât⚘. Je renv12 à l':st* ce méch*
domestique, si je n'av⊽ égard à son *cienneté. Pourquoi r*verrai-je pour si peu de chose ce malheure.. ouvrier? N.. v.. renv12 :pitoⱬablem* si v.. osiez tenir des
discours d*gereux et :pies. Aujourd'hui j'acq (13 prés.
ind.) une peti.. propriété sur le chem: neuf. Tu ac13
des droits à la reconn⊽(*⚘e publiq.. C'est d* une s*blà-
ble circonst*'e que n.. ac (13 p. d.) des amis. Ce fut
alors que v.. ac13 des po'e'ions loint⊽nes. T*dis que
v.. dissipiez votre patrimoine, n.. ac13 une honnête
⊽s*'e. N.. ac (13 p. d.) *peu de t* l'estime des g* de ce
paⱬs. Si j'av⊽ une somme suffis*te j'ac13 volontiers c..
m⊽son avec 'es dép*d*'es. Malheur à toi si tu ac13 une
m⚘v⊽se réputa'ion! Bient⚘ on n.. as (14 p. d.) de tous
côté.. Devons-n.. assaillir les ennemis? Oui. Je n'ass14
pas avec les autres. Tu ass14 le premier, dès que n..
serons * prés*'e de leurs bataillons. Enée à cet aspect
tress (14 p. d.) d'alégresse. Qu'il tress14 de joie!

90. L'ange Gabriel di.. à la S:te-Vierge : vous êt..
béni.. Du t* de Moïse on y montr⊽ *core des tomb⚘ où
repos⊽ les *dres bén15 d'Abraam, d'Isaac et de Jacob. Un 'ierge bé15. De l'eau bé15. Les pr:'es qui ne
se croi.. pla'és sur, le trône que pour f⊽re du bien à
l'humanité, sont bé15 de Dieu et des hommes. Les chⱥ-
dières ne bou16 pas; si le feu ét⊽ plus actif el.. bou16
plus tôt; elles bouillir⊽ alors d* moins de trois heures.
Je sui.. sûr que dem: ell.. bou16 plus vite. Il conviend-
dr⊽ qu'el.. bou16 d* la matinée. T*dis que v.. riiez
votre ami bou16 de colère. Si je vous *t*crier j'acc (17
fut.) bient⚘ à votre secours. Je cou17 plus vite que v..
si je n'av⊽ pas mal à la j*be. A la proch⊽ne composi-
si'ion n.. concou17 tous pour le prix.

Sous Louis VII, le jeune, plusieurs école.. fur.. fon-
dé.. pour l':struc'ion de la jeunes.. Déjà on y ac17 de
tout.. les partie.. de l'Europe. Le nombre des étudi*
fut bient⚘ égal à celui des citoyen..

18 cueillir, accueillir, recueillir. 19 faillir, défaillir. 20 férir. 21 fleurir, refleurir. 22 fuir, enfuir. 23 gésir. 24 haïr. 25 mentir. 26 mourir.

91. Ce soir je cue18, tu cue18, il cue18, nous cue18 des fleurs. Si l'on voul⁷ j'ac18, tu ac18, il ac18, n.. ac18, v.. ac18 tous favorablem* une pareille ⁚vita⁚ion. Il faudr⁷ que n.. cue18 des marguerites et que vous cue18 des renoncules. Je cr⁚ que l'on ne me cue18 mes tulipe.. Celui-ci recue18 une riche succe⁚ion, celui-là ne cue18 que des ron⁚e.. et des épine.. Le d*ger fut si gr* que nous failli.. perdre courage. On dit qu'à cette nouvelle vous fail19 perdre conn⁷⁚*⁚e. Une viol*te t*-pête s'ét* élevée ils fail19 tous périr d* les ⚘. Les for-⁚es de ce malade défa19 tous les jours. Si je déf (19 *imparf.*) que fer⁷-tu? Si tu déf19 je te soutiendr⁷. On s'est *paré de la ville s* coup férir. Il n'est pas po⁚ible de gagner une bataille s* coup fé20. Athènes fl(21 *im-parf.*) sous Périclès, Rome fl21 sous Auguste, La Fr*⁚e fl21 sous Charlemagne. Ces pl*tes fl21 d* mon parterre. Les états les plus fl (21 *p. pr.*) sont ceu.. où règne la justi⁚e. D* le t* où v.. ⁷miez le travail vous fl21. Nous verr.. refl21 cette pl*te. N.. all.. voir refl21 c.. prairie.

92. Fu22 mon fils, fu22 la société des ⁚mpies. On lis⁷ sur une tombe : ci-gî23 mon plus fidèle ami; ci-gî23 mes plus belles espér*⁚es; tous mes pl⁷sirs se sont enf22⁚; mes plus proches gî23 d* ce lieu. Pourquoi ha (24 *condit.*)-nous, pourquoi ha.riez-vous ce bien-f⁷teur? si nous le ha.ssions nous ser.. bien méch*; personne ne pourr⁷ le ha24. Je vous ha24. Je s⁷ bien que v.. ne me ha24 pas. Haïssez le vice, la déb⚘che et ne men25 jam⁷. Je ne men25 plus désormais, car il m'* a trop coûté pour n'avoir pas dit la vérité: Pourquoi vou-driez-vous que je me25. L'histoire rapporte que cert⁚ hommes ont préféré m26 plutôt que de men25. Si v.. mou26 d* le péché quel ser⁷ votre sort? Tu mou26 bient⚘ si tu te soign.. si peu. Nous mou26, s'il le fal-l⁷, pour la défen⁚e de la patrie. J'aim.. mieux qu'il meu26, s'il doit oublier ses devoirs. Là gis⁷ une sœur qui est mor26 ⚘ pr⁚t* de la vie. C'est sur la terre étr*gère que mou26 S⁚-Louis.

27 ouïr. 28 ouvrir, rouvrir. 29 couvrir, découvrir, recouvrir. 30
recouvrer. 31 partir. 32 quérir. 33 repartir act., *répondre sur le
champ* ; repartir, neut·, *partir de nouveau* ; répartir. *distribuer,
partager.*

93. Le dim*che la me'e ou27 et les fêtes pareillem*.
J'ouïs v✿ cris, ils ou27 (*p.d.*) ma voix, n.. ou27 le bruit,
ou27-vous le tapage que l'on fais⏃ d* la rue. N.. rô-
dion.. ✿tour de la grotte, lorsque nous ou27 des cris
sourd.. et pl⁚tif.. Si tu ou28 la porte, tu la fermer..;
m⏃ je la rou╲28. Si vous ouv28 mon cœur vous verri..
si je v.. ⏃me. Celui qui a décou29 ce tabl✿ le rec29 d*
un ⁚st* ; si v.. voulez je le rec29 av* qu'il vien.. Je ne
veu . plus qu'on le déc29. Je me fâcherai contre celui
q.. le découv29. Je v⏃ *voyer qu32 la serv*te af⁚ qu'el..
couv29 c.. meubles : ceux-ci ne son.. pas couv29 comme ils devr⏃ l'être. Ne déc29rez jam⏃ v✿ secrét.. ✿
✿tres. Voici celui q.. rec30 les ⁚pôts de la commune.
Cet.. perso.. rec30 (*cond.*) volontiers les sommes qu'on
lui doi.. Il faudr⏃ que je rec30 les bien.. que j'⏃ per-
dus. Ne recouv (30 *cond.*)-v.. pas avec pl⏃sir la jolie
peti.. chèvre que v.. avez perdue ?

94. Envo⋋..z qué32 mon débiteur; je dois repartir
et je ne repar.. point cep*d* av* qù'il m'⏃ pa⋌é. Qu*
repar (33 *fut.*)-vous?—Ce soir. Si vous le voul..z n..
repar (33 *fut.*) avec v.. A c.. nouvelle, Rome ⁚ndigné..
*voi.. ✿ssitôt un.. députa'ion à Carthage; J'apport.. i'i
la p⏃ ou la guerre,* di.. Fabius, chef de l'*ba'ade;
choisissez. — Choisi'ez vous-même, répon.. le présid*
du sénat. — ⏃ bien prenez la guerre, rep33 Fabius.
Cassius dem*d⏃ que l'on rép33 non seulem* ✿ Rom⁚,
m⏃ ✿ alliés, une partie des terres conquises. Je ne
rép (33 *je ne distribue*) pas 'es fond.., je ne les rép (33
distribuerai) jam⏃, par'e que la réparti'ion que je
pourr⏃ f⏃re ne cont*ter⏃ personne. C.. homme rec29
hier le toit de sa m⏃son. Il y av⏃ un * qu'il ét⏃ aveugle,
lorsqu'il rec30 la vue par un heureux hasard. Allez
me qu32 un tel : je l'⏃ *voyé qu32. Quoique c.. *voyé
se soit exprimé avec honnêteté, on ne lui a repar (33
répondu) que des ⁚pertin*'es. Il est rep33 ce mat⁚.

34 ressortir *après être entré.* 35 1 essortir *de quelque juridiction.* 36
saillir *jaillir avec impétuosité.* 37 saillir *t. d'architecture.* 38 sentir,
ressentir, consentir, pressentir. 39 servir. 40 surgir. 41 dormir.
42 sortir.

95. Je ressors (34 *conjuguez tout le présent , le futur et le conditionnel*). L'évêque de Marseille et celui
de Fréjus ressortiss.. à l'archevêque d'Aix. Ces pro'ès
ressort35 à la juridiction ordin⃥re. Les tribunaux de
première ⁚st*'e ressor35 à leurs cours ro⅄al.. respec-
tiv.. Mon aff⃥re ressor35 au juge de paix. Son s* sail-
liss⃥ avec ⁚pétuosité. On f⃥ saillir l'⅄ à une tr⃥ gr*de
⅄teur par la compre'ion qu'on * f⃥ d* les pompe.. Qu*
Moïse frappa le rocher il en sa (36 *p. d.*) un.. sour'e d'⅄
vive. Là mille jets d'⅄ sa36 des roches humides. *On
écrit* ⅄trem* : cette corniche sa37 trop. N.. vîmes plusieurs corniches cor⁚thiennes, elles sa37 * effet plus
que cel.. des ⅄tres ordr.. Ce chapit⅄ sa37 trop, celui-
ci e.. mieux, il sa37 moins. Ce balcon ne sa37 pas a'ez.
C.. corniche sa (37 *fut.*) de six décimètres. Si v.. aviez
f⃥ cela les portique.. sa37 mieux sur la fa'ade. Les premiers pl* ne sa37 point a'ez d* ce tableau.

96. Sen (38 *impér.*)-vous la fr⃥cheur de c.. marbre?
N.. s (38 *p. d.*) d* cette sau'e le goût du ch*pignon. Je
s (38 *imparf.*) alors battre mon cœur et je press38 le
malheur qui all⃥ m'arriver. Je ress38 alors les tourm*
de la f⁚, de la soif; rien ne pouv⃥ ser39 à calmer mes
douleurs. V.. ne sen (38 *fut.*) jam⃥ une aussi gr*de
joie que cel.–là. Elle sen38 un gr* dépl⃥sir, si on lui
fais⃥ ce pa'e-droit. Il faudr⃥ que v.. sen38 ce qu'il a
éprouvé, lorsqu'il a vu sur40 cet.. difficulté. On a vu
tout à coup s40 la réputa'ion de cet écriv⁚. Je dor (41
fut.) toute la nuit si l'on ne m'éveil.. point, tu ne
dor (41 *fut.*) pas, ton compagnon ne dor41 pas non
plus, parce qu'on v.. éveillera. Si je dor41 que l'on me
l⃥sse dormir. N.. dor41 lorsque v.. êt.. venu. Vous
dor41 lorsque n.. sort42. Il faut que tu sort42 et que
je sort.. avec toi. N.. ne sor (42 *cond.*) pas sitôt. Q..
⃥ celui q.. sor (42 *fut.*) le plus tôt ? On cr⃥gn⃥ que v..
ne sor42 av* l'arrivée du courrier. Le feu qui s*ble ét⁚
d41 souv* sous la c*dre. Guillot d (41 *imp.*) profondém*

43 tenir, s'abstenir, appartenir, détenir, entretenir, maintenir, obtenir, retenir, soutenir. 44 venir, circonvenir, convenir, devenir, disconvenir, intervenir, parvenir, prévenir, ressouvenir, redevenir, se souvenir, subvenir. 45 vêtir, dévêtir, revêtir. 46 asseoir, rasseoir. 47 choir. 48 échoir, déchoir. 49 falloir.

97. Je tien (43 *fut.*) fortem* à ce que chacun fasse son devoir. Tu tien (43 *fut.*) compte des erreur.. Le lion t (43 *p. d.*) conseil. Dem: je m'abst43 de par⩔tre au conseil. C.. m⩔ son ne v.. app43 jamais ; car le propriét⩔re ne veu.. pas la v*dre ; il vien44 d'en refuser un pri.. très-élevé. Qu* même v.. vien44 lui proposer une plus forte somme, il maint (43 *fut.*) toujours son refus, et q.. que ce soi.. ne parv (44 *cond.*) d* ⋆cun cas à le f⩔re ch*ger de s*tim*. Je me sui.. vêt45 proprem*. Rev45-toi de tes plus b⋆ habit.. Les prêtre.⋆ se rev (45 *p. d.*) de leurs habit.. sa'erdot⋆. Pourquoi v.. dev (45 *cond.*)-vous ? Il ⩔ bon que je me souv44 de lui. Je cr: que personne ne subv44 ⋆ besoins de sa famille. Il aur⩔ fall.. que vous le sout43 lorsqu'il ⩔ tombé.

98. Je m'assieds, tu t'ass.. (*conjuguez le présent*). T*dis que v.. v.. dressi.. je m'ass.., tu t'ass.. Lorsqu'il sort⩔ n.. n.. as46. Alors n.. n.. as (46 *p. d.*) Dem: je m'ass.. ; tu t'ass.., n.. n.. ass.. Si l'on voul⩔ n.. n.. as.. ; v.. v.. ass.. Allons je le veux, ass..-toi. Eh bien as..-n.. Il f⋆ que tu tu t'as.. On veu.. que n.. n.. ass.. Il s'est f⩔ mal * s'ass.. Je me rass46 bientôt. Rass..-nous. On souh⩔ter⩔ que n.. n.. rass.. Là cr:te de déch48 le poursuit* tou.. lieu.. Ces g* sont bien déc48 de leurs privil⩔ges. Depuis ce mom* il a déc48. Je déc (48 *futur*) promptem*, m⩔ si l'on voul⩔ je ne déc48 pas. V.. s⋆rez qu'il m'éch (48 *p. d.*) * partage un chat des plus mignon.. S* v⋆ :ntrigues il m'éc (48 *cond.*) une plus forte somme. Mon oncle testa expre'ém* pour que 'es pr:cipales terres vous éc48 en partage. Il ser⩔ honteux que n.. déc48 de la gloire de n⋆ *'êtres. F⋆-il toujours compter sur un avenir :cert: ? Le loup repri.. que me f⋆ (49 *fut.*)-il f⩔re ? Je souh⩔te qu'il v.. f49 partir sous peu. Cr⩔gniez-v.. qu'il n.. f49 des armes ? Il n.. f (49 *cond.*) sortir d'ici. Il aur⩔ fa49 que v.. v:ssiez plus tôt.

50 mouvoir , émouvoir. 51 pleuvoir. 52 pourvoir. 53 pouvoir. 54
prévaloir. 55 savoir. 56 seoir. 57 surseoir. 58 voir, revoir, entre-
voir, prévoir. 59 valoir. 60 vouloir.

99. Cet homme ⩔ si gr⚘ qu'il ne peu.. se m50. Les
premièr.. aff⩔res qui se mu50 d* l'ass*mblée fir.. b⚘-
coup de bruit au dehors. Il f⚘dr⩔ q.. je m50 ce bloc de
pierre. Tu ne le m (50 *fut.*) pas, celui qui le mouv..
ser⩔ un Hercule. Je ne veu.. pas que tu le m50. Il ne
ser⩔ pas né'e'aire que tu le mu50. Le t* ⩔ obscur m⩰
il ne plö4 pas. Il pleuv54 si le v* cess⩔. L'*pire du ciel
éc. (48 *p. d.*) * partage à Jupiter ; celui de la mer éc..
à Neptune, et cel.. des *fers éc.. à Pluton. Je me p (52
fut.) de tou.. c.. qui ⩔ né'e'aire à un voᴧageur. Il f⚘
que tu te p52 des ⸗strum* d'horticulture si utiles à un
jardinier. Les a'iégé.. se p (52 *p. d.*) merveilleusem*
de muni'ions de bouche. Par quel gage éclat* p53–je
récomp*'er ta foi? Tu p53, il p.., n.. p.., v.. p.., ils p53
*trer. P..–tu f⩔re cela ? Dem⸗ tu ne p.. (*fut.*) plus le
f⩔re ; m⩔ si tu le désir⩔ je p.. le f⩔re pour toi. L'homme ne se prév (54 *fut.*) pas de sa r⩔son , q.. le trompe
si souv*, non il ne faut pas qu'il s'* prév54. Il ne f⚘ pas
que la coutume prév54 sur la r⩔son. Sur mes justes
proj⩔ tes pleur.. ont prév54.

100. Je ne s (55 *cond.*) dire la moindre chose qu'o..
ne me fa'e des observa'ions. Il faut qn'un gouverneur
sa55 se plier ⚘ circonst*'es. Celui qui croi.. savoir le
plus ne s55 rien. Il v.. sied mal de parler ⸗si. Il lui
si (56 *cond.*) bien peu de vouloir comm*der. Il n.. sied,
je crois, de f⩔re une visite. Il v.. si56 si peu de faire
l'⸗pertin*. *On di.. d* un ⚘tre s** : la cour royale de Paris séante à Versailles. La prud*'e, la justi'e et la mo-
déra'ion si56 bien à un digne magistrat. On sur'eoira
à l'exécu'ion. On a sur57 à la délibéra'ion. J'ai acheté
une m⩔son si56 hors de la ville. Si j'ét⩰ ce juge je
surs57 à la cond*na'ion de cet accusé. N.. v (58 *p. d.*)
des chev⚘ arabes que n.. n'av.. plus rev58. Je vous r58
dem⸗. Ce n'⩔ rien qui vail.. Qui doute qu'une bonne
réputa'ion ne v.. plus qu'un trésor ! Pour que c.. ferme
v59 plus que l'⚘tre, il faudr⩔ que l'on ᴧ ajout.. cette
terre, et je ne v60 pas l'acquérir.

61 absoudre. 62 accroire. 63 accroître, 64 atteindre. 65 battre , abattre , combattre , débattre , ébattre , rabattre. 66 boire. 67 braire.
68 ceindre.

101. *Écrivons le prés. de l'indic. du verbe* absoudre.
Si v.. abs (61 *imp.*) ce malheureux , il ne pècher⁵ plus.
Les juges absoud⁵-ils un si gr* criminel ? M⁵ si on
l'abs (64 *imp.*) il commettr⁵ d'*tres crimes ! Il ⁵ né'e-
'aire qu'on vous abs (61 *subj.*) Cette f*te a été abs (61
p.p.). Vos revenu.. di..-on se sont accrus prodigieu-
sem*; si la fortune ne vous ab*donne pas, ils s'a (63 *fut.*)
bien dav*tage. Ce n'⁵ pas un homme à qui l'on pui'e*
f⁵re a62 ; m⁵ son bien, ses revenus s'acc63 tou.. les
jours. *Conjuguez le prés. et le fut. indic. d'atteindre.*
V.. att64 un âge av*'é si v.. ne viviez pas parmi les li-
bert⁙. Je voudr⁵ que vous atteigni'iez à la perfec'ion
de la l*gue. Quoique c.. traducteur n'att (*prés. subj.*)
pas à l'énergie de l'original la traduc'ion est pourt*
estimée. Je b65 mon chien qui a mordu un pa'*. Tu
b65 inutilem* ton fils. Les athlètes comb (65 *imp.*) d*
les jeu.. grec.. Nos *voyés tombèrent au pouvoir de
quelques a'a'ins, m⁵ ils se déb (65 *p..d.*) fort bien et
finir.. par leur échapp⁵. Oui, j'ir⁵ et je comb65.

102. Parmi les soldats de Gédéon qui se b⁵'è-
re.. pour boi66, les uns remplire.. leurs caques, les
tres prire.. de l' d* le creux de leurs mains. N.. bû..
à l'heureux voyage de n* ami..; n.. b66 m⁙ten* à leur
bon retour. Qu* boir..-nous *'*ble ? Les jeunes g* sont
facilem* ⁙mbus des doctrines f*'es et d*gereuses. Son
âne se mi.. à b67. Je croi.. qu'il b67 *core ! 'es ânes qui
b67 dev* ma porte m'*pêch.. d'*t*dre ce qu'on me di..
Br (67 *fut.*)-ils toujours. Ces hommes ser⁵ de fort m*-
v⁵ ch*tres, ils brair⁵ comme des âne.. C.. s⁙ ermite
port⁵ une corde qui lui c (68 *imparf.*) les r⁙. Des b*-
delettes ceign⁵ le front des victimes. Romulus fi.. c68
la nouvel.. ville de fo'és. Les Athéniens ceignir.. leur
ville de murailles, malgré l'opposi'ion des Lacédémoniens. Le diadème qui c68 la tête des roi.. n'⁵ pas un
fard* bien lég⁵. Il fall⁵ qu'on lui ceigni.. le front d'un
b*deau.

69 connaître, reconnaître, méconnaître. 70 circoncire. 71 clore, éclore, enclore. 72 conclure, exclure. 73 confire. 74 coudre, découdre, recoudre. 75 craindre.

103. Ne c (69 *imp. subj.*)-vous personne d* cette as-s*blée vous devez ⋏ paraître par bien'é*'e. On méc69 * v⸱: la supr̅me justi'e. Il faudr̅ que n.. connuss.. ces l*gues à fond. Je voudr̅ que v.. rec69 'ette signature ; la rec69-vous m⸱ten*? —Oui, nous la rec (69 *prés.*)—Co (69 *cond.*)-vous la mienne? N.. p*sons q.. nous la rec69. Les Arabes circoncisent *core leurs *f* à l'âge de 13 *; les juifs de l'*cienne loi ét̅ 'ircon'is ⚭ bout de 7 ou 8 jour.. Voi'i un médis*, je lui clorai la bouche. Je n'̅ pu cl71 l'œil de toute la nuit. C.. fenêtr.. ne cl71 pas bien ; ell.. cl(71 *fut.*) mieux. Les petits poulet.. sont éclo.. En voici un qui écl.., celui-là écl.. bientôt. Oh! il f⚭ bien qu'il écl (71 *subj.*) C.. fleur.. sont éclos.. cette nuit. Je voudr̅ que n.. concl72 un traité d'alli*'e avec nos vois⸱: Apr̅ la guerre de 30 * les pui'*'es d'Europe conclur.. le traité de Westphalie * 1648. Il ne f⚭ pas que n.. concl72 du particulier ⚭ général. C'̅ ⸱si que l'orateur concl72 son discours.

104. Cr⸱: ton Dieu, ser.. le roi que ce Dieu t'a donné. Je conf (73 *prés.*) des abricots, tu c73 des 'erises, il c73 des coings, n.. c73 de l'écor'e d'or*ge, v.. conf.. des prunes, ils confi.. des marrons ; je c (73 *imp.*) ⚭ sucre, n.. c73 à l'eau-de-vie. Les pommes que nous confîmes l'* dernier se son.. gâtée.. Cet.. femme cou74 hier p*d* plusieurs heures, elle cousi.. un jab⚭ à une chemise, vous cousîtes avec elle, ces dames charitables cou (*p. d.*) du l⸱ge pour les ⚭pit⚭. Je déc(74 *fut.*) ce que v.. avez cousu et v.. le recoudr.. *suite, car je ne puis souffrir que l'on cous.. de la sorte.—Comm* fall̅-il que n.. le cousiss..— Il fall̅ que v.. le cous.. mieux. Je cr⸱: Dieu, cher Abner, et n'̅ point d'⚭tre cr⸱:te. Je craign̅ de mourir d* le péché, dis̅ un jeune ⚭mme pénit*. Il faudr̅ que tous les ⚭mme.. cr (75 *imp. subj.*) une telle mort ; car, dit le sage, la cr⸱:te du S̅gneur ̅ le comm*cem* de la sagesse. S⸱: Louis, évêque de Toulouse, ne c̲r̲⚭⚭̲ (*p. d.*) pas de charger un frère mineur de l'av⚭⚭r de ses ⚭tes.

76 croire. 77 croître. 78 dire, redire. 79 dédire, contredire, interdire, maudire, médire, prédire. 80 dissoudre, résoudre. 81 écrire, décrire, souscrire. 82 faire, contrefaire, défaire, refaire, etc, 83 feindre.

105. Le maréchal de la Ferté croy▽ qu'à l'ex*ple des Lacédémoniens, on doit accoutumer la jeune'e à une vie sobre et dur.. Charles ix c (76 *p. d.)* devoir s'abstenir de boire du v⁚ par'e que ce liquide lui av▽ troublé la raison. Il f⚘ né'e'airem* que je croi.. ce qu'*seigne l'église. Il ser▽ ⁚port* que v.. crussiez que l'on v.. parle pour votre bonheur. Si v.. m'* cr (76 *prés.)* vous éviterez cette querelle. Cet *f* c (77 *prés.)* à vue d'œil. C.. arbres croi 77 à une cert▽ne ⚘teur. Ces pl*tes crûr.. en peu de t*. Chacun se di.. ami, m▽ fou qui s'⌐ repose. Le mal que v.. di (78 *cond.)* d'⚘trui ne produir.. que du mal. Les fils de Jacob dir.. à leur père qu'un.. b▽te féro'e av▽ dévoré leur frère Joseph. Si vous avez di.. du mal de votre proch⁚, mon fils, dédisez-vous. Formon.. succe'ivem* les deuxièmes personnes du pluriel du présent de l'indicatif qui suiv.. : v.. dit.. et v.. redit.., puis v.. contredi.., v.. interdi.., v.. médi.., v.. prédi.., v.. maudi..

106. Ces a'ides di 80 les mét⚘. *Futur.* C.. so'iété 'e diss.. bient⚘. Apr▽ la mort d'Alexandre son *pire fu.. diss (80 *p. p.)* Le bois se rés (80 *prés.)* * **dres. C.. brouillard.. se rés 80 en vapeur. Si v.. metti.. c.. résines d* l'alcohol ell.. se rés 80. Il f⚘ que v.. rés 80 cette difficulté. Il aur▽ fallu que v.. rés 80 cet.. objec'ion. Voudriez-vous que j'éc 81 pour vous au ministre? On voul▽ que v.. décr 81 les b⚘tés géographiques de v⚘ vo⌐age.. On désire que v.. souscriv.. à c.. bonne œuvre. F▽ ce qu'on doit f 82 et non pas ce que les ⚘tres f 82. F▽tes choix d'un 'en'eur solide et salut▽re. Les historiens dis.. que Lucius Junius Brutus contref (82 *p. d.)* le fou pour tir▽ v*g*'e de la mort de son père et de son frère, dont Tarquin le Superbe s'ét▽ déf▽. On désapprouv▽ que v.. feignissi.. d'être ce que v.. n'êtes pas. Louis xi feignit d'accorder aux mécont* tout 'e qu'ils voul▽, d* l'espér*'e de repr*dre bientôt par 'es ⁚trigues tout 'e qu'il 'éd▽ à la viol*'e.

84 frire. 85 lire, élire, relire, réélire. 86 luire, reluire. 87 instruire. 88 mettre, admettre, permettre, promettre, etc. 89 moudre, émoudre, remoudre. 90 naître, renaître. 91 nuire. 92 oindre.

107. *Présent indicatif.* Je fr84, tu fr.., il fr.. Dem÷ je fri.. des c♣telettes et puis n.. fr.. des soles. Si ma poule fais♡ des œufs, j'* frir.. volontiers pour mon déjeûner. Fris-nous donc ce b♣ merl*. La serv*te a f♡ fri.. un.. bel.. carpe. Ce poi'on est fr.., c.. carpe ♡ fr.. Caton le 'en'eur fu.. élu tribun, questeur, préteur et *suite consul. Caton d'Utique pa'a une partie de la nuit à l85 le dialog-ue de Platon sur l'immortalité de l'âme, il le rel85 *core, s'endormi.., se réveilla ♣ point du jour et se sui'ida l'an 42 av* J.-C. Mieux instruits de la vie future que ne l'ét♡ ce philosophe, n.. ne con'evons pas un pareil résultat à la suite d'une s*blable lecture. Instruison.. les p♣vres. N.. mîmes * mer avec un v* favorable. Cep*d* le v* qui *fl♡ n♣ voiles nous promett♡ une douce naviga'ion. Maharbal exhort♡ Annibal à marcher droit sur Rome, lui prom (88 *p. pr.*) que d* 5 jour.. il souper♡ au Capitole. Annibal différa. Qui aur♡ cru qu'un jour de retard m (88 *imp. sub.*) opposi'ion à la prome'e de Maharbal?

108. N.. m89 notre blé, v.. m89 le vôtre. Dem÷ ce moul÷ m (89 *fut.*) tout le jour. D* une heure n.. moud.. notre café. Je ne mou (89 *p. d.*) hier qu'un hectolitre de fève.., v.. * moul.. dav*tage. Si vous ne répariez pas votre moul÷ il moudr♡ trop gros. Voici un malheureux qu'on a mou (*p.p.*) de coups. Faison.. remoudr.. 'es coutꝏ, car ils ont été fort mal émoulus. Tou.. n (90 *prés.*), ch*ge, vieillit et trouve enf÷ la mort. Ne soumettons les cœurs qu'à for'e de bienf♡. Alexandre le Gr* n (90 *p. d.*) avec des dispositions qui annon'♡ ce qu'il ser♡ un jour : les amusem* de sa jeune'e fur.. héroxque.. Je n♡, tu n♡, il n♡, n.. n♡'ons, v.. naiss.. ils naiss.. Je nai'♡, tu nai'♡, etc. Encor si v.. naissi.. à l'abri du feuillage v.. n'auri.. pas t* à souffrir. Il f♣dr♡ que les *f* de ce malheureux père n (90 *imp. sub.*) avec de plus heureuses disposi'ions. Ceux qui nui91 ♣ autres ignorent la loi fondam*tale du christianisme : aimez votre proch÷ comme v.. même..

93 paître. 94 paraître et ses composés. 95 peindre (modèle des verbes en *indre*). 96 prendre (modèle des verbes en *endre*). 97 rire.
98 répondre (modèle des verbes en *ondre*). 99 suffire. 100 suivre.
101 taire. 102 traire. 103 vaincre, convaincre. 104 vivre.

109. Ces jeun.. rom: paraiss[▽] assez forts pour porter les armes. Tous n⚭ p:tres ne peign.. pas comme
peign[▽] Apelle, car on dit qu'il peignit si bien un cheval que des chev⚭ hennirent * voy* cet.. p:ture. Je
voudr[▽] que v.. pr (96 *imp. subj.)* des notes historiqu..
N'est-il pas dit d* l'histoire qu'Antiochus Epiphanes
p. (95 *p. d.)* Jérusalem, qu'il profan.. le t*ple, qu'il
*porta tous les vase.. sacré.., qu'il fit mourir les sept
frères Machabée et le vieillard Eléasard ? — Oui, m[▽]
une mort terrible fu.. le juste châtim* de 'es forf[▽].
Il fall[▽] que v.. ri (97 *imp. subj.)* et que vous ne répondi..
rien ⚭ :jures de ce fou. Du p: et du cre'on suffis[▽] au
repas d'un Spartiate. Un écolier dis[▽] un jour : le bonheur de cont*ter mes par* suffir[▽] seul pour m'*gager
à travailler. Suivez, mes chers ami.., l'ex*ple de t*
d'écoliers qui ont bien vécu, qui ont v (103 *p. p.)* avec
joie les difficultés qui se r*contr.. quelquefois sur le
sentier de la vertu.

110. Démocrite av[▽] pris le parti de rire de tous les
travers des hommes. Héraclite, ⚭ contr[▽]re, pleur[▽] s*
'e'e sur le même sujet. En quelle terre inhabitable ne
v.. suivrai-je point ? di.. Télémaque à Mentor. On di..
avec r[▽]son que la cr:te s100 le crime. T[▽]-toi, t[▽]sons-
nous, tais..-vous. Plutôt que de médire il conviendr[▽]
que v.. v.. 104. A la voix de J.-C. la mer et les v* se
tu (101 *p. d.)*. Cette fille [▽] pa'iente, vous verrez que
toutes les fois qu'on lui dira des sottises elle se tair..
La vache [▽]-elle trai.. ? Non. Voulez-v.. que je la trai..
m:ten* ?—Non, parce que vous la trairiez mal à pro-
pos. Prenez garde de la blesser * la t (102 *p. pr.)*. Toi,
Elisa, trai.. la chèvre. Alexandre v:quit l'armée de
Darius au pa'age du Granique. Je souhaiter[▽] que v..
v (103 *imp. subj.)* v⚭ m⚭v[▽] p*ch*.

Hélas, petits mouton.., que v.. êt.. heureux ! vous
pai93 d* n⚭ch* s* soucis, s* alarme.. Pai(93 *imp.* 2e *p.*
pl.), moutons, pai93 s* règle et s* scien'e.

13ᵉ EXERCICE.

SUR LE PARTICIPE PRÉSENT (18).

[N'oubliez pas de consulter votre grammaire sur cet article.].

111. Le temps ▽ un vr▽ brouillon , mett*, remett*, range*, dérange*, imprim*, effaç*, rapproch*, éloign* et rend* tout.. chos.. bon.. ou mauvaises.

(1) Grammaire selon l'académie, numéros 205, 206, 207.
Noël et Chapsal , numéros 199 , 200, 201 , 202.

(18) *Note pour servir de supplément à la Grammaire, (article de la dérivation).*

On nous dit avec raison dans toutes les grammaires que la loi de dérivation , première base de l'orthographe d'usage , est une des meilleures et des plus importantes règles que l'on doive consulter. Tout en avouant que nous partageons cette opinion , nous sommes d'avis qu'une question aussi importante mériterait au moins d'être traitée avec plus de soin qu'on ne l'a fait jusqu'ici. Il faudrait nous présenter exactement toutes les *exceptions* qui , par malheur, vien- nent assez souvent contrarier l'application de la règle générale ; comme dans vitraux de vitre , contention de tension , faisandeau de faisan , pénible de peine , etc. Quand à nous , nous pouvons en pré- senter de fort intéressantes et d'assez complètes sur la question qui nous occupe. Bien des mots sont dérivés ou paraissent dérivés du participe présent, et ne s'écrivent pas certainement d'une manière conforme à la dérivation :

Tels sont : *abstergent , adhérent , adhérence , couvent* (homony- me) , *conférence , coïncidence , différent* (adjectif) , *différend* (subs- tantif) *différence , dolent* (adj.) , *divergent , divergence , équivalent ,*

9

Cette cahutte ne l'°'e pas que¦ d'être réjoui'*.. Les
f de cet homme on.. eu des catharres viol*. Ces m⚛

équipollent (égal en valeur), équipollence, évident, évidence, excellent, excellence, exigence, existence, un expédient, ferment (levain,
homonyme), influent (adj.), influence, occident (ou couchant, homonyme de oxidant, part. pr.), négligent, négligence, un parent (homonyme de parant, p. pr.) précédent, précédemment, préférence,
président, présidence, résident (celui qui est envoyé de la part d'un
souverain vers un autre pour résider auprès de lui, etc.), résiden-
ce (mais résidant, qui réside, s'écrit comme le partic.), révérend
(homon. de révérant part. pr.), semence, violent (adj.), violence.

Hors la conjugaison qu se change en c.

Disons d'abord que cette règle est fausse pour attaquable, criti-
quable, croquant, immanquable, marquant, remarquable, risqua-
ble; et puis nous citerons les principaux mots qui, en dehors de la
conjugaison, sont opposés à la loi de dérivation : application, communicable, communication, convaincant (adj.), embarcation, fabricant, fabrication, praticable, prévarication, suffocant (adj.), vacant [adj.], éducation, convocation, provocation.

Nous trouvons encore brigand [homonyme], extravagant, fatigant,
fringant [on trouve fringuer dans le dictionnaire de l'académie],
intrigant, conjugaison, conjugal, qui ont perdu l'u du participe
présent d'où ils semblent dérivés. Il serait encore utile d'ajouter à
ces considérations sur la dérivation par rapport aux verbes :

1. Que les verbes en aindre, eindre, oindre, ne donnent pas le d
aux trois personnes du présent de l'indicatif : j'atteins, tu crains,
tu oins, etc.

2. Qu'il n'y a que les verbes mettre, battre, vêtir et leurs dérivés,
qui communiquent leur t antépénultième aux mêmes personnes,
ainsi on écrit sans t : je connais, je crois, je parais.

3. Que les passés définis et les imparfaits du subjonctif des verbes
tenir, venir, et de leurs composés, sont en dehors de la dérivation :
je tins, tu obtins, ils convinrent.

4. Que les verbes acquérir, courir, envoyer, mourir, pouvoir,
voir et les dérivés, ont deux r au futur et au conditionnel simples,
sans que la dérivation l'indique : j'acquerrai, tu courras. etc.

5. Nous ne parlerons pas du redoublement des lettres l, n, t
de certains verbes, parce que au moins on nous donne assez géné-

sont désol*. La doctrine qu'on n.. prêche est s*ctifi*.
C'est cel.. que l'on prêch⊽ ⚶ catéchumènes. Avez-v..
vu les brill*.. cérémonies qu.. ont eu lieu à la cathé-
drale? On dit que ces catholiques irl*d⊽ sont tr⊽-édifi-
fi*. Des fl*b⚶ ét⁚cel* ét⊽ allumés d* le chœur de cette
chapelle, y rép*d* une gr*.. clarté. Le chaos ét⊽ une
ma'e ⁚forme r*ferm* la matière brute dont tout a été
tiré. V.. saurez que la chlorophane ⊽ un minéral des
plus pes*. C'est en abhorr* les so'iétés d*gereus.. que
c.. jeune homme s'est conservé vertueux. C'est * se
serv* d'une pl*te dite abs⁚the qu'on a f⊽ cette liqueur
déli'ieus.. N'est-il jam⊽ arrivé que des aérolithes en
tomb* du ciel ⊽ écrasé quelqu'un? Voi'i un homme q..
s'est ca'é la j*be * s⚶t*. Il y av⊽ là une p⚶vre mère
pleur* sur l'aheurtem* de son fils. J'éprouv⊽ de vio-
l* m⚶ de tête * étudi* l'algorithme. C'est le petit gár-
çon qui ch*te en v*d* des almanachs. Les feuilles d'a-
ch*te son.. *ployées * architecture, ⋌ serv* à orner les
chapit⚶ cor⁚thiens. En compt* rigoureusem* sur la loi
de dériva'ion je me tromper⊽ souv* d* cette le'on. Ces
différ*tes bibliothèque.. ont chacun.. un but d'utilité.
Ce brouhaha nous a *pêché d'*t*dre ch*ter les révér*
pères. Ces hommes si viol* sont né*moins tombés d*
une gr*de cachexie. Nous sommes ici résid* depuis 80
jours. C.. que je v.. dem*d.. ⊽ l'équival* de c..qu.. v..
m'av.. donné. La conversa'ion de c.. fem.. ⊽ *barra'*..

112. L'indiffér*'e de mon frère me dépl⊽. Il y a d*
ces deux ac'* une singulière coïn'id*ce. Nous avons
a'isté aux conférences de M. l'abbé de M***. Il y a
diverg*'e *tre deux lignes qu.. von.. en s'écart* l'une
de l'⚶tre. C.. preuve ⊽ poussée jusqu'à l'évid*'e. C..

---

ralement cette remarque; mais nous terminerons cette note en di-
sant ce qu'on ne dit pas ailleurs, que lorsque l'infinitif n'indique
nullement l'articulation s, comme dans la première personne du
pluriel du subjonctif présent de *faire*, c'est toujours deux s qu'il faut
employer : *que nous fassions, que nous tinssions, que nous fissions,*
que nous punissions, que vous berçassiez, etc.

fruits son.. excell*. Nous verrons ce qu'il f⚬dra f▽re
selon l'exig*‘e du cas. Combien ▽ pénible l'exist*‘e des
malheureux. Voici un s⁚gulier expédi*. Donnez ce fer-
m* à votre boul*ger. Choisi‘ons un m*bre qui ▽ de
l'influ*‘e d* l'ass*blée. Mon par* est un néglig*, il donne
souv* la préfór*‘e ⚬ étr*gers ; le mois précéd* il me préféra un Holl*dais dont la résid*‘e est hors de la commune. M. le présid* s'est fâché contre lui. Le révér*
père Jérôme est arrivé ; des scélérats ont exercé contre
lui des viol*‘e.. atro‘es. Pourquoi avez-vous perdu la
sem*‘e de ces fleurs? L'ex⁚ravag*.. Apothéose qui a
r*pli le Panthéon ▽ sorti.. du cerv⚬ d'un philosophe
moderne. Votre appré*‘ion est peu import*.. L'apathie
de c.. personne est étonn*.. Ces apothicaires ont f▽
partie des étudi* en méde‘ine de Montpellier. On pour-
r▽ vous démontrer qu'on retire de la conn▽‘*‘e de l'a-
rithmétique des av*tages séduis*. Monsieur, les arrhes
que v.. m'avez données sont plus que suffis*tes. C..
dame a⁚thmatique ▽ bien souffr*.. Les r▽sons de c..
athéc ne son.. cert▽nem* point conv⁚cant.. La force
de cet athlète me paraît étonn*.. Les cahots de cette
voiture sont bien suffoc*. Ces œuvres son.. surpren*..

113. Bientôt je perdis de vue le ham⚬ que j'habite et
les forges tonn*.. où , d'un œuil épouv*té, l'on voi.. les
fils de Vulc⁚ armés de long.. tenailles, tirer de la four-
n▽se embrasée le fer étin‘el*, et le plonger d* l'onde
frémiss*.. Les bergers ramen▽ de tou.. côté.. leurs
troup⚬ nombreux , * jou* de la flûte et du chalum⚬..
Je n'ent*d▽ plus qu'au loin le bruit des lourd.. mart⚬
tomb* à coups redoublés sur les *clume.. raisonn*....
L'air ét▽ pur; de brill*tes étoiles * *belli‘▽ la voûte d'a-
zur. Je cont*pl▽ la magnifique voûte des cieu.., r*ver-
sée et reproduite toute *tière d* ce vaste ba‘⁚, et les
arbre.. qui s*bl▽ s'allonger et fuir, et leurs feuillages,
qu'agit▽ un v* fr▽, bal*‘és et flott* d* le miroir fidèle
de l'onde tr*quille! Cet.. voix me par▽‘* un peu éloi-
gnée, j'écart▽ sans bruit les br*ches épar‘es, qui me
l▽‘ère.. *trevoir loin de moi un homme d'un gr* âge.
Sa tête presque chauve, son visage noble et ser⁚, sa

barbe ondo⋏*t.. et bl*chie par ses long.. anné.. im-
primai.. un s⁚ respect. — et j'ent*dis cette prière ma-
jestueuse et touch* : « O toi dont la nature *tièr.. ma-
nifest.. avec t* de gr*deur l'exist*‘e et le pouvoir infini. — Des chœurs d'esprits purs ‘élèbr.. s* ‘e‘e sur
des harpes ravi‘*tes tes lou*ges divines.—L'univers,
gr* Dieu! est ton t*ple. Écl⩒rés, le jour, par le soleil
ébloui‘*, qui e.. ton image, et par‘emés, p*d* la nuit
d'étoiles ét⁚‘el*.. qui form.. ta couronne, les cieux im-
m*‘.. sont la voûte de c.. t*ple.... En achev* ces mots,
‘es ⋌eu se r*plire.. de larme.. Il se leva ⸲ et d'un pas
tr*quille se retira d* sa demeure, où je l'*t*dis *core
bénir longt* l'Etre Suprême.

113. Louis vii, le jeune (1137) en épous* Éléonore,
réuni.. à la couronne tou.. le pays qui s'ét* *tre la
Loire et les Pyrénées. En mett* le feu à l'église de
Vitry ce roi fit périr 1300 person,., persuadé qu'en
march* *person.. à la croisade prêchée par S⁚ Ber-
nard, il expier⩒ le crime qu'il ven⩒ de commettre.
Il partit laiss* à Suger, abbé de S*-Denis, le soin de
son gouvernem*; ce sage ministre, s'appuy* sur les
éta.. génér⁂, parv⁚ à réprim⩒ Robert, frère du roi,
qui ex‘it⩒ des trouble.. d* le roy⸵me. Le roi, de retour de la deuxième croisade, fit une f⸵te grave en
répudi* Éléonore, héritière du Poitou et de l'Aquitaine;
en pérd* les prov⁚ces que cette pr⁚ce‘e lui av⩒ ap-
portées, il eut la douleur de les voir pa‘er au pouvoir
de Heuri ii, comte d'Anjou, qui dev⁚ roi d'Angleterre,
et se vi.. po‘e‘eur de nos plus belles contré..
   Philippe Auguste (1180), comm*‘a son règne en
bani‘* les Juifs, qu'il rappela plus tard, s* leur r*dre
cep*d* ce qu'il leur av⩒ pri..
   En 1190, Philippe, Richard et Frédéric, quitt* leurs
royaumes, se croisère.. pour aller délivrer Guy de
Lusignan, gémiss* d* les fers de Saladin. Philippe en
ab*donn* cette expédi‘ion n'emporta que la satisfaction d'avoir contribué à la prise d'Acre. C'est à Bou-
vine que n.. roi, mépris* la coali‘ion formée contre lui,
se montra digne de la na‘ion qu'il comm*d⩒ : on dit ⸲

qu'av* la bataille, a‘ist* à la messe qu'on célébr♡ pour l'armée, il déposa sa couronne sur l'autel offr* de la ‘éder au plus digne.

114. Louis VIII (1223), dit cœur-de-lion ou lion pa‘ifique, choisi.. son fils aîné pour lui succéd.. l♡‘* à ses ☙tres *f* des apanages ; il mourut de maladie en ven* de combattre les Albigeois. Fils d'un gr* roi, il fut père d'un roi plus gr* *core.

1226. Le siége de Reins ét♡ vac*, c'est ce qui fut c☙se que Louis IX fut sacré à Soisson. Sa mère Blanche de Castille eut la rége*‘e. La prud*‘e et la fermeté de la reine mère, en déjou* les projets de quelqu.. seigneur.. remu*, consolidèr.. la puiss*‘e de son fils. Le jeune roi devenu majeur ‘e montra inac‘e‘ible à l'*bi‘ion * refus* la couronne ⁝périale que lui offr♡ Grégoire IX.

Louis se voy* for‘é de combattr.., Hugues de la Marche uni à Henri III roi d'Angleterre, s'av*‘a vers l'ennemi campé à Taillebourg, l'attaqu.. le m⅄ en fuite, et le poursuiv.. jusqu'à Saintes où il le déf⅄ *tièrem* d* une s*gl*te batail.. Henri s'* fui.. et le comte de la Marche, se voy* alors s* re‘our‘es, v⁝ s'humilier dev* le roi qui l.. pardon.. Louis poursuiv* ses conquêtes sur les Anglais arriva à Blaye; là, la contagion se m⅄ d* l'armée fr*‘♡se et Henri profit* de ces conjectures obt⁝ une trève de 5 *.

Louis ét* tombé de nouv☙ malade à Pontoise, fit vœu d'aller à la terre sainte; dès qu'il eût recouvré la s*té, il part⅄ avec sa fem.. et ses 3 frèr.. pour accomplir son vœu. En pa‘* à Lyon, il reçut la bénédic‘ion du pape Innocent IV. Il s'*barqua à Aigues-Mortes, alla pa‘er l'hiver en Chipre, arriva dev* Damiette, dont il s'*para. Voul* *suite a‘iéger le Caire, il éprouva de gr* obstacles. Son frère comm*d* l'av* garde, tailla * piè‘es un cor.. de Sarrasins, mais il fut m⅄ à mort en poursuiv* les fuyards. La captivité de Louis fut la suite de c.. aff♡re.

~~~~~~

14ᵉ EXERCICE.

——

SUR L'INFINITIF EN *ER* , LE PARTICIPE PASSÉ EN *É*
ET LES SUBSTANTIFS FÉMININ EN *TÉ*. (19)

[N'oubliez pas de consulter votre grammaire sur ces trois articles]

er, é , ée , és , ées *souvent remplacés à la fin des mots
par deux points.*

⚭ représentera o , os , ôt , ot , ots , ho , au , aux , hau ,
hauts , eau , eaux , heau.

115. Louis fut prλ avec ses 2 autr.. frères , charg..
de fers et mλ * prison. La reine sa fem.., qui étᵛ rest..
à Damiette , appren* cet.. nouvel.. accoucha d'un fils ,
nomm.. Jean Tristan. Louis obt: sa délivr*ᶜ * donn*

[19] Les élèves se persuaderont bien qu'en général il n'y a de substantifs féminins terminés en *té* avec e muet final que ceux qui ex-
priment une idée de contenance , de capacité comme *une assiétée* ,
une charretée , *une hottée* [plein une assiette , une charrette , une
hotte], et encore les participes passés féminins des verbes en *er* pris
ou non substantivement : *portée* , *plantée* , *etc.* ; qu'en dehors de
ces deux cas ils trouveront près de 400 substantifs féminins terminés en *té* et en *tié* sans e muet, comme les suivants :
Absurdité, activité, agilité, ancienneté, animosité, assiduité,
atrocité, avidité, autorité, beauté, bonté, calamité, capacité, ca-
vité, cité, chasteté, clarté, communauté, cordialité, cruauté, curiosité, dignité, divinité, docilité, éternité, équité, faculté, fata-
lité, fermeté, fertilité, gravité, humidité, lacheté, liberté, majesté, majorité, nécessité, oisiveté, papauté, parenté, pauvreté, qualité, santé, tranquilité, trinité, université, vanité, vérité, etc.,
etc., amitié, pitié, etc.

pour sa r*çon Damiette, et 400,000 livres pour cell..
des autr.. prisonni.. Recondui.. à Damiette avec ses
frères, il emmena delà les débri.. de son arm..: * Palestine, l'an 1253 il appri.. la mort de la r⊽ne Blanche sa mère : cette pr⸱cesse av⊽ el..—même form.. le
roi son fils à la vertu et au gouvernem*.

De retour en France Louis fonda l'hôpital nomm..
les *Quinze Vingts*, pour les p⸱vres aveugles de Paris.
Les barons d'Angleterre l'ay* choisi pour arbitre de
l.. démêlé.. avec leur souver⸱ il rendit à Amiens, en
1264, sa dé⸱ision; elle fu.. rejet.. par ceux qui s'* ét⊽
rapport.. à lui, et applaudi.. de tou.. les perso.. dé-
s⸱téress.. Le roi r*dit aux églises cathédral.. et aux
abbayes la libert.. d'élire leurs préla..; il publia son
code, désign.. sous le nom d'établi'ements. La même
ann.., nouvel.. expédi'ion de Louis contre les ⸱nfidèl..:
il s'*barqua avec 60,000 hom. à Marseille; étant arriv.. au port de Tunis, où il débarq.. s* résist*'e, et
ay* *port.. le chât⸱ de Tunis, il eut le malheur d'être
attaqu.. de la peste. Il mourut aussi s⸱tem* qu'il av⊽
véc.. le 25 août 1270; ses o'em* rapport.. en France
fur.. port.. en pompe sur les épaules de son fils ainé,
de Paris à Saint-Denis.

116. Apr⊽ la mort de Saint-Louis, Philippe III,
surnomm.. le Hardi, ay* accord.. la paix aux Tuni-
siens moyenn* un tribut, rev⸱ en France, où il réuni..
à la couronne le vaste apanage de son oncle le comte
de Poitiers, mor.. s* *f*. Quelq.. guer.. s* éclat occu-
pèr.. une parti.. de son r⊽gne. C'est dur* ce r⊽gne que
les Français qui av⊽ suivi Charles d'Anjou à Naples,
furent massacr.. ⸱ *vépres siciliennes*. Philippe-le-
Hardi ven⊽ de f'⁾re la guerre ⸱ roi d'Aragon et d'as-
siég.. Gironne lorsqu'il mour.. à Perpignan.

Philippe IV, surnomm.. le Bel, fut proclam.. roi
de France à Perpignan. Il conclu.. avec Édouard premier un traité par lequel ce derni.. renon'a au Quercy
moyenn* une r*te de 3000 livr.. tournois que Philippe
s'ét⊽ engag..à lui pay.., ce pr⸱ce obt⸱ quelques av*-

tages sur Édouard ; m̅ il fu.. arrêt.. d* ses succ̅
par l'⸗surrec'ion des Flamands qui fire.. expi.. à la
chevalerie de France sa témérit.. par la s*gl*te déf̅te
de Courtrai. Philippe obligé à son tour de dem*der la
p̅ à Édouard, lui ab*donna la Guienne, et en 1305,
quoique v⸗queur des Flamands à Mons-en-Puelle il
se vi.. contr⸗ de reconn̅tre leur ⸗dép*d*ce.

Le r̅gne de Philippe le Bel fu.. troubl.. par ses
différ* avec le s⸗ siége. C'est sous ce roi que fu.. dé-
trui.. l'ordre des Templiers, fond.. p*d* les Croisades
pour combattre les ⸗fidèles. Les crimes don.. on a ac-
cus.. les chevali ..du t*ple, pour les f̅re périr, n'on..
jamais été bien prouv..

117. 1314. Louis **X**, qui dut son surnom de Hutin
à son goût pour le désordre, v*di.. à un gr* nombre
de serfs leur affr*chi'em*. Press.. d'argent, il rappela
les juifs qui av̅ été chass.., pour les pill.., et par la
v*te des charge.. judi'i̅res, il *richi.. l'épargne royal..

1316. Philippe **V**, di.. le Lon.., frère de Louis **X**,
ét̅ arriv.. au tr̅ne à l'exclusion d'une fil.. du derni.. roi. Le pr⸗'ipe de la loi salique re'u.. ⸗si une
nouvel.. consécra'ion. Ce r̅gne fu.. signal.. par des
persécu'ions contre les hériques, les sor'iers, les juifs
et les lépreux. Philippe a publi.. des ordonn*'e.. remarquables par leur sagesse. Il av̅ con'u le projet
d'établir d* tou.. la France l'unité des poi.. et des me-
sur..; une mort prématur.. l'*pêcha de le réalis..

1322. Charles **IV** le Bel, ⸗tre f̅ de Philippe le Bel
succéda à son frère.

La guerre s'élève de nouveau *tre la France et l'Angleterre, elle est occasionn.. par la construc'ion d'un
chat⸗ bâti par le s̅gneur de Montpezat, à 3 lieues
d'Agen, d* une terre qui dép*d̅ du dom̅ne de Fr*ce.
Charles iv f̅ s̅sir cet.. forteresse, le seigneur de
Montpezat la repr*, ̅dé du comm*d* Angl̅ d'Agen,
la garnison ̅ ma'acr.. Le roi de France dem*de justi'e de c.. ac'ion féroce et ⸗ol*te, le roi d'Angleterre
refuse de donn.. satisfac'ion, le comte de Valois mar-

che contre la Guienne, se r* m♡tre en peu de t* de presque tou.. les pla'es des Anglais, le chât♧ de Montpezat est *f÷ rasé et le comte, oncle du roi, revient triomph*.—1314, fondation des jeu.. flor♧.

118. La religion a r*du les hommes meilleurs puisqu'elle a f♡ ce'er ou diminu.. les horreurs qui régn♡ d* le monde av* l'év*gile. On immol♡ ♧ dieux des victimes hum♡nes. La barbarie régn♡ d* les jeux et les f♡tes publiques, elle régn♡ d* les guerres qui finiss♡ par la destruc'ion des cit.., elle régn♡ d* le tr♡tem* des esclaves, or il n'est pas un de c.. flé♧ qui n'♡ été extirp.. à mesure que les peuples ont été éclair.. par le fl*b♧ de cette religion s÷te. Dès-lors ceux-ci ont montré des mœurs moins féro'es. Sous le paganλsme, malgré ses monstrueuses cruaut.. il a pu exist.. quelq.. sages.., m♡ quel.. infinit.. de S÷ n'a pas engendr.. le christianisme ! Le recueil des ac'ions de ceux qui 'e sont distingu.. d* l'exerci'e de la charit.. chrétienne, pourr♡ former d'imm*'es volumes, et encore ceux dont les noms sont pass.. à la postérit.. ne sont qu'une petite poign.. de cette multitude dont le ciel se pl♡ à récomp*s.. la fidélit.. Depuis l'établissem* de la religion on doit remarqu.. plus d'ordre d* la sociét.. plus de stabilit.. d* les ÷titu'ions politiques, on ne f♡ pas support.. ♧ serviteurs les ignominies dont on ne ce'♡ d'abreuv.. les esclaves. On ne voit plus sacrifi.. des victimes humaines, l'époux, la femme, le fils, sont rapproch.. par des liens plus favorabl... ♧ bonheur. Le père n'a plus le droit de tu.. son fils et l'*f* appr* de bonne heure qu'il doit aim.., chérir et respect.. ses par*.

119. Tibère, deuxième *pereur rom÷, s'est montr.. sur le trône un tλran au'i fourbe que s*guinaire. Il sut dissimul.. d'abord son p*ch* à la cruaut.. et à la perfidie, craign* d'être supplant.. par Germanicus, son frère, prin'e ♡mable et courageux, aim.. du peuple et des soldats. Une victoire remport.. en Germanie par le jeune prin'e augmenta pour lui l'estime des Rom÷

et la jalousie de Tibère. Pour l'éloign.. de Rome , l'*-
pereur le fit passer en Asie, où bientôt il fut enlev..
par une mort précipit.. Tibère fut soupçonn.. d'avoir
ordonn,. ce crime. Libre désorm̄, et second.. par Séjan , le tỳran s* piti.. ne craignⱦ plus de se livr.. à
toute la féro'ité de son caractère ; il s*bla se jou.. de la
vie des hommes, et Séjan après avoir exécut.. les barbares volont.. de son m̄tre , fut sacrifi.. à son tour.
Détest.. de ceux qui l'*tour̄, Tibère 'e détermina à
s'enferm.. d* l'île de Caprée , afin de pouvoir se livr..
s* contrariét.. à tou.. les fureurs d'un.. âme cruel.. et
déprav.. Après avoir immol.. t* de victimes , ce monstre fut assa'in.. par Macron , préfet des gardes préto-
riennes. Il ét̄ abborré au point que la popula'e vou-
l̄ insult.. à son cadavre.

120. Un jour Fidèle rev꞉ du marché où il ét̄ all..
port.. du poi'on, et annon'a à sa femme qu'un négo-
'i* lui· av̄ f̄ des proposi'ions d'all.. avec lui * qua-
lit.. de matel꜒ en Amérique , où il pourr̄ gagn.. quelque chose et retourn.. *suite d* sa patrie. Que devien-
dr̄-je , lui dem*da Dorothée , apr̄ avoir pouss.. un
profond soupir? qui voudra se charg.. de nous procur..
du pain p*d* la durée de ton ab*'e? On a song.. à tout
cela , répondit Fidèle. Je ne suis pas le seul à qui le
négo'i* ̄ propos.. cela ; plusieurs ꜒tres ét̄ prés* au
mom* où l'armateur m'a communiqu.. son projet, et'
tous ont accéd.. à ses proposi'ions. C.. homme cherche à s'*tour.. de ge* d'une gr*de probit.. sur la fidélit..
desquels il pui'e compt.. Il a avanc.. qu'il ne veut
s'engag.. qu'avec des matelots fr*'̄ ; il nous a promis
de pay.. à chacune de nos femmes une somme de 20
fr* par mois tou.. le t* que pourra dur.. le voyage..
Les gages qu'il offre sont b꜒ et tou.. me f̄ espér..
qu'꜒ retour nous serons plus heureux.

121. Et combien de t* peux-tu rest.. ab*' ?— Je ne
puis point te précis.. la durée de ce voⱯage, car on ne
peut calcul · les évènem* de la travers.. ; m̄ je p*se
qu'un voyage d* le Pérou doit dur.. 2 *. Fidèle et Do-

rothée réfléchirent sur c.. aff♡re : ce ne fut qu'en ap-pren* la résolu'ion qu'av♡ prise plusieurs ♧tr.. père.. de famille, que Fidèle promʌ au'i au négo'i* de s'*-barqu.. avec les ♧tres. Le jour du départ fut fix.. ; le pauvre pêcheur ne put s'empêch.. de pleur.. lorsqu'il pre'a pour la dernière fois d* ses bras Dorothée et son fils, la pens.. d'amélior.. un jour le sort de sa femme et de son *f* put seule calm.. la vivacit.. de sa douleur. Et lorsque son époux eut réjoint ses compagnons elle alla s'enferm.. d* sa cabanne pour laiss.. un libre cours à ses larme.. Le vai'♧ eut bient♧ gagné la ♧te mer, le voyage fut heureux : le bâtim* avec sa riche carg♡son *tra d* le port pour y débarqu.. ses mar-ch*dises. (Tiré de la collection du chanoine Schmidt).

122. Il s*ble q.. Thèbes dev♡ être ané*tie. Les Spartiates ven♡ l'attaqu.. ; mais deux hommes tels que Epaminondas et Pélopidas suffise.. à un peuple animé par le patriotisme. Le premier fut nomm.. général : le second, n'ét* plus en charge, comm*d♡ le bataillon sacr.. compos.. de trois c* jeunes guerri.., qui s'*ga-g♡ par serm* à se déf*dre jusqu'à la mort. Q* il all♡ s'éloigner de sa maison, sa femme, les larmes ♧ yeux, le supplia de se con'erv.. C'est 'e qu'il f♧ recomm*d., ♧ jeunes g*. repondʌ-il, m♡ il ne f♧ recomm*d.. ♧ chefs que de con'erv.. les ♧tres.

—La mort d'Auguste all♡ replong.. les Rom÷ d* les horreurs de la guerre 'ivile; on s'aperçut bient♧ qu'Antoine, sous le prétexte de v*g.. son ami, aspir♡ à le remplac...—

Voyez, César, dis♡ une infortunée épouse, ces *f*, élev.. d* un lugubre cach♧! Et quoi, l'astre radieux qu'ils voie.. briller pour la premièr.. fois, doit-il éclair.. le suppli'e de leur père, et 'e jour qui vient de les arracher des ténèbre.. de la captivit.. doi..-il être *f÷ le derni.. des jour.. de leur soutien. M♡ quel fut le crime de mon époux? L'*bi'ion. César, si cette pa'ion n'eut pas domin.. d* votre âme, feriez-v.. le bonheur de l'univers? Pourriez-v.. prononc.. sur le sort de mon mari?....

DEUXIÈME PARTIE.

❀

15e EXERCICE. *

—

SUR L'EMPLOI DU NOM. (1)

124. Les plaisirs de ce monde sont *tourés de dé=
lices trompeu.. Quoiqu'ils ᵛ perdu leur père et leur
mère, ces *f* n'en sont pas moins bien élev.. par leurs
aïeu.. Les puiss*'es de l'Europe entretienn.. les unes
chez les êtres dᵛ con'ul.. et dᵛ vi'..-consuls. Oh! combien de César.. deviendront Laridon..! Quel.. gens f..!
quel.. mauvais.. ge* que tous les m*bres de cette famille! Plusieurs ᵛgles furent pri.. ❀ Rom÷ par les
Germ÷, aprᵛ la défaite de Varus, sous le règne d'Auguste. Il est cert÷ hymnes nationa.. que le retour des
révolu'ions rappelle au souvenir des peuples. Un nombre infini de Rom÷ qui n'avᵛ jamᵛ cr÷ la mort d* les
batailles manquᵛ de cet autre courage qui donna la
terre à Auguste. Son discours fut accueilli de mille

(*) Cet exercice renferme les phrases mêmes qui ont été choisies
par MM. Bonneau et Lucan. La méthode seule est différente, c'est-
à-dire que nous n'offrons point de fautes à l'œil de l'élève.

(1) Grammaire selon l'académie, numéro 290 et suivants.
Noël et Chapsal, numéro 327 et suivants.

brav⚘. Une étoffe d'1 joli couleur de rose sied bien à la
plupart des jeunes personnes. En général la couleur
d.. roses devient plus pâle, apr⵿ que cette fleur est
tout à fait épanouie. La plupart des m⵿sons de Lon-
dres sont d.. briques. La néce'ité de toujours parler
est le plus gr* inconvénient des têt..-à-têt.. La matière
de cet ouvrage est divisée en une foule d'aliné.. Dieu
seul est toute ma force et tou.. mon aide. Un homme
peu délicat s'associ* à un fripon, on dira d'eux que
c'est 1 couple à éviter. Le reste des ⵿nemis s'échappa..
(p. d.) par des gorges inconnues à l'arm... On fit
*tendre à l'aigle enfin qu'.. av⵿ tort. Une infinité de
jeunes ge* se perd.. dans la lecture des mauv⵿ livres.
On a dit de Mirabeau que c'ét⵿ 1 foudre d'éloqu*'e; et
de Napoléon, que c'ét⵿ 1 foudre de guerre.

125. Les premièr.. amours sont les plus vives. Tou..
les bonnes ge* de ce ham⚘ nous regard⵿ d'un air étonné. Tou.. les honnêtes ge* furent indign.. d'un tel pro-
cédé. En Fran'e, on a longt* mis des prologues au com-
m*'em* des opéra.. Quel.. aimable, qu.. ⁚tére'*te *f*
que votre petite nièce Pauline! Qu.. finesse d'expres-
sion! Qu.. charme d* les manières! La plupart des riches s* nai'*ce se montr.. fiers et pl⁝ d'arrog*'e; souv*
encore ils sont brut⚘ et insol*. Le peu d'années que
nous avons à vivre nous averti.. de ne pas porter tr⚘
loin nos espér*'es. Les Bossuet, les Massillon, les Bour-
daloue sont n⚘ premiers orateurs sacré.. Les maisons
couvertes d'ardoise ou d'ardoises sont d'un aspect
triste; celles, au contr⵿re, qui sont couvertes de tuile
ou de tuiles, pl⵿sent à l'œil. Quoiqu'.. ne soit semé
que depuis quelques jours, c.. orge est déjà lev.. D*
la médecine on f⵿ usage d'orge perl.. et d'orge mond..
Beaucoup de ge* sont am⅄ de la table, et il y en a peu
qui le soient de la vérité. Donnez-moi des David.. et
des Pharaon.., amis du peuple de Dieu, et ils pourront avoir des Nathan.. et des Joseph.. pour ministres. Les gr* écriv⁝ du siècle de Louis xiv seront pour
nos arrièr.-neveux un objet d'admira'ion comme ils le
sont pour nous-mêmes. Il en est des livres comme

des hommes : le petit nombre jou.. un gr* rôle, le reste
est confondu d* la foule. Qu.. jol∧ qu.. bel exemple
d'écriture anglaise !

126. Les pays* de la Bourgogne sont des ge* excell*.
Quel.. excellen.. ge* que les habit* de ῾es contr.. La
plus petite produc῾ion de la nature ∇ plus admirable
que tous les ch∇-d'œuvre de l'∶dustrie hum∇ne. Le
sirop de groseilles ou de groseille f∇ une boi῾on agréable et rafr∇chi῾te. Les cl∇r..-voies pratiqu.. de dis-
t*῾e en dist*῾e d* le mur du parc nous lai῾∇ voir de
· jol∧ jard∶ , dont les plates b*des ét∇ garnies de fleurs
vari.. Les *cien.. hymnes de l'Église ont le mérite de
la s∶plicité. Qu* le sublime vient à éclater, il r*ver῾e
tout comme ∤ foudre. La multitude d'hommes qui *vi-
ronn.. les pr∶῾es ∇ cause qu'il n'y * a aucun qui fa῾e
une ∶pre῾ion profonde sur eux. Un Auguste ∇sém* f∇
naître des Virgiles. Le nombre des victoires que ῾e général a r*port.. l'élèv.. au r* des gr* capit∇nes de son
t*. Les coqs sont d'excell* réveill..-mat∶. La race de
l'∇gle commun par∇ moins noble que celle du gr*
∇gle. D* la partie supérieure de ce tabl⚘ est artistem*
pla῾é un groupe de pet∧ amours. Peu de personn..
sont a῾ez sages pour préférer un blâme amical à de
f⚘῾es lou*ges. C'est une pièce où l'on *t* les meilleures
bass..-contre et les plus belles bass..-tailles de l'O-
péra. Voilà des rubans d'∤ beau couleur de feu. Les
Corneille, les Racine, les Voltaire, les Molière ont
illustré la sc∇ne fr*῾aise. Un officier ennemi se prés*ta
à n⚘av*-postes * parlem*t∇re. L'huile d'am*de dou῾e
ou d'am*des douces ∇ un spécifique contre cert∇nes
∶disposi῾ions des jeunes *f*. On a osé mettre en question si le gr* nombre d'hommes peu.. être nuisible à
un état. Nous devons de b⚘du⚘ et de charm* quatuor
à ce ῾él∇bre compositeur ; ses tri⚘ ne sont pas ⚘t*
estim..

127. L'∶spection des havr..-sacs amena la découverte
du soldat coupable. Les dép∇ches furent envoy.. à
l'*ba῾adeur par un courrier extraordin∇re, et les du-

plicata par un ✿tre voie. A l'âge de quar*te *, j'av▽
*core mes deux aʌeu.. Les délices du cœur sont plus
touch*.. que cel.. de l'esprit. Les paratonnerres pré-
servent de la foudre. Il y a bien des entreprises qui
s'adjugent à des prête-noms. Oseriez-vous me con-
damner sur la foi de tel.. gens ? Callimaque a f▽ de jol..
hymnes * l'honneur de quelques dieux. Le plus gr*
nombre des anim✿ a plus d'agilité, plus de vitesse,
plus de force et même plus de courage que l'homme.
Un nombre de cinqu*te grenadiers fut complété par
des soldats tir.. du centre. Beaucoup de curieux se
pre'▽ sur le pa'age du pr⁝'e. Les supérieurs d▽ com-
mun✿tés av▽ des pass..-partout pour ouvrir toutes
les portes. Parmi les aigles qu'on nourri'▽ ♣ pal▽ de
Montézume, roi du Mexique, il y * av▽ un si gr* qu'il
mange▽ un mouton à tous ses repas. La plupart des
peuples de l'Asie fur.. soumʌ à la pui'*ce de Cyrus.
Apr▽ avoir examiné mes récépiss.., apr▽ avoir f▽ un
total de mes à-compte, je fus conv⁝cu que je ne dev▽
nullem* 'es prét*dus reliquats dont on me demand▽
le paiem*. C'est pr⁝cipalem* en été qu'on voit des vers
luis*. Nos soldats, pl⁝ d'enthousiasme, ch*t▽ des hymnes guerriers * all* au combat. Les mêmes goûts, les
mêmes s*tim* ont tellem* uni ces deux élèves, qu'on
peut dire que c'est 1 couple inséparable. Ce peu de
mots renferm.. plusieurs f✿tes. Le passé n'a point vu
d'éternel.. amours. Ce serre-papiers est un cad✿ de
mes *f*. Avez-vous retrouvé vos serre-tête ? Une troupe de nymphes ét▽ assi.. aupr▽ de la déesse. Napoléon adopta pour ses armes une aigle ten* 1 foudre d*
ses serres. Des pied-à-terre à la ville offrent b✿coup
d'agrém* ✿ personnes obligées de vivre le plus souv*
à la c*pagne.

ununununununununununun.ununununununununununununununununun

16e EXERCICE. *

—

SUR L'EMPLOI DE L'ARTICLE. (1)

de, du, de la, des *sont remplacés par* d..
le, la, les *seront remplacés par* l..

§ Ce signe tiendra lieu de ou, oue, ous, oues, ouent,
out, outs, oucs, oup, houe, houx.

128. Ceux qui donnent d.. bons conseils s* l.. ac-
compagner d'ex*ples, re'*blent à ces pot⚶ qui ⁝di-
quent l.. chem⁝ s* l.. parcourir. L.. personnages l..
plus ridicules d* l.. commerce d.. société sont ceux
qu'on appelle d.. petits-maîtres. Combien on tr§ve d*
Homère et d* Virgile d.. épisodes bien amenés. L.. ▽ne
est si aveugle, qu'elle ne cherche pas même d.. prétextes pour se satisf▽re. Un seul j§r perdu ne devr▽-
il pas n§ l▽'er d.. regr▽ mille fois plus cuis* qu'une
gr*de fortune m*qu.. L.. pensées l.. plus sublimes ne
sont rien si elles sont mal exprim.. D* l.. traduc'ions,
il n'est guère possible de r*dre un vers par un vers,
lors même que cette précision est l.. plus désirable. L..
flatteurs sont ceux qui se laissent l.. plus ▽sém* duper
par l.. flatterie. On prét* que l.. montagnes qui tra-

(*) Cet exercice renferme les phrases mêmes qui ont été choisies
par MM. Noël et Chapsal, et Bonneau et Lucan. La méthode seule
est différente ; elle offre des signes et non des fautes.

(1) Grammaire selon l'académie, numéro 325 et suivants.
Noël et Chapsal, numéro 351 et suivants.

versent l'*cien et l.. nouv⚘ monde ont été autrefois
d.. pl▽nes couvertes par l.. mer. L.. gr*des et fortes
pensées viennent du cœur. Comm* deux personnes
n'aur▽-elles qu'une ṣeule et même volonté, qu* chacune d'elles * a plusieurs. D.. t*d.. Philipe-le-Bel, il
n'y av▽ que l.. ducs, l.. comtes et l.. barons dont l..
femmes eu'ent l.. droit d.. se donner quatre robes par
*. L'amour pour son père et sa mère est l.. base de t§-
tes les vertus.

129. Un gr* cœur, dis▽ un roi de Perse, reçoit d..
petits prés* d'une m⁑, et * f▽ d.. gr* d.. l'⚘tre. L..
vérités qu'on aime l.. moins à *t*dre sont celles qu'on
a l.. plus d'⁑térêt à savoir. L.. but d.. philosophes
*ciens et d.. modernes est d.. porter l.. hommes à la
vertu. L.. posse'ion d.. f⚘ biens d.. monde ne peut
procurer qu'une f⚘'e et trompeuse félicité. Licurgue
dis▽ ⚘ Spartiates : voulez-v§ être t§jours libres et res-
pectés? soyez t§jours p⚘vres, et n'*treprenez jam▽ d..
conquêtes. Quiconque a d.. nombreux témoins d.. sa
mort, meurt t§jours avec c§rage. On l.. voit t§jours
avec d.. b⚘ esprits § d.. gr* seigneurs. Si v§ ne v§ ac-
quittez pas d.. dette immen'e que votre *f*'e a con-
tractée avec votre père et votre mère, v§ *courrez l'a-
nimadver'ion de t§ ceux qui sont honnêtes parm⸲ l..
pères, l.. mères et l.. *f*. L.. gr* esprits sont l.. plus
susceptible d.. l'illusion d.. systèmes. Plus on appro-
fondit l'homme, plus on y demêle d.. f▽blesse et d..
gr*deur. L.. nature ét* part§ l.. même, l.. hommes ont
dû néce'▽rem* adopter l.. mêmes vérités et l.. mêmes
erreurs d* l.. choses qui tombent l.. plus s§ l.. s*, et
qui frappent l.. plus l'imagina'ion.

130. L.. belles et l.. mémorables ac'ions ne peuvent
illustrer, si elles n'ont pas l.. vertu pour c⚘se. Si l..
corps se fortifie par d.. trav⚘ modérés, c'est par d..
sages ⁑struc'ions que l'esprit se perfectionne. Comm*
un homme qui n'a pas d.. idées nettes d.. justice, p§r-
r▽-il avoir la cons'ience d'avoir f▽ une ac'ion ⁑juste?
Un tr▽ remarquable et heureux d* notre histoire lit-

téraire, c'est que ceux d.. n&. &teurs dramatiques qui
ont l.. mieux écrⅼ, sont aussi ceux qui ont l.. plus in-
téressé. Il f& f♉re de ses idées l'image exacte d.. choses, et d.. paroles, une nette et vive image de ses idé..
Ceux qui font d..˙*tithèses en for'* les m&, sont comme
ceux qui font d.. f&'es fenêtres pour l.. symétrie. L..
père Du Tertre dit, que si presque t§ l.. nègres sont
camus c'est parce que l.. pères et l.. mères écrasent l..
nez à leurs *f*. & yeux de l'*vie, l.. réputa'ion l.. mieux
établie, n'est qu'une erreur publique. L.. Grèce et
l'Italie ont produit d.. gr* hommes d* t§ les genres.

131. Je n'♉ rapporté ce f♉ que pour v§ mettre à
même d'apprécier combien cette race, loin d.. dégé-
nérer * Fr*'e, y acquiert d.. force et d.. vigueur. L..
plus ⁚génieux d.. t§ l.. maîtres, c'est celui dont l.. leçons sont l.. plus goût.. Il n'y a d.. hypocrites que
parce qu'il y a d.. gens vertueux. Quoique cette cor-
pora'ion soit très-nombreuse, il n'y a d..hypocrite
que deux d.. ses m*bres. L.. nature ne crée pas plus
d..hommes égaux * facultés que d . visages parf♉tem*
re'*bl*. Quoique jeune, il a r*pli cette mi'ion s* en-
courir d.. disgraces, s* s'attirer d.. reproches. Ne v§
chargez pas d.. régler d.. ⁚tér♉ si divers et si opposés :
v§ ne pourriez proposer un accommodem* s* v§ attirer d.. reproches. L.. sage et pieux Fénélon a d.. droits
bien acquⅼ à l'estime d.. t§ le monde. Comme repré-
s*t* d.. ces messieurs, v§ eussiez dû prendre d.. me-
sures pour protéger leurs ⁚tér♉. L.. vérité f♉ le sup-
plice d.. ennemis d.. religion ; ils l.. sentent, ils l..
voient cette vérité, et ils n'ont d.. yeux et d.. l'⁚telli-
gence que pour l.. voir et l.. s*tir s'élever contre eux.
Les bœufs d.. Norm*die sont très-estimés. Le sol d..
Norm*die se divise * terres à blé et * pâturages.

132. L.. fourbes sont quelquefois surprⅼ, par l'en-
droit § ils sont l.. plus habiles. L.. Fr*, qui conqui-
rent l.. G&les, ét♉ origin♉res d.. Germanie. L.. r♉son,
une fois sortie d.. règle, ne trouve plus rien qui l'arrête : plus elle av*ce, plus elle creuse d.. précipices.

Il est à regretter que cet homme n'⍴ pas reçu d..éduca'ion. Vous n'avez pas reçu d.. éduca'ion pour * f⍴re si peu d'usage. On a besoin d'art pour persuader ; il devient inutile qu* on ordonne ; et cert: philosophes ordonnent toujours : ils ne donnent pas d.. avis, d.. leçons, m⍴ d.. préceptes. Nous n'avons d.. nouvelles d.. lui que qu* il a besoin d'arg*. Nous n'avons d.. nouvelles d.. lui que celles que nous donne votre frère. Je ne cr: point la raillerie d.. ceux qui n'ont d.. l'esprit que pour tourner l.. r⍴son * ridicule. Il est malheureux pour un peuple que le pr:'e par qui il est gouverné n'⍴ pas d.. religion. Croyez-vous que l.. journée se passe s* qu'il tombe d.. pluie. L.. journée ne se passera pas s* qu'il tombe d.. pluie. Il y a peu d.. moralistes qu'on pui'e comparer ⚘ naïf et spirituel La Fontaine. L.. hommes qu'il :porte le plus ⚘ rois de connaître sont souv* ceux qui sont l.. plus loin d'eux.

133. Cette garnison n'a d.. vivres que pour une quinzaine de jours. L.. blés d'Egypte ne font pas d.. pain aussi estimé que l.. blés de France. A ces m⚘ il lui t* le doux et t*dre ouvrage. Cette guerre ét⍴ tellem* nationale, que pour l'*treprendre on leva d . :p⚘ s* exciter d.. murmures. C'est un homme qui n'a d'esprit que ce qu'il * f⚘ pour n'être pas un s⚘. Celui qui n'a point vu cette lumière n'aperçoit que d.. sombres et f⚘'es lueurs. L.. Chaldéens, l.. Indiens, l.. Chinois, dit Voltaire, me par⍴'ent l.. nations l.. plus *cienne-m* policées. Nous ne pouvions jeter l.. yeux sur l.. 2 rivages s* apercevoir d.. villes opul*tes. Ce n'ét⍴ plus ces lieux déserts et stériles que nous avions traversés non seulem* s* voir d.. villes m⍴ *core s* rencontrer d.. villages. C'est d* l.. t* que l.. gr* hommes sont l.. plus communs, que l'on ⍴ peu disposé à r*dre justice à leur gloire. Ce fut une véritable joie pour toute l.. famille d.. revoir ce sincère et généreux ami de mon père. L.. marine d.. Angleterre a toujours eu plus de réputa'ion que la marine d.. France. L.. batailles d.. Louis xii et de François 1er sont l.. sujets d.. bas-reliefs fort jolis. Elles sont l.. sujets d.. bas-reliefs qui

sont autour d.. leurs tomb&. Comme chef d.. juri, je fʌ
conn͞tre ses délibéra'ions. L.. Bourgogne ne produit
d.. blé que pour elle ; m͞, * rev*che, à combien de
pays ne fournʌ-elle pas du vin. C'est un homme qui
n'a d.. ais*'e, d.. talent, d.. esprit que qu* il est avec
ses amis.

17ᶜ EXERCICE. *

SUR L'EMPLOI DE L'ADJECTIF QUALIFICATIF. (1)

134. La bonté et la puiss*ce de Dieu sont infini.. Assis sur son tr&ne, & c*tre de l'univers, il anime t§ du
souffle de sa b§che, et donne à t§ l'ordre, la b&té et
la grâce. Le climat t*péré ne produit que des choses
t*pér.. ; les herbes les plus douc.., les légumes les
plus s⁚, les fruits les plus suav.., les anim& les plus
tr*quil.., les hommes les plus polʌ sont l'apanage de
cet heureux climat. La sagesse et la pui'*ce du Créa-
teur, aussi visibl.. d* la structure du limaçon que d*
celle du lion, se manifestent d* t§te la nature. L'esprit
et la vertu, f͞ pour plaire t§jours, sont la source de
toute véritable gloire. La nature a pour les ames s*-
sibl.. une b&té et un charme toujours nouv&. Calypso
trouv͞ une noblesse, une gr*deur d'ame étonn*.. d*
ce jeune homme qui s'accus͞ lui-même. La surface de
la terre ͞ compos.. de matière végéta.. et anima.., livr.. à un mouvem* ou à un ch*gement continue.. Les

(*) Cet exercice renferme les phrases mêmes qui ont été choisies
par MM. Noël et Chapsal. La méthode seule est différente.

(1) Grammaire selon l'académie numéro 353 et suivants.
Noël et Chapsal, numéro 363 et suivants.
Larroque page 65.

gr* s⏀gneurs du Tunquin ne par⏀ssent à la cour que
nu-pi⏀. Les demi-dieux des *ciens n'ét⏀ que des hommes qui s'ét⏀ distingu.. par une valeur ou une vertu
extraordin⏀re. On peut t§ sacrifier à l'amitié excepté
l'honn⏀te et le juste. Les gr* phénomènes de la nature
s'expliqu.. aisém*, supposé la gravita'ion universelle
un pr:cipe vr⏀. La feue reine ét⏀ universellem* ador..
Feu votre mère uni'⏀ les charmes de l'esprit à la bonté
du cœur.

135. T§ les honneurs paraîtr⏀ payés trop cher à
l'honnête homme, s'ils lui av⏀ coûté quelque basses..
Le deuxième, le quatrième et le sixième livre de l'É-
néide sont regard.. comme ce que l'épopée a produit
de plus b♣ chez aucune na'ion. Corneille a réformé la
scène tragique et la scène comique par d'heureus..
imita'ions. Quelques mythologues représentent Apollon avec des cheveux blond-cendr..; d'♣tres avec des
cheveux chât:-clair. Quelque coupables que soient les
hommes, Dieu est si bon qu'il sont rarem* inexcusables à ses yeux. Parmi les p⏀nes et les afflictions de
cette vie, il y en a peu dont nous ne pui'ions nous consoler, si nous portons n♣ regards vers le ciel. Accou-
tumés ♣ b♣tés qui s'offrent à n♣ regards, n§ éprouvons
souv* peu d'admira'ion pour la sagesse dont elles port..
l'empreinte. Les français parl.. vite et agiss.. quelquefois l*tem*. On doit éviter presque ♣t* que le mal, les
demi-remèd.. d* les gr* m♣. L'homme véritablem* attaché à sa patrie, sacrifie son rep♣ et sa liberté, pour
la liberté et la félécité publiqu.. On trouve d* les fa-
bles de La Fontaine une ingénuité, une naïveté ad-
mirabl.. N♣ vaiss♣ triomph* ont parcouru l'un et l'♣-
tre hémisphère. Les Samoïèdes vivent fort longt*, quoiqu'ils ne se nourri'ent que de chair ou de poi'on cru.
Les ois♣ construisent leurs nʌ avec un art, un adresse
admirable.

136. La religion veille sur les crimes priv..; les lois
veill.. sur les crimes public.. L'homme le mo: excusa-
ble ⏀ celui qui ne veut pas se corriger de ses déf♣. T§

est gr* d* le t*ple de la faveur , excepté les portes, qui
sont si ba'es qu'il f⚘ y entrer en r*p*. La raison qui
se borne à s'accomoder des choses raisonnables , et à
ne s'échauffer que contre ce qui est f⚘, n'est qu'une
demi-raison Le peuple a toujours les oreilles et les
yeux ouver.. pour découvrir les déf⚘ des gr*. Le bon
g§ des Égyptiens leur fit aimer la solidité et la régularité toutes nu.. Sensible et généreux, il trouve sa
plus douce satisfac'ion à consoler et à secourir les malheureux. Le g§ du jeu, fruit de l'avarice et de l'ennui,
ne captive jam⚲ qu'un esprit ou un cœur vide. Les
anim⚘ de la zône torride, et des contrées chaudes des
zônes tempér.. ont, pour la plupart, la j*be et le c§
fort allong.. Un volc* est un canon d'un volume im-
mense, dont l'ouverture a souvent plus d'une demi-
lieue. Le corps des ois⚘ est disposé d* toutes ses parties evec une harmonie et un art ench*teur.. La vertu
exceptée, t§ passe comme un songe.

18e EXERCICE. (*)

SUR L'EMPLOI DES ADJECTIFS DÉTERMINATIFS
ET DU COLLECTIF. (1)

137. Qu'elle mère n'aime point ' *f*. ! Voyez-vous
' poissons ? ils nagent *tre deux ⚘. On pr* des manières

(*) Grammaire selon l'académie numéro 377 et suivants.
Noël et Chapsal numéro 377 et suivants.

(1) Ces phrases sont tirées des exercices de Bonnaire , de ceux de
F. , P. , B. ; et d'autres ouvrages approuvés , appliqués à notre méthode sémi-sténographique. Nous tenons à prouver que cette dernière méthode peut remplir le but de tous les exercices qui ont été
produits jusqu'à ce jour .

civiles avec ' amis. ' livres sont bons et utiles ⚹ éco=
liers. V§ connûtes , s* d§te , ' vieillard vénérable qui
' f⨯s⨯ porter à l'a'*blée. ' jeune homme ' loue; il '
flatte. Votre m⨯tre'e repr* ' él⨯ves avec la plus gr*de
bonté. ' femmes ' trompent et ' l⨯'ent abuser. ' crime
⨯ affreux. Quoi ! nuire à ' amis ! On ' persuade diffi-
'ilem* ' qu'on red§te ; on ⨯me⁚, au contr⨯re , à ' re-
paître de douces idées sur ' qu'on s§⨯te ardemm*. '
flatter, c'est découvrir ⚹ ⚹tres un naturel orgueilleux.
C'est ' tromper que de croire t§ ce que publient '
hommes, recommandables toutefois par leur mérite
et leurs vertus. On ' pl⨯ à considérer ' productions.
On ' rappelle avec pl⨯sir les belles actions de ' *cêtr..
'e capitaine exhorte ' soldats. ' ouvriers ont été très-
actifs à l'ouvrage. La sarigue déf* ' petits contre les
d*gers. Elle a une poche s§ le v*tre : cette poche reçoit ' timides sarigues. Le pélican nourrit ' petits de
son propre s*. ' gens ont de fort vilaines manières. Un
pr⁚ce doit gouverner ' sujets avec cette sagesse qui vient
d'en ⚹ et qu'on obtient que par la prière. ' peuples,
encore sauvages, qui habitent le nord de l'Europe, '
nourri'ent de leur cha'e et de leur p⨯che. L'écolier
qui aime ' maîtres, aura des succès, parcequ'il fera,
pour ne pas leur dépl⨯re, t§ ' qui dépendra de lui,
et, * cherch* à contenter ' maîtres, il verra ' progr⨯
doubler; il surprendra même ' condisciples. ' *f* aiment et chéri'ent leurs par*, et ils vont au-dev* de t§
' qui peut leur f⨯re plaisir.

138. L'ois⚹ méconn⨯ ' petits , lorsqu'ils sont de-
venus gr* et qu'ils peuvent ' pa'er de ' soins. ' anim⚹
sont féroc.., et ils v§ aur⨯.. dévorés, si ' m⨯tre actif
n'eut pas veillé sur ' él⨯ves avec t§ le soin et toute la
t*dre'e que lui suggèrent ' bons s*tim* pour eux. Qu..
animal f⨯ la guerre à ' s*blables? ' ministres ' sont
déshonorés par leur conduite infâme. ' bon fils s§lage
' par* d* leurs besoins ; il ⨯ soumis et respectueux *-
vers eux : aussi ' s*tim* de piété filiale lui attirent l'estime et la considération de ' concitoyens. Dieu a dit
d* ' comm*dem* : « Que le fils honore ' par*; il vivra

longt* sur la terre. « Pourquoi ces éléph*, ' armes', '
bagages et ' vai‘eaux t§ pr⁵ à quitter la rive? Alexandre av⁵ le rare tal* d'*flammer l'ardeur de ' soldats.
'. roi a pour lui ' ministres, ' officiers, ' gardes', '
écuyers', ' maréchaux, ' généraux et ' soldats. Tous
' sujets brûlent de déf*re ' droits, lorsqu'on les attaque, et de verser jusqu'à la dernière goutte de leur
's*, pour mettre ' jours à l'abri des coups de ' ennemis. ' juges ' sont toujours montrés =tègres, et ils se
sont f⁵ une bonne réputa‘ion. Quel homme qui n'a
point *t*du raconter ' scènes déchirantes qui ont eu
lieu p*d* la révolu‘ion, ' massacres déshonor* pour
la France, ' jugem*, injustes portés contre des ci-
toyens honnêtes et vertueux, contre l'infortuné Louis
xvi lui-même? ' t*ps de terreur et de licence ont jeté
d* les esprits un ven: subtil, que bien des scièclès
pourront à peine chasser. ' magistrat doit protéger
'· concitoyens.

' 139. L'an 1755, l'Angleterre déclara la guerre à la
France. V§ recevrez 380 fr*. La voiture s'est cassée à
4000 de la ville. Athènes fut fondée 1582 * av* Jésus-
Christ. Simonide, poète grec, flori‘⁵ dès l'an 1554
av* l'ère chrétienne. Ce négoçi* a re‘u de Beaucaire
320000 livres d'huile; il a promis de les payer * 1829.
Ma bonne femme combien avez-v§ de 100 d'œufs d*
votre panier? Madame, il y en a 400; je v⁵ les v*dre
à la ville qui se trouve à 3000 d'ici. Lacédémone fut
bâtie 1516 * av* Jésus-Christ. Le roi Artaxercès av⁵
près de 900,000 hommes, lorsqu'il marcha contre son
irère, Cyrus le jeune, * 405. Cette demoiselle a donné
25,000 écus ⚘ p*vres. Il y a, d* notre ville, 20,000
hommes et 800 chev⚘. Ce ham⚘ est situé à quelques
1000 de Lyon. Jeanne-d'Arc, connue sous le nom de
la *Pucelle d'Orléans*, viv⁵ en 1421. La propriété de
votre t*te v⚘ quelques 1000 fr*. Elle voul⁵ la v*dre
* 1803. Bayard fut tué * 1523. On compte sur la terre
plus de 950,000,000 hommes. L'ennemi a perdu d*
cette bataille 25,000 hommes et 3,000 chev⚘. Mon ami
a 1320 volumes d* sa bibliothèque. Henri-Quatre na-

quit à Pau en 1553. Le maréchal de Vauban, le plus gr* ingénieur qui ∇ jam$^\nabla$ été, nâquit en 1.603 ; il fortifia 300 places *ciennes ; il s'est trouvé à 140 ac'ions.

140. Il y a eu en France, jusqu'à ce jour, 71 rois. Les 54 premier.. papes sont honorés d'un culte public ; ils ont gouverné l'Église dur*l es 5 premiers siècles. En France les jeunes gens sont majeurs à l'âge de 21 *. L'Évangile de S:-Jean contient 21 chapitre.., et le dernier chapitre des Actes des Apôtres 31. verset.. La France a 977 kilomètres de l'Est à l'Ouest, et 1022 kilomètres du Nord au Sud. Les 3/4 des ennemis de la religion ne la connai'ent pas. 41, plus 81, font 122. Nous avons acheté à ce fermier 325 brebis. Voilà un fermier qui a 8000 bêtes à cornes et 25 chev de labour ; il en av$^\nabla$ 30 en 1824 ; il en a perdu 5 en 1825. Ésope flori'$^\nabla$ l'* 592 av* Jésus-Christ. Votre oncle possède 125 arpents de terre. Voilà un bijou qui v 300 louis d'or : plus de 620 personnes se sont présentées pour l'acheter. Nous étions 300 écoliers au collége de Marseille. Votre cousin demeure à 863 pas de ce village situé à 2000 de Toulouse. Il possède cette terre depuis 1790. Hiéron, roi de Syracuse, commença à régner l'an 474 av* Jésus-Christ. Je vous ai envoyé 120 fr*. Ce négoci* a expédié aux Indes 897 mètres de drap.

141. Contentons-nous du nécessaire ; les trop gr*des riche'es ne rendent point l'homme heureux : ceux mêm.. qui les po'èdent ne sont point satisf$^\nabla$. Combien n'est pas odieux à sa patrie celui qui tourne contre elle, les armes mêm.. qu'il av$^\nabla$ juré.. de ne f$^\nabla$re servir qu'à sa défen'e ! Je regarde mes amis comme d'tres moi-mêm.. De véritables amis sont d'autres nousmêm.. Des pays inconnu.. mêm.. habit*. Messieurs, je vous considère comme d'tres moi-mêm.. Les bienf$^\nabla$ mêm.. doivent être a'aisonné.. par des manières oblige*tes. Les gr*, les petits, les sav*, les ignor* mêm.. aiment la musique. C'est d* les écrits mêm.. de plusieurs advers$^\nabla$res de la religion, dit La Luzerne,

que n§ tr§vons les plus pompeux éloges de la religion.
Employez t§ votre pouvoir, t§ votre crédit pour me
faire réu‘ir d* mon entreprise. Les p❀vres, les riches,
les rois mêm.. t§ sont suj꜡ à la mort. Employer t§ ses
tal*, t§.. ses richesses, t§.. sa science pour faire bénir
le seigneur, c'est là t§.. l'*bi‘ion d'un bon chrétien.
Les Rom⁚ n'ont pu.. v⁝cre les Grecs que par les Grecs
mêm.. A la mort t§ l'homme ne meurt pas; il y a d* lui
une substan‘e spirituelle qui est ⁚mortelle, c'est l'ame..
Ce sont des *f* t§ d'esprit, nulle difficulté les *bara‘e.
On ꜡ obligé de contr⁚dre l'*f* ; il ꜡ triste, m꜡ nécessaire de le rendre malheureux pour quelques inst*,
puisque ces inst* mêm.. de malheur sont les germes
de son bonheur futur.

142. Le nombre des produc‘ions de la nature, quoique prodigieux, ne f꜡ que la plus petite partie de notre étonnem* ; son mécanisme, son art, ses ressour‘es,
ses désordres mêm.. emportent t§.. notre admira‘ion.
L'ame demeure t§.. étonnée, t§.. stupéfaite, à la vue
des gr*des scènes qu'offre la nature. Ne me dites pas
que v§ êtes ⁚sensible ❀ lou*ges ; car t§ t* que n§ sommes, n§ voulons cep*d* qu'on n§ fa‘e du bien. Les
bons, t§ fermes qu'ils sont d* la vertu, doivent éviter le commer‘e des méch* si bient❀ ils ne veulent être
t§ aussi méch* qu'eux. Elle mérit꜡ une t§.. autre fortune. T§.. autre place qu'un trône eut été ⁚digne d'elle.
Ces *f* sont t§ feu, t§ zèle, t§ yeux, t§ oreilles qu*
il s'agit de s'instruire. Cette personne est t§.. en sueur.
Ces fleurs sont t§.. aussi fr꜡ches aujourd'hui qu'hier.
Ces *f* sont t§ aussi gro‘iers que ceux qui n'ont pas
mêm.. reçu d'éducation. La Grèce, t§.. sage et t§.. éclai-
rée qu'elle ét꜡, av꜡ reçu les cérémonies des dieux des
païens. Je m'ét꜡ flatté que vous seriez t§ dociles et t§
laborieux s* en excepter un seul ; m꜡ il en est t§ autrement, v§ avez montré t§.. la légèreté et t§.. la dis-
sipation dont votre âge peut être capable. La liberté
d'écrire a des bornes comme t§.. autre espèce de liberté. Si n§ avions été t§ aussi ⁚prud* que v§, n§ n§
serions t§ f꜡ blâmer. T§.. raisonnables qu'elles sont

ces personnes, elles.ont cepend* f⁷ une ac'ion digne
de blâme. T§.. bien élev.. qu'⁷ été cette jeune personne, elle ne cé'e pas de paraître rustique.

143. Tel.. n§ aurons vécu, tel.. n§ mourrons, car
ce proverbe ⁷ très-vr⁷, tel.. vie tel.. mort. Quel..
p⁷nes, quel.. chàgr: ne v§ seriez-v§ pas épargné..
si v§ aviez suiv.. les sages con'eils qu'on v§ a donné..
Tr*per 'es m: d* le s* inno'*! quel.. cru⚘té, quel..
barbarie! Il n'a m*qué à cert: ⚘teurs, que d'éviter
le jargon et le barbarisme, et d'écrire purem*; quel..
feu, quel.. naïveté, quel.. sour'e de la bonne pl⁷s*terie; quel.. imitation d⁷ mœurs, quel.. images, et quel..
fléau du ridicule! Si v§ êtes laborieux, mes *f*, et ennemis du jeu d* l'*f*'e, v§ le serez ⚘ssi d* la vieille'e
car tel.. v§ ⚘rez été d* votre jeune'e tel.. v§ serez d*
vos vieux *. Les p⁷nes de cette vie ; quel.. qu'el..
soient, ne sont point * rapport avec la félicité de l'⚘-
tre. Quelqu.. sci*'e et quelqu.. tal* que v§ po'édiez,
ne croyez jamais * savoir a'ez. Quelqu.. écl⁷ré.. que
vous soyez, m⁷ amis ; v§ ne devez jam⁷ v§ fier à vos
propres lumi⁷res. Quelqu.. sav*, que n§ soyons, n§
ne devons pas * tirer vanité. Quelqu.. corrompues que
soient nos mœurs, le vice n'a pas *core perdu, parmi n§, tou.. sa honte. Quel.. que soient nos mœurs',
quell.. offres de servi'e qu'on v§ fa'e reposez-v§ * sur
moi. Quel.. que soient les hum:, il f⚘ vivre avec eux.

144. Quelqu.. perver'es que soient les :clinations
du cœur hum:, avec du courage on peut venir à bout
de les ch*ger et de les r*dre bonnes. Adam av⁷ quelqu.. 930 ans lorsqu'il mourut. Il n'λ a que quelqu..
320 ans que les actes publics s'écrivent * fr*c⁷,
⚘parav* ils s'écriv⁷ * lat:. Quel.. que fu'ent vos
vues, v§ n'* avez pas moins été regardé comme coupable. Quel.. que soit le mérite, quel.. que soit la vertu appar*te d'un homme, vous ne devez point vous λ
fier av* de savoir si ce mérite et cette vertu sont réels.
Tel.. v§ ⁷tes m⁷ amis, tel.. v§ p*'ez que les ⚘tres
sont. Ces per'onnes ne sont pas tel.. que v§ le croyez.

Ne jugez jam⁷ personne, parceque tel.. v§ croyez
méch*, qui sont bons, et tel.. vous croyez bons, qui
peuvent ⁷tre méch*. De quel.. ⁞port*'e n'est-il pas
pour v§ de savoir quel.. sont les obliga'ions que vous
avez à r*plir !

M⁷ quelqu.. v⁞ l&riers que promettent la guerre,
On peut ⁷tre héros s* ravager la terre.
Justes, ne cr⁷gnons pas le v⁞ pouvoir des hommes,
Quelqu.. élevés qu'ils soient, ils sont ' que n§ sommes.
La loi d* t§ état, doit être universelle.
Les mortels, quel.. qu'ils soient, sont égaux dev* elle.
Un meurtre, quelqu'* soit le prétexte ou l'objet,
Pour les cœurs vertueux fut toujours un forf⁷.
Quel.. que soient ses p*ch*, le sage les surmonte,
C'est de nous que dépend ou la gloire ou la honte.

145. Une ⁞finité de personnes respect.. le riche et
mépris.. le pauvre. La plupart des historiens du siècle de Louis xiv dis.. que ce prin'e eût pour les sav*
une estime toute particulière. Peu de personnes connaiss.. la route qui mène à la vertu. Parmi celles qui
la connaiss.. il en est peu qui la suiv.. et elles ne sont
pas suffisantes. L'armée ⁞nombrable des Russes dis-
persera les Espagnols. Cette société de sav* a illustré
la patrie. Une troupe d'Espagnols s'⁷ répand.. d* nos
villes. B&c§ de poëtes ont célébré la fourmi ; la plupart de ces écoliers ne la prenn.. pas pour modèle.
La plupart des hommes se donn.. b&c§ de la p⁷ne et
ne jouiss.. pas de la vie. Cette a'*blée de docteurs s'est
réuni.. pour décider une grande question. Vous a-t-on
parlé de cette armée de barbares, qui a ravagé les
provinces méridionales ? B&c§ de p&vres sont morts
de f⁞ cette *née. Une dixaine d'hommes ont été occupés à faire cette besogne ; une demi-douzaine suffir⁷.
Une multitude de personn.. sont allé.. sur la route
pour les voir arriver. Il y a * Auvergne un gr* nombre
d'ét* qui donn.. b&c§ de poi'ons. B&c§ d'historiens ont
parlé de cette horde de Cortés qui a causé t* de m& *
Espagne. Peu d'écoliers connaiss.. le prix du travail.
Un peuple de guerri.. *f*te des hér&. Une nuée de s&-

terelles ravagea l'Egypte. Nombre d'historiens l'ont ÷si rapport.. L'armée de barbares s'avança jusqu'au milieu de la France, pour ravager le pays. Une multitude d'hommes semblabl.. à des brig* sont venus af÷ d'exciter une révolte..

146. La plupart des femmes ne sav.. (1) pas garder le secr♡ : nombre d'hommes les imit.. Peu d'historiens ont cherché à justifier Charles IX du ma‘acre de la S÷ Barthélemi : on s♡ qu'alors nombre de protest* sont mort.. sur l'échaf♣. Cet ess÷ de sauvages dépeupl.. alors la contrée voisine. Une ÷finité de personn.. se plaign.. du triste état où ♡ le commer‘e. Une troupe de voleurs s'♡ *paré.. de la ville. Cette troupe de philosophes a pens.. ÷si. Une forêt de chênes v÷ frapper mes regards. Cette ville de sav* a f♡ de grand.. découvertes. Peu d'homm.. ont lu les ouvrages de n♣ sav* géologues. Nombre de personnes se croi.. sav*.. et ne sav.. rien. Cette société de gens de lettr.. a composé plusieurs ouvrages qui sont fort estim.. Tr♣ d'*f* croi.. qu'il leur ÷porte peu de travailler. Peu de Français connai.. bien l'histoire de leur patrie. Un ess÷ d'abeilles ♡ sorti t§ en bourdonn* de la ruche. B♣c§ de voyageurs rapport.. qu'on voit *core d* la Grèce de b♣ restes de l'*tiquité. Une meute de chiens a été l*cée d* le bois que nous voyons. Tr♣ de jeunes gens néglig.. les mathématiques : science ÷portante et qu'il ♡ ÷dispensable de savoir. Une gr♡le de pierres tomba sur les Philist÷. Cette compagnie de religieux a rendu de gr* services ♣ lettres. Une ÷finité de personnes pensent que le travail est un trésor. Un gr* nombre de personnes croi.. que le bonheur consiste d* les richesses. Cette compagnie de cuirassiers est arrivé.. hier à Montpellier. Cette na‘ion de fanatiqu.. a f♡ périr cruellement t§ les étrangers qui se trouv♡ chez elle. Une multitude d'hommes se sont réun.. ici pour parler d'une affaire ÷port*..

(1) On doit obliger quelquefois l'élève à rapporter la règle en vertu de laquelle il fait l'accord de telle ou de telle manière.

19ᵉ EXERCICE.

DU PRONOM. (1)

En général nous représentons les pronoms par leurs initiales suivies de deux points, quelquefois nous ne mettons à leurs places que des points ; mais alors il est très-facile de les suppléer.

147. On dira en parl* d'un arbre : n'.. montez pas pour.* cueillir les fruits, vous tomberiez. Donnez-l.. ce qu'elle dem*de ; elle dem*de ses gages, donnez-les l.. Il f* compter sur l'.:gratitude des hommes, et ne lai'er pas de l.. faire du bien. Qu* je vois les n* des ois*, formés avec t* d'art, je dem*de quel maître l.. a appris les mathématiques et l'architecture. Ces orangers vont périr si on ne l.. donne de l'*. Ses murs sont mal f* on ne l.. a pas donné assez de talus. Ces proj* parurent sages, et Henri (*mettre le pronom*) donna son approbation. Cette femme 'e promène ; 'es hommes 'e querellent ; 'ette fleur 'e flétrit ; 'es arbres 'e meurent. Il 'est instruit et rendu recommandable par 'es lumières. Quiconque n'aime que (*mettre le pronom*) est :digne de vivre. Aucun n'est prophète chez (*pronom*). On a souv* besoin d'un homme plus petit que (*pron.*) Des passions les plus trites d* la vie c'est de n'aimer que (*pron.*) d* l'univers. Heureux qui vit chez (*pron.*) de régler ses désirs fais* t* son *ploi. Il dép* toujours

---

(1) Girault Duvivier, page 395 et suivantes, Voir les phrases qu'il a choisies.

Grammaire selon l'académie, numéro 391 et suivants.

Noël et Chapsal, numéro 428 et suivants.

de (*pron.*) d'agir honorablem*. Être trɪþ mécont* de (*pron.*) est une faiblesse , * être trɪþ cont* est une sottise.

148. Cet homme a pour .. un œil de complaisance. Il rapporte tout à .. Il ne parle que de .. Cette personne est contente d'.., lorsqu'elle a fǕ+
 une bonne action. Elle vit retirée chez .. Un homme peut parler av*tageusem* de .. lorsqu'il est calomnié. De .. le vice est odieux. La vertu est aimable en .. La fr*chise est bonne de .. mais elle a ses excǕ. Le crime traîne toujours après .. certaine ba'e'e dont on est bien aise de dérober le spectacle au public. Le chat parǕ ne s*tir que pour .. La poésie porte son excuse avec .. Un ami est un autre ..-même. On est si partial et si aveugle pour ..-même que l'on blâme avec *portem* d* les autres, des choses que l'on pratique journellem*. C'est le s*tim* de mon frère et le m.. On ne dit pas d'un arbre : que 'es fruits sont excell*, mǕ que les fruits .. sont excell*. Le tien et le m.. sont la source de toutes les divisions et de toutes les querelles. En plaign* les autres nous nous consolons nous-mêmes : en partage* leurs malheurs nous s*tons moins les nɪtres. J'ai mal à .. tête, il a reçu un c§ de feu .. bras.

149. Je me suis blessé .. m.. J'ai reçu .. lettre que vous m'avez écrites. Tenez .. promesses que vous m'avez faites. Mon père et .. mère sont venus ; Mon père, .. mère, .. frères et .. sœurs ont été * butte à la plus affreuse calomnie. Je lui Ǖ montré mes bɪþ et .. vil. habits. Son père et .. mère sont estimables. Je connǕ ses gr* et .. petits appartem* ; mes bɪþ et .. vil. habits. Il fɪþ honorer son père et .. mère. Je ne saurǕ m'empêcher de parler de ces gr*des et mémorables actions. La certitude de l'exist*ce de Dieu est nɪtre premier besoin. Les enf* doivent le respect à l.. mǕtres. Les bêtes, avec l.. seul .st. , sont quelquefois plus sages que l'homme avec sa raison. Mes orangers ont perdu toutes l.. feuilles. La fonte des nǕges a fǕ sortir des rivières de l.. lits. Ces dames attendent l.. voitures. Ma fille,

: votre modestie, les tendres soins que vous rendez à
v⚘ par* font souhaiter à toutes les mères de vous donner pour épouse à l.. fils. Leurs cœurs ét͡v tendres,
le plumage de l.. cous ét͡v ch*geant.

150. L'aigreur et l'opiniâtreté des femmes ne font
qu'augmenter l.. m⚘ et l'opiniâtreté de l.. maris. Ce
qui me pl͡v c'est la modestie. C'est un poids bien pes*
qu'un gr* nom à soutenir. De toutes les vertus celle
qui se fait le plus admirer; c'est la force de l'âme; le
plus respecter, 'est la justice; le plus chérir, 'est
l'humanité. 'e fur.. les Phéniciens qui les premiers ⁚-
ventèrent l'écriture. 'est être en mauvaise compagnie
que de se trouver livré à soi-même, qu* on ne s͡v ni s'occuper, ni s'amuser de lecture. 'e qui me révolte le plus
'est de voir les hommes puiss* abuser de leur autorité. 'est le nombre du peuple et l'abondan'e des ali-
m* , qui font la vr͡v force et la vrai richesse d'un royaume. 'e sera nous tous qui nous ressentirons de sa
bonté. 'est vous tous qui faites des vœux pour lui.
Ce ne.. ni les arts ni les métiers qui peuvent dégrader
l'homme. Je n'aime pas ceci donnez moi de c.. Il y a
bien des personnes q.. aiment les livres comme des
meubles. Il est étonn* que Henri iv ͡v péri s§ le fer
d'un assass⁚, lui q.. n'ét͡v occupé que du bonheur de
ses peuples.

Qui, que, quoi, *représentés par* q..

151. Le premier q.. fut roi fut un père adoré. Le
premier q.. versa des larmes fut un père malheureux
Il y av͡v hier chez vous b⚘c§ de personnes; q.. sont
elles? L'âme du souver⁚ est un moule q.. donne la forme à toutes les autres. L'enf* à q.. tout cède est le
plus malheureux. Pour moi qu* santé même un autre
monde étonne , q.. crois l'âme immortelle, et que
c'est Dieu qui tonne. Si c'ét͡v moi q.. voulus.. ; si
c'ét͡v vous q.. voulussiez ; si c'ét͡v lui q.. voulut. Bri-
tanicus est seul : quelque ennui q.. le presse, il ne
voit d* son sort que moi q...m'intéresse. vous parlez
comme un homme q.. ent* la matière. Vous parlez

comme des hommes q.. s'y connaiss.. ce ne sont pas
des gens comme vous, messieurs, q.. se permett..
d'affirmer. Paris est bon pour un homme comme vous,
monsieur, q.. porte un gr* nom, et q.. le soutient.
Êtes-vous encore ce gr* seigneur q.. ven͠ souper chez
un misérable poëte. S'il vous souvient pourt* que je
suis la première q.. vous ͠ appelé de ce doux nom
de père. Vous êtes aussi le premier q.. ͠ commandé
son souper chez soi. Pour moi, q.. le premier secon-
d͠ v⚘ dess꞉. C'est moi q.. le premier, montr͠ ⚘ Fran-
'͠ quelques perles que j'av͠ trouvées d* son énorme fumier.

152. C'est vous q.. le premier avez rompu n⚘ fers.
N'accuse point mon sort, c'est toi q.. l'a.. f͠. C'est
vous seuls q.. donn.. à la terre des poëtes lascifs, des
auteurs pernicieux, des écriv꞉ profanes. Nous sommes ici plusieurs q.. nous souvenons des gr* succ͠
que nous eûmes d* la dernière guerre. Nous étions
deux q.. (verbe être impar.), du même avis. C'est moi
seul q.. (verbe être pr. de l'ind.) coupable. Je suis ce
Tancrède q.. (v. avoir prés.) ceint l'épée pour Jésus-
Christ. N'Êtes vous plus cet Ulysse q.. (v. avoir prés.)
combattu t* d'années contre les Troyens? Trouverai-
je part§ un rival q.. j'aborre. Songiez-vous ⚘ douleurs
q.. vous m'alliez coûter. Quoi de plus satisfais* pour
des par* q.. des *f* sages et laborieux. Il y a d* cette
affaire je ne s͠ q.. qui dépl͠. A q.. vous attendez-
vous de fâcheux. La chose à q.. l'avare pense le moins
c'est à secourir les pⓐvres. Ce n'est pas moi qui..
fer͠ att*dre à c..'réunion. Voilà de q.. je voul͠ vous
parler. Il n'y a rien sur q.. on ͠ plus écrit.

de qui, duquel, de laquelle, desquels, desquelles,
dont, d'où *représentés par* d..

153. Henri IV, à la bonté d.. on a donné t* de lou*-
ges. Le livre d.. vous m'avez f͠ prés*. La religion d..
on méprise les maximes. La Seine, d* le lit d.. viennent se jeter l'Yonne, la Marne et l'Oise. Les moutons,

à la dépouille d.. les hommes doivent leurs vêtem*. Le prince à la protection d.. je dois ma fortune. C'est une femme sur le compte d.. il ne court pas de mauv$^\triangledown$ bruits. Songeons à fléchir le juge dev* .. nous devons paraître un jour. Le bois d* l..q.. nous nous sommes promenés. L'opinion contre l..q.. je me déclare. Le fauteuil sur l..q.. je suis assis. La lecture d.. je f$^\triangledown$ mon amusem*. Le chien d.. l'attachem* m'intéresse. C'est un homme d.. le mérite égale la nai'ance. Il $^\triangledown$ un Dieu d* les cieux d.. le bras soutient l'innocence, et confond des méch* l'orgueil *bitieux. Les méch* servent à éprouver un petit nombre de justes répandus sur la terre; et il n'y a point de mal d.. il ne naisse un bien. Le premier pas, mon fils, que l'on f$^\triangledown$ d* le monde est celui d.. dép* le reste de nos jours. Il n'y a rien d* le monde d.. Dieu ne soit l'auteur.

154. Les hommes à la faveur d.. on aspire Les fleurs sur le calice d.. repose l'abeille. Le prince à la protection d.. j'ai recours. La bonté du Seigneur, d.. nous ressentons tous les jours les effets, devr$^\triangledown$ bien nous engager à observer ses commandem*. Henri IV regard$^\triangledown$ la bonne éducation de la jeunesse comme une chose d'.. dép* la félicité des peuples. La maison d'.. je sors. Le péril d'.. l'on m'a sauvé. S* respect pour les aïeux d.. elle est descendue. Misérable! et je vis! et je soutiens la vue de ce sacré soleil d.. je suis descendue! Le corps, né de la poudre, à la poudre est rendu; l'esprit retourne au ciel d.. il est descendu. Les alliés de Rome, indignés et honteux tout à la fois de reconnaître pour maîtresse une ville d.. la liberté paraiss$^\triangledown$ être bannie pour toujours, commencèrent à secouer un j§ qu'ils ne port$^\triangledown$ qu'avec peine. L'hymen vous lie encore ⚭ dieux d.. vous sortez. Le vr$^\triangledown$ bien n'est qu'⚭ ciel, il.. f⚭ l'acquérir. Les succès couvrent les fautes, les revers .. rappellent.

155. Si le public a eu quelque indulgence pour moi je .. dois à votre protection. J'aime donc sa victoire, et je .. puis sans crime. Si c'est effacer les sujets de

haine que vous avez contre moi, que de vous recevoir
pour ma fille, je veux bien que vous .. soyez. Il ser^v
à sou^vter que tout homme fît son épitaphe de bonne
heure, qu'il .. fît la plus flatteuse qu'il ser^v possible,
et qu'il *ployât toute sa vie à la mériter. L'esclave vai-
nement lutte contre sa ch^vne; l'intrépide .. porte, et
le lâche .. tr^vne. Êtes-vous Pauline? Je .. suis. Êtes-
vous la mariée? Je .. suis. Êtes-vous la maîtresse du
logis? Je .. suis. Êtes-vous les héritiers du défunt?
Nous .. sommes. Catherine de Médicis ét^v jalouse de
son autorité, et elle .. dev^v être. La noblesse donnée
⅗ pères, parce qu'ils ét^v vertueux, a été donnée aux
f afin qu'ils .. devinssent. Je veux être mère, parce
que je .. suis, et c'est en v.: que je ne .. voudr^v pas
être. Une pauvre fille demande à être chrétienne, et
on ne veut pas qu'elle .. soit. Je ne suis contente de
personne, je ne .. suis pas de moi-même. Êtes-vous
mariée? Je .. suis. Êtes-vous maîtresse de ce logis? Je
ne .. suis pas. Êtes-vous héritiers du défunt? Nous ..
sommes.

156. Qu* je ne ser^v pas votre serviteur, comme en
effet je ne .. suis pas. Lui même se courb* s'apprête
à .. rouler. Soyez moins épineux d* la société; c'est
la douceur des mœurs, c'est l'affabilité qui .. f^v le
charme. La vie est un dép⅗ confié par le ciel; .oser.*
disposer c'est être criminel. Si la religion ét^v l'ouvrage
de l'homme, elle * ser^v le chef-d'œuvre. Le lit * est
profond. On dira en parl* d'un parlem*, d'une armée,
d'une maison. Les magistrats * sont intègres, les soldats * sont disciplinés; la situation * est agréable. M^v
on peut dire : le parlem* est mécont* de plusieurs de
' magistrats; l'armée a perdu une partie de ' soldats
Cette maison est mal située il faudr^v pouvoir l'ôter de
sa place. L'église a ' privilèges, le parlem* à ' droits;
la ville à ' agrém*, la c*pagne a les siens. Les agré-
m* * sont préférables à ceux de la campagne, les cito-
yens * sont vertueux. Les m*bres * sont éclairés. Les
privilèges * sont gr*. Ce tabl⅗ a ' b⅗tés; cette maison
a ' agrém*. Mais la molesse est douce, et .. suite * est

crüelle. Si les gr* ont l'éclat du marbre, ils * ont ..
dureté. Néron bourr⸳ de Rome * ét⁰ l'historien.

Y, à lui, à eux, à elle, à elles, on *remplacés par* ..

139. J'⁰ connu le malheur, et j'.. s⁰ compatir. Socrate a dit à celui qui lui annonça que les Athéniens
l'av⁰ condamné à mort : la nature les .. a condamnés
aussi. Mon trône vous est dû, loin de m'* rep*tir, je
vous .. placerai même av* de partir. C'est un honnête
homme attachez-vous .. Pour paraître à mes yeux son
mérite est tr⸳ gr*, on n'aime pas à voir ceux à qui l'..
doit t*. C'est d'un roi, que l'.. tient cette maxime auguste, que jam⁰ on n'est gr* qu'autant que l'.. est
juste. On met à l'abri des c§ du sort ce que l'.. donne
à ses amis. On a vu la gloire sortir d'une source désho-
norée. Au sujet de femme : .. est pas toujours jeune et
joli.. C'est un admirable lieu que Paris, il s'y passe
t§ les jours 100 choses qu'on ignore. D* la bon.. société
quelque spirituel.. qu'.. puisse être, qu*.. a t§ pour
soi, qu'.. est fraîche et belle, si l'on n'est point sage et
prud*.. on est méprisée de t§. Montrez-leur qu'on peut
être jeune, et sage et bel.. On n'est pas d.. esclaves
pour essuyer de si mauv⁰ traitem*. Ici l'.. est ég⸳.
On le loue, .. le menace, .. le caresse ; mais quoi que
l'.. fasse .. ne peut en venir à b§. Exterminez gr*
dieux, de la terre où nous sommes quiconque avec
plaisir rép* le s* des hommes. Quiconque att* un malheur cert⸴ peut déjà se dire malheureux.

qq. *pour* quelqu'un, quelqu'une, quelques uns,
quelques unes.

140. Qq. a dit que l'âme du monde est le soleil. Qq.
a-t-il jam⁰ douté de l'exist*ce de Dieu. Connaissez-
vous qq. de ces messieurs ? qq. de ces dames ? J'en
conn⁰ qq. qq. Avez-vous encore de ces étoffes ? Je
crois en avoir qq. Ces fleurs sont belles, mais qq. ont
des épines. Plusieurs de ces dames m'ont promis de
venir ; il en viendra qq.

12

Son, sa, ses ou leur, leurs, après *chacun* remplacés
par deux points.

Ces tabl❦ ont chacun .. mérite. Il a donné à chacun
.. part. On se batt▽ pour avoir le pillage du camp
ennemi ; après quoi le v⁚queur et le v⁚cu se retiraient,
chacun d* .. ville. Voulez-vous savoir ce que c'est que
l'ode ? cont*tez-vous d'en lire de belles. Vous * verrez
d'excell*tes chacune en .. g*re. T*dis que les deux rois
f▽saient ch*ter des te Deum, chacun dans ... camp.
Tous les habit* se sont *gagés à ces fournitures, chacun pour .. quote-part. Ils ont donné leur avis, chacun
selon .. vues. La plupart des comm*tateurs se sont
donné la peine de dessiner cet édifice, chacun à .. manière. Ils ont apporté des offrandes au t*ple, chacun
selon .. moyens et .. dévotion.

141. Il f❦ remettre ces livres, chacun à .. place.
Les langues ont chacune .: bizarreries. La nature
s*ble avoir partagé des tal* divers ❦ hommes pour leur
donner, à chacun, .. emploi, s* égard à la condiᵗion d*
laquelle ils sont nés. Ils ont donné, chacun .. avis
selon leurs diverses vues. Les deux charrettes perdi-
rent, chacune, .. essieu. L'un de ces peintres excelle
d* le dess⁚, et l'❦tre d* le coloris, deux mérites qui
ont, chacun .. partis*. Ils ont payé chacun .. écot.
Ils ont apporté chacun, .. offr*de. Ils ont rempli,
chacun .. devoir. César et Pompée av▽, chacun ..
mérite, mais c'ét▽ des mérites différ*. Tous les juges
ont opiné, chacun selon .. lumières ; ils ont prononcé
chacun selon .. consci*ce. Il vit Homère et Esope, qui
ven▽, chacun de .. maison. Ne f▽ à ❦trui que ce que
tu voudr▽ qui te fût f▽ à toi-même. Il y a en Sorbonne des personnes très-sav* .. et très-discrèt..,
❦quelles on peut se fier pour la conduite de ses mœurs.
Les personnes qui sont incapables d'oublier les bien-
f▽, sont ordin▽rem* généreus.. La modération des
personnes heureus.. vient du calme que la bonne fortune donne à l .. humeur.

142. Je puis vous assurer que j'ai vu des personnes *core plus v∇n.. que ces deux hommes. Je s∇ cette nouvelle d'une personne bien ⁑struite. Les personnes consommé.. d* la vertu ont en tout.. chose une droiture d'esprit et une attention judicieuse qui les empêchent d'être médis*. Les personnes qui ont le cœur bon et les s*tim* de l'ame élevés sont ordin∇rem* généreus.. Personne ne sera assez hardi. Personne ne s∇ s'il est digne d'amour ou de h∇ne. Personne n'est ⁂ssi heureux que vous Je n'∇ vu personne de si v⁑ que ces deux femmes. Le t*ple de Salomon ay* été détruit, on * rebâtit un ⁂tre par l'ordre de Cyrus. Tous deux eurent un génie supérieur; m∇ l'un av∇ plus de cette gr*deur qui nous élève, de cette for'e qui nous terrasse; l'.., plus de cette douceur qui nous pén∇tre, et de ce charme qui nous attache. L'un élève, étonne, maîtrise, instruit; l'.. pl∇, remue, touche, pén∇tre. Charles xii, roi de Suède éprouva ce que la prospérité a de plus gr*, et ce que l'adversité a de plus cruel, sans avoir été amolli par l'une ni ébr*lé par l'.. Osons opposer Socrate même à Caton; l'un ét∇ plus philosophe, et l'.. plus citoyen.

l'un, l'autre, les uns, les autres, l'un et l'autre, les uns et les autres *remplacés par* des points.

143. Virgile et Horace s'∇mèrent l'un l'.. Et l'un et l'.. camp, les voy* retirés, ont quitté le combat, et se sont séparés. Le destin, qui fait tout, nous trompe l'un l'.. Les hommes ne sont que des victimes de la mort, qui doiv.. au moins se consoler l.. l.. Tous deux s'∇d∇ l'...l'.. à porter leurs gr*des douleurs; N'ay* plus d'⁂tres biens, ils se donn∇ des pleurs. L'homme cr⁑ de se voir tel qu'il est, parcequ'il n'est pas tel qu'il devr∇ être. Chacun de l'équité ne fait pas son fl*b⁂. Ces effets sont nul.. Toutes ces procédures sont nul.. ⁂cun contre-t* ne doit altérer l'amitié. Les mêm.. vertus qui servent à fonder un *pire servent ⁂ssi à le conserver. Vos droits et les miens sont les mêm.. Un titre quel qu'il soit n'est rien, si ceux qui le portent ne

sont gr* par eux mêm.. On est obligé de contr⁚dre
l'*f* ; il est triste, m⊽ nécess⊽re de le r*dre malheureux par ⁚st*, puique ces ⁚st* mêm.. de malheur
sont les germes de son bonheur à venir. Les meilleurs
pr⁚ces mêm.., p*d* qu'ils ont une guerre à soutenir,
sont contr⁚ de f⊽re le plus gr* des m⚛, qui est de
t⚛lérer la lic*ce et de se servir des méch*.

144. Les hommes, les anim⚛, les plantes mêm..
sont s*sibles aux bienf⊽. J'ai tout à cr⁚dre de leurs
larmes, de leurs soupirs, de leurs pl⊽sirs mêm.. T§
ét⊽ adoré d* le siècle païen ; par un excès contr⊽re
on n'adore plus rien. T§ l'homme ne meurt pas. T§
citoyen doit servir son pays ; le soldat, de son s* ; le
prêtre, de son zêle. T§ mortel en n⊽ss* apporte d* son
cœur une loi qui du crime y grave la terreur. T§..
les nouv⚛tés en matière de religion sont d*gereus..
T§ les peuples qui vivent misérablement sont laids ou
mal f⊽. Les hommes t§ ⁚grats qu'ils sont, s'⁚téres-
sent toujours à une femme t*dre, ab*donnée par un
ingrat. C'est là ce qui f⊽ peur ⚛ espr∧ de ce t* qui, t§
bl* ⚛ dehors, sont t§ noirs ⚛ ded*. Baléazar a com-
m*cé son r⊽gne par une conduite t§ opposée à celle de
Pygmalion. C'est une femme t§.. pleine de cœur. L'espér*ce, t§.. trompeuse qu'elle est sert ⚛ moins à nous
mener à la fin de la vie par un chem⁚ agréable. Cette
jeune personne est t§.. honteuse de s'être exprimée
comme elle l'a f⊽. Maître absolu de t§ t* que nous
sommes. T§ t* que nous sommes, nous nous l⊽ssons
t*ter à l'approche des biens. Les Fr*ç⊽ sont t§ feu pour
*trepr*dre.

quel, quelle, quels, quelles *remplacés par* q..
quelque, quelle que, quoique *par* q..q..

145. Il n'a m*qué à Molière que d'éviter le jargon
et le barbarisme, et d'écrire purem* : q.. feu, q.. naïveté, q.. source de la bonne pl⊽s*terie, q.. imita'ion
des mœurs, q.. images, et q.. flé⚛ du ridicule. Q..q..
crimes touj§ précèd.. les gr* crimes. Q..q.. erreurs
q.. suive le monde, on s'y l⊽sse surpr*dre. Le peu-

ple ⚘ fond de son né*, touj§ séditieux q..q.. bien
qu'on lui fasse, parle indiscrètem* de ceux qui sont
* place. Q..q.. gr* av*tages q.. la nature donne, ce
n'est pas elle seule, m⌄ la fortune avec elle qui f⌄ les
héros. Une femme, q..q.. gr* biens q..'elle porte d*
:une m⌄son, la ruine bient⚘, si elle y :troduit le luxe,
avec leq.. nul bien ne peut suffire. Q..q.. sincères que
par⌄ssent être les hommes, les uns avec les a.., il.. ne
doivent pas s'att*dre à n'être jam⌄ trompées. Q..q..
soit votre intention; q..q.. soient vos dess÷; q..q..
soient vos vues. T§ gr* poëte qu'est Délille, il lui
écbappe q..q.. f⚘tes. Q..q.. soit le mérite, q..q.. soit
la vertu de cet homme. Q..q.. personne que ce soit.
A q.. q.. ce soit que nous parlions, nous devons être
polis. Q.. q.. ce soit qui me dem*de, dites que je suis
occupé. Q.. q.. ce soit qu'elle dise, elle ne me per-
suadera pas.

146. Vous ne gagnez rien et vous dépensez b⚘c§.
Vous le dites, et.. ne le p*sez pas. Vous ne l'estimez
pas, et.. le voyez. Je désire vous voir heureux, parce
que.. vous suis attaché. Vous serez vr⌄m* estimé,
si.. êtes sage et modeste. Tu ⌄meras tes ennemis,..
béniras ceux qui te maudissent,.. feras du bien à ceux
qui te persécutent,.. prieras pour ceux qui te calom-
nient. Nous avons dit et.. allons prouver qu'il n'y a
pas de bonheur s* la vertu. Un fils ne s'arme point
contre un coupable père; il détourne les yeux,.. pl÷
et.. révère. Ce que je v§ ai dit, je le crois et.. croirai,
jusqu'à ce que j'aie la preuve du contr⌄re. L'homme est.. animal qui r⌄sonne. Il m'a reçu avec.. politesse qui m'a charmé, D* les premiers âges du monde, chaque père de famille gouvern⌄ s.. enf* avec un
pouvoir absolu. Je vous f⌄ grâce quoique vous ne l..
méritiez pas. Est-il.. ville d* le roy⚘me qui soit plus
obéiss*.. Il n'y a pas.. homme qui ne sache cela; il n'y
* a pas. Ceux que j'ai toujours trouvés l.. plus frappés
de la lecture, des écrλ d'Homère, de Virgile, d'Horace, de Cicéron, sont les esprits du premier ordre.
Ces arbres sont l.. plus h⚘ de la for⌄. C'est d* une
église qu'elle ét⌄ l.. plus édifi*..

20ᵉ EXERCICE.

DU VERBE. (1)

) *Ce signe représentera désormais* on, ons, ont, onts, onc, omp, omps, ompt, ond, onds.

Les pronoms sujets et les régimes seront remplacés par des points lorsque le sens les indiquera claire- ment; q.. *remplacera* que, qui.

147. Philippe de Valois (1328), chef de la branche de ce n(eu.. dᵖˢ le comm*cem* de son règne à répri- mer la révolte des Flam* q.. avᵛ cha'é le Comte Louis, leur seigneur. (sujet du verbe) r*porta sur eux la vic- toire de Cassel, mais .. se soulevèrent de nouv⚬ sous la conduite d'un bra'eur, Jacques d'Artevelle., et fir.. alliance avec Édouard III, roi d'Angleterre q.., dès la mort de Charles le Bel, avᵛ élevé des préten'ions à la couronne de France. La flotte française fu.. vaincue au c(bat de l'Écluse. Les hostilités reprir.. avec une nouvelle ardeur * 1346. Par un excᵛ de confi*ce, Phi- lippe perdɩ la désastreuse bataille de Crécy, qu.. coûta à la France 30,000 hommes et l'élite de la noblesse, et qu.. livra Calais à l'Angleterre. Ce fu.. à cette ba- taille, dit-on, qu'(fɩ pour la première fois usage de l'artillerie. Le pape Clément VI offrɩ sa médiation et fɩ accept.. une trève ⚘ deux partɩ.

(1) Grammaire selon l'académie numéro 439 et suivants. Noël et Chapsal, numéro 437 et suivants.

Nous devons ces résumés historiques aux meilleurs ouvrages ap- prouvés.

1355. Sous Jean le Bon, fils de Philippe de Valois, la guerre recommenç.. Les états-génér♣ lui votèr.. des troupes et de l'argent. Cep*d* il perd∟ l'année suiv*tè la bataille de Poitiers, plus désastreuse encore que celle de Crécy. Le roi Jean fu.. f⑦ prisonnier et conduit en Angleterre.

148. Le dauph: Charles, lieuten*-général du roy♣me p*d* la captivité de son père, eut à réprimer de viol*tes séditions. Charles le M♣v⑦, roi de Navarre, secondé par Robert le Coq, évêque de Laon, et par Marcel, prév♣ des march*, aspir⑦ à la couronne; m⑦ heureusem* les états-génér♣ accordèr.. au dauphin leur appui, et les t*tatives des factieux échouèr.. à Paris. Vers le même t* éclat⑦ la jacquerie : c'ét⑦ sous ce n) qu') design⑦ la révolte des pays* contre leurs seigneurs. Le traité de Bretigny, en 1360, rend∟ Jean le Bon à la liberté, m⑦ .. :posa les plus gr* sacrifices à la France.

1364. Charles V, d∟ le Sage, sut par sa prud*ce et son habileté réparer les f♣tes de ses prédécesseurs. Duguesclin ruina le parti du roi de Navarre à Cocherel; m⑦ il ne pu.. m:tenir le parti fr*ç⑦ en Bretagne et f... f⑦ prisonnier à Auray. Une nouvelle rupture avec l'Angleterre éclata en 1368. Le duc d'Anjou, frère du roi, en Guienne, le connétable Duguesclin d* l'Anjou, Yvain de Galles, sur mer, repoussèr.. les Anglais. Une trève fut conclue en 1375, et peu après mourur.. Édouard III et son fils, le Prince Noir, qui s'ét⑦ illustré d* ces guerres.

149. Le règne de Charles VI ramen.. de nouv♣ malheurs. Sa minorité f.. troublée par toutes les horreurs de la guerre civile. Privé de la r⑦son à la suite d'un accid*, Charles fu.. indignem* dél⑦ssé par son épouse appelé.. Isabeau de Bavière. Ses oncles et son frère se disputèrent la rég*ce. L'assassinat du duc d'Orléans par le duc de Bourgogne, loin de mettre un terme ♣ dissensions qui déchir⑦ le roy♣me, en redoubla l'acharnem*. En 1413, Henri V, roi d'Angle-

terre, prit les armes pour maintenir l'exécution du
tr̅té de Bretigny. Les désastres de la bataille d'Azin-
court, perdu.. par les Français, fur.. augm*tés *core
par l'alliance que conclur.. avec Henri v Isabeau de
Bavière et le duc de Bourgogne. Le dauphin, échap-
pé ⚹ mains des Bourguignons, alla de l'⚹tre côté de
la Loire ranimer le parti fr*c̅. Le poignard de Tanne-
guy-Duchâtel, prév⚹ de Paris, le délivra de Jean s*
Peur duc de Bourgogne. Philippe le Bon, fils de Jean,
s'un⌐ plus étroitem* *core ⚹ Anglais, et à la mort de
Charles vi, le roy⚹me de France ét̅ si serré par l'in-
vasion étr*gère, que son successeur reçut l'injurieux
surnom de roi de Bourges.

150. T*dis que le roi d'Angleterre (1422) régn̅ à
Paris, Charles vii, son indol* rival, oubli̅ l'honneur
de sa couronne. Une jeune fille du village de Domrémy
en Lorraine, Jeanne d'Arc, ⁚spiré.. par une vision
céleste, eu.. la gloire de l'arracher à sa coupable inac-
tion. Rallum* le courage ét⁚ des Français, .. délivre
Orléans à travers les armées anglaises, .. mène le roi
à Reims, où il est sacré. En défend* Compiègne, elle
tombe entre les m⁚ des Angl̅ q.. la f(brûler comme
sorcière. Les succ̅ de cette vierge héroïque préparèr..
le traité de p̅ qui fu.. signé à Arras * 1435, par Charles vii et Philippe le Bon, duc de Bourgogne. Délivré
de cet ennemi redoutable, le monarque Français,
continua de repouss.. les Anglais. En 1448, aprè̅ une
trève de 4 *, il commença la conquête de la Norman-
die. Rouen et Harfleur lui ouvrir.. ses portes; Richemond détruis⌐ l'armée Anglaise à Formigny, et la prise
de Cherbourg achev.. la conquête de la province. En
Guienne, les succ̅ des génér⚹ de Charles vii ne fur..
pas moins rapides; v⁚queurs à Châtillon et m̅tres de
Bordeaux (1451), ils expulsèr.. les Angl̅. Les génér⚹
qui contribuèr.. à la gloire de la France f.. Dunois, La
Trémouille, La Hire, Xaintrailles et Richemond. Ce
fut à ces vaill* capit̅nes, non moins qu'à son courage
personnel, que Charles fu.. redevable de la p̅sible
possession de son roy⚹me et du surnom du victo-

rieux. Ce f.. sous ce règne que l'imprimerie fut ⁝v*-
tée en Allemagne (1440) par Jean Guttemberg.

151. Charles vii av⁷ succombé ⹋ chagr⁝ que lui av⁷
causés l'*bi⁺ion précoce et turbulente de son fils.
Louis xi, d(la politique astucieuse et perfide fu.. sou-
v* utile à la Fr*'e, commença par renvoyer tous les
*ciens ministres de son père, et ses premiers actes
annoncèr.. l'inten'ion, * gr*de partie réalisée s§ son
règne, d'affaiblir la puissance féodale. Le plus redoutable et le plus riche des Seigneurs ét⁷ le duc de
Bourgogne, q.. réuniss⁷ sous sa domina'ion des
prov⁝ces françaises et allemandes et. les villes les plus
commerçantes de l'Europe. Louis xi qui protég⁷ les
petʌ contre les gr*, et qui voul⁷, à l'aide des communes, établir le pouvoir monarchique sur les ruines de
la féodalité, ét⁷ soutenu par le parti populaire. Me-
nacés d* leurs droits et d* leurs prérogatives, les seigneurs songèr.. à se déf*dre et formèr.. *tre eux
une alli*ce qu'ils appelèrent la ligue du bien public.
Ils av⁷ à leur tête le comte de Charolais, fils du duc
de Bourgogne, depuis si célèbre sous le n(de Charles
le Témér⁷re. Ils livrèrent bataille au roi à Montléry ;
m⁷ la victoire resta indécise et Louis parv⁝ à diviser
les confédérés par des négociations insidieus.. Les
parties belligér*tes signèr.. les traités de Conflans et
de Saint-Maur (1465) : le roi en éluda les conditions.
Plein de confi*ce d* son adresse, il alla trouver à Péronne Charles le Téméraire, d* l'espoir de le gagner.
P*d* ce t*, ses émiss⁷res soulev⁷ la ville de Liége qui
apparten⁷ au duc de Bourgogne. Le duc irrité fu.. sur
le point de le faire périr ; toutefois il se content.. de
lui f⁷re confirmer le traité de Conflans et de l'emmener dev* Liége pour a'ister à la ruine de cette ville.

152. Louis, de retour, ˮne manqua point de faire
annuler ses sermens par les États. Alors se forma contre lui une ligue plus redoutable que celle du bien
public. Son frère, qui en ét⁷ le chef, mour.. empoi-
sonné. Le roi f.. accusé du crime. Charles le Témér⁷.

re échoua devant Beauvais, défendu par Jeanne Hachette, et la ligue fut dissoute. Dès-lors le duc de Bourgogne ne f.. plus à cr:dre. Ce prince av*tureux tour-
na ses armes contre l'Allemagne, la Suisse et la Lorraine, et fin∕ par se faire tuer au siége de Nancy.
Louis xi espér▽ acquérir tout l'héritage de Charles le
Téméraire, en mari* le dauphin à sa fille, Marie de
Bourgogne, m▽ ce fut Maximilien d'Autriche qui ob-
t: la Flandre avec la m: de cette princesse. Malgré
la déf▽te des Fr*ç▽ à Guinegate, Louis resta du moins
maître de l'Artois et de la Franche-Comté.

1483. Lorsque Louis xi mourut, il l▽ssa son fils
Charles *core *f* ; m▽ la rég*te Anne de Beaujeu, con-
tinu.. son r▽gne par sa fermeté à l'égard des gr*. Au
lieu de s'affermir d* les conquêtes de son père, Charles viii suiv∕ une politique toute différ*te de la sienne
et *tr▽na la Fr*ce d* de loint▽nes et malheureuses
expéditions.

153. Charles viii qui, par son mariage avec la fille
du duc de Bretagne, ven▽ de réunir cette province
à la Fr*ce, :pati* de f▽re valoir les droits qu'il ten▽
de la succession d'Anjou sur le roy♣me de Naples,
passa les Alpes et comm*ça sa conquête. Les vieux
gouvernem* de l'Italie s'écroul.. à l'approche de l'armée fr*ç▽se. Charles *tre d* Flor*ce et d* Rome, puis
marche sur Naples, que lui ab*donne le roi Alphon-
se ii. Sa domination ne fu.. pas de longue durée : une
ligue formée par la plupart des princes de l'Europe
le força de quitter l'Italie. Quar*te mille hommes l'at-
t*d▽ à Fornoue, au passage de l'Apennin. A la tête de
neuf mille Fr*ç▽, Charles r*tra glorieusem* * France.
(1488). On conseill▽ au roi de pr*dre de nouv♣les
armes pour t*ter une seconde fois la conquête du roy♣-
me de Naples ; m▽ sa s*té aff▽blie dem*d▽ du repos,
et il s'occupa jusqu'à sa mort de l'administra'ion :-
térieure du roy♣me.

1498. L'événem* le plus :port* de cette époque est
la découverte de l'Amérique. Le Génois Christophe
Colomb av▽ déjà découvert* 1492 l'île de Cuba et celle

de Saint-Domingue; Améric-Vespuce négoci* flor*tin, aborda en 1497 à la partie du contin* située au nord de l'équateur et lui donn.. son nom.

154. Charles VIII ét* mort s* postérité, Louis, duc d'Orléans, monta sur le trône. Dès que son mariage avec la veuve de son prédécesseur eût assuré la réunion de la Bretagne, il *vah⅄ le Milanais de concert avec les Vénitiens. Le Milanais conquis, Louis XII qui n'espér⊽ pas s'*parer du roy⸱me de Naples malgré le roi d'Espagne, Ferdin* le Catholique, préféra partager ce roy⸱me avec lui. Ces deux princes conclur.. donc un traité secret. Gonzalve de Cordoue, général espagnol ⸱ssi fourbe qu'habile, l'introduis⅄ d* les principales forteresses du roi de Naples et signifia *-suite à ce malheureux prince le traité de partage. La mésintellig*ce ne tarda point à éclater parmi les conquér* La bravoure de Bayard n'*pêcha point les Fr*-ç⊽ d'être battus à Seminara, à Cérignoles, au Carillan où Bayard arrêta seul sur un pont 200 Espagnols. Chassé du roy⸱me de Naples, Louis ét⊽ *core cep*-d* m⊽tre d'une gr*de partie de l'Italie. Il *couragea la révolte des Génois que le roi de France châtia sévèrem*.

155. Jaloux de la gr*deur toujours croiss*te de Venise, plusieurs princes de l'Europe se liguèr.. (tr⊽té de Cambrai) contre cette république à la fois guerri⊽re et commerç*te. Louis XII *tra d* la confédération et défⅼ les Vénitiens en 1509 à la s*gl*te bataille d'Agnadel. Gaston de Foix, neveu de Louis XII déconcerta d'abord les alliés par de brill* et rapides succ⊽; m⊽ malheureuśem* pour la Fr*ce, il péri à la bataille de Ravenne qu'il gagna (1512); dès lors, rien ne réussⅼ plus à Louis, son armée fut battue par les Suisses à Novarre, par les Anglais à Guinegate. L'Italie ét⊽ perdue pour lui, son royaume ét⊽ pressé de toutes parts. Il traita avec les confédérés; m⊽ la p⊽ ét⊽ à peine établie qu'il mouru.., regretté par ses suj⊽. Malgré les dépenses énormes qu'av⊽ entraînées les

guerres d'Italie, il av̅ pu, par une sage économie et
* dép⅄ des courtis*, diminuer les ⁚p⅌ de plus de moitié. Ce bon prince qui s'honora par sa douceur et sa
clémence, du.. à la reconnaissance des Français le
surnom de père du peuple. J'aime mieux, dis̅-il, voir
les courtis* rire de mon avarice, que de voir mon
peuple pleurer de mes dép*ʹ. On lui a *tendu dire auʻi :
Un bon pasteur ne saur̅ tr⅌ *graiʻer son troup⅌.

156. Louis xii ne laiss̅ point de succeʻeur. François Iᵉʳ, comte d'Angoulême et duc de Valois, premier
prince du s*, monta sur le trône. Les progr̅ des lettres et des arts illustrèr.. le règne de ce prince. Avec
la couronne de France, il hérita des prétenʻions des
rois ses prédéceʻeurs sur l'Italie Emporté par l'⁚pé-
tuosité de son âge et de son caractère, .. ne tarda
point à les faire valoir. Son armée, se fray* un paʻage
à travers les Alpes, s'avança d* le Milanais. François
Iᵉʳ gagna sur les Suisses la s*gl*te bataille de Marign*
qui dura deux jours et qui le r*d⅄ maître du duché
de Milan. Les Génois se déclarèr.. pour lui. Le pape
tr̅ta ⅌ssi avec le v⁚queur et obt⁚ de lui le tr̅té du
concordat.
1519. Le tr⅌ne ⁚périal ét* devenu vac* par la mort
de Maximilien, empereur d'Allemagne, Charles-Quint
son pet⅄-fils, déjà roi d'Espagne et souver⁚ des Pays-
Bas, et François Iᵉᵘ y prét*dir.. Les électeurs donnèr..
la couronne à Charles-Quint, et se f.. l'origine d'une
longue rivalité qui dev⁚ funeste à la France.
1523. Il se forma, pour cha*er les Français d'Italie,
une ligue formidable d* laquelle entrèr.. le pape, l'empereur, le roi d'Angleterre et plusieurs autres prinʻes.
Persécuté par la reine mère, le connétable de Bourbon
all,. joindre les ennemis,

157 La guerre devient générale. Le chevalier Bayard
pér⅄ * déf*d* la France. François Iᵉʳ v⁚cu à Pavie est
f̅ prisonnier et condui.. à Madrid par son rival Charles-Quint dont il n'obt⁚ la liberté qu'à condiʻion de
*éder la Bourgogne. (Ce traité ne f.. pas exécuté).

Apr⁷ quelques années de rep⚬ , le roi de France
envahⱮ la Savoie et menaça le Milanais. Charles-Quint
de son côté pénétr.. d* la France par la Provence; m⁷
les habit* pour contr⁚dre l'*pereur à la retraite dé-
vastèr.. leur propre territoire. Une trève termin.. la
c*pagne et plus tard la guerre s'ét* rallumé.. le duc
d'Enghien gagn.. (pass. déf.) la bataille de Cerisoles.
Enfin., apr⁷ avoir f⁷ la p⁷ avec l'*pereur et avec le
roi d'Angleterre , François mouru.. en 1547.

Ce pr⁚'e doué des qualités l.. plus brill*tes fu.. quelque fois léger et ⁚prud*. D* ses dernières années ..
chercha à réparer 'es f⚬tes * s'appliqu* ⚬ affaires qu'..
av⁷ négligé.. Le titre de *Père des Lettres* lui fu.. lé-
gitimem* accordé , car s⚮ son règne on vƖ la France
sortir des ténèbres de l'ignor*'e et de la barbarie qui
* est la suite.

C'est à ce pr⁚ce que nous dev.. l'⁚primerie royale
et le collège de France. A cette époque la civilisa'ion
ne fⱮ pas seulem* de gr* progr⁷ d* notre pays : le
seizième siècle est pour tout.. l'Europe la date d'une
restaura'ion générale des sci*ces et des arts.

158. Henri ii, successeur de François Iᵉʳ son père,
fu.., comme lui, l'ennemi de Charles-Quint. Ligué
avec les pr⁚'es d'Allemagne, il pénétra en Lorraine
et s'*par.. des trois évêchés, Metz, Toul et Verdun.

Charles-Quint voulu.. * v⁚ s'opposer ⚬ conquêtes
d'Henri ii; ét* venu a'iéger Metz, courageusem* défendu par le duc de Guise, il éprouva une si vive résist*' qu'il fu.. obligé d'abandonn.. son *treprise.
Quelque t* apr⁷ il fu . encore déf⁷ par Henri ii à la
bataille de Renti. La'é des gr*deurs et dégoûté du trône,
Charles-Quint abdiqua en faveur de Philippe ii son
fils, et se retir.. d* un couv*

1557. Philippe II, ay* épousé Marie, reine d'Angleterre, s'unⱮ à cette princesse contre la France ; la
bataille de Saint-Quentin, qu'il gagna sur Henri ii expos.. le roy⚬me ⚬ plus gr* périls. Le v⁚queur all⁷
marcher sur Paris, lorsque le duc de Guise conjura le
d*ger public. En 8 jours il attaque et pr* Calais,

qui av⁷ coûté onze mois de siége à Édouard III, et que
les Anglais posséd⁷ depuis deux cent treize * ; cette
action éclat*te termin.. (passé défini) la guerre.

159. La p⁷ fut sign.. à Cateau-Cambrésis. La r⁷ne
Marie ven⁷ de mourir, et Philippe II, pour consolider
la p⁷, épous.. la fille ⁷née de Henri. Les fêtes donné..
à l'occasion de ce mariage coûtèr.. la vie au roi
de France, qui fu.. blessé mortellem* d* un tournoi.
Henri mouru.. à l'âge de quar*te et un *, l⁷ss* de Catherine de Médicis sept enf*, dont trois montèr.. suc-
cessivem* sur le trône de France. Roi prodigue, ÷pré-
voy* politique, il l⁷ss.. quar*te-deux millions de dettes, somme énorme pour le t* ; et, par sa compl⁷s*ce
pour les Guises, il prépar.. la ruine de sa famille et la
désola'ion du roy₀me.

1559. La mort de Henri II fut le signal de tr*te * de
guerres civiles. François II, son fils, qui lui succéd..,
ét⁷ un pr÷ce d'une s*té f⁷ble, d'un esprit plus f⁷ble
core, et incapable par conséqu de s'opposer ₀ trou-
bles que l'on vл n⁷tre sous son règne.

160. Plusieurs factions divis⁷ la cour : la différ*ce
de religion * ét⁷ la c₀se ou le prétexte : le duc et le
cardinal de Guise ét⁷ à la tête du parti catholique ;
Condé, Montmorency ét⁷ chefs du parti protest* et
dirigèr.. la conjura'ion d'Amboise, projet formé pour
*lever le roi et tuer les Guises. Le secret f.. découvert ;
les Calvinistes, arriv.. au lieu du r*dez-vous, fur..
surprл et massacrés ; Condé av⁷ été condamné à perdre la tête ; la mort du roi v÷ susp*dre l'exécu'ion
de l'arrêt porté contre lui. François II mour.. à l'âge
de dix-sept *. Il av⁷ épousé Marie Stuart, r⁷ne d'É-
cosse, qui depuis périл sur l'échaf₀, victime du res-
s*tim* d'Élisabeth, r⁷ne d'Angleterre.

1560. Charles IX, second fils de Henri II, et de Catherine de Médicis, succéda à François II, son frère.
Charles n'ét⁷ âgé que de dix * à la mort de son frère
Catherine de Médicis gouverna le roy₀me, s* cep*d*
avoir le titre de régente. Cette princesse s*bl⁷ vouloir

con'ilier tous les partis, t*dis que pour a'urer sa propre puiss*ce, elle fom*t⊽ secrètem* de nouvelles divisions *tre les Catholiques et les Protest*.

161. Le duc de Guise fɩ massacr.. à Vassy les Protest*, p⊽sib!em* ass*blés pour des exer'i'es de religion. La guerre civile éclat.. alors ouvertem*; les Catholiques fur.. v⫶queurs à la bataille de Dreux, où les génér⚬ des deux partis fur.. f⊽ prisonniers. Peu de t* après le duc de Guise fu.. assa'iné au siège d'Orléans, par Poltrot, gentilhomme calviniste.

1567. La guerre, un inst* susp*due, se rallum.. plus vivem* que jam⊽; on c(battɩ à S⫶-Denis, où la victoire fu.. douteuse; à Jarnac, où les calvinistes fur.. v⫶cu.. par le duc d'Anjou (depuis Henri ɪɪɪ); là fu.. tué lâchem* et de s*-froid Condé, chef du parti protest*.

1572. Sous différ* prétextes, les chefs du parti protest* fur.. attir.. à la cour. Charles donn.. sa sœur Marguerite * mariage au roi de Navarre. Au milieu des fêtes et des plaisirs, un affreux proj⊽ se médit⊽ * sil*ce: *fin le signal est donné; et la nuit du 24 au 25 août (jour de la Saint-Barthélemy) comm*ce un massacre effroyable. Soixante mille protest* sont égorg..; l'amiral de Coligny, chef de parti, fu.. une des premières victimes: Paris, la France entière, fu.. le théâtre de cet horrible carnage. Le roi de Navarre et le pr⫶ce de Condé fur.. seuls épargn..

Charles ɪx, dévoré de remords depuis la S⫶-Barthélemy, fu. att⫶ d'une maladie mortelle, et mouru.. à l'âge de 24 * s* laiss.. d'héritier; il déclar.. Catherine de Médicis régente du royaume jusqu'au retour de son frère qui régn⊽ * Pologne.

162. Instruit de la mort de son frère, Henri quitt.. aussɩt⚬ la Pologne et v⫶ prendre posse'ion du trône de France. Il retrouv.. sa patrie s*glant.. et déchiré.. par les guerres civiles, comme il l'av⊽ lai'ée trois mois auparav*. Ce pr⫶'e faible n'ét⊽ point capable de cicatriser les plaies de l'état, et ne su.. ni protéger les protest*, ni satisfaire les catholiques. Il se déclara lui-

même chef de la *Sainte-Ligue*, confédéra‘ion dange-
reuse qui, s§ le voile de la religion, dev⃝ bouleverser
l'état.

Il se forma au s⁙ même de la capitale, une autre ligue particulière appelée la ligue *des Seize*, ⁙si nommée
parce que les chefs s'ét⃝ distribu.. les seize quartiers
de la ville. Son but ét⃝ de détrôner Henri iii et de
donn.. sa couronne au duc de Guise.

Henri veu.. en v⁙ s'opposer ⚘ fac‘ieux; ils form.. des
barricades d* les rues de Paris, s'empar.. de la ville
et forc.. le roi de l'abandonner. Henri iii se réconcilia
avec le roi de Navarre; et ces deux pr⁙‘es s'ét⁖ réu-
niⴟ pour a‘iéger Paris, lorsque Henri fu.. poignardé à
S⁙ Cloud par Jacques Clément, religieux dominicain.
Le régicide pérⴟ sur-le-ch*, per‘é de coups.

Henri iii ét* mort s* postérité, en lui finⴟ la quatrième
branche, dite la seconde des Valois, qui av⃝ occupé
le trône 74 ans, s§ cinq rois.

163. Les Rom⁙ encourag⃝ les soldats valeureux et
leur donn⃝ des récompenses. Les Grecs favoris⃝ les
sav* et les philosophes, et les combl⃝ d'honneurs. Ni
prière ni mena‘e n'(pu le détourner de son dess⁙. Les
Égyptiens cragn⃝ le m*songe et * av⃝ horreur. Ce
remède nuⴟ au corps, mais il le soulage pour 1 mom*.
Nous ir(d* ces c*pagnes solitaires qui inspir.. à l'ame
des idées tristes et effray*tes, et qui l'en nourriss..
et nous les fuir(. Cette harpe et ce tabl⚘ s(très b⚘⁙
l'un et l'autre me plai.. Ne nous arrêt(point à con-
sidér.. les merveilles de la nature et à y donn.. toute
notre admira‘ion : examin(le ciel et jetons-y les yeux.
Vous avez recours à mon frère et vous * avez médⴟ.
Les b⚘ arts plais.. à l'homme bien né, et l'élèv.. au-
de‘us de ses semblables. Jeune‘e, légèreté, esprⴟ,
fraicheur, t§ av⃝ disparu. Quittez v⚘ vi‘es et ayez-*
(te, parce que celui qui se livre au crime, et qui s'..
endurcⴟ n'* sortira jam⃝. Le frère bon ⟩ la mère chéri . Les par* complais*. Les b(amⴟ. Romulus et Re-
mus frère.. jetèr.. les fondem* de l'*pire rom⁙. Annibal et Scipion fur.. les 2 plus gr* génér⚘ de leurs

t*. César et Pompée ennem⅄ l'un de l'autre se disput.. *(passé déf.)* l'*pire du monde. V§ et moi, (être, *au présent)* disposé.. à ᵛder 'es malheureux.

164. Le riche et le pⵎvre devienn.. égⵤ à la mort. V§ n'ét.. pas, mon fils, plus sage que les autres. Les vertu.. humᵛnes élèv.. les hommes, les ennobliss.. et les rend.. heureux, si el.. s(sanctifié.. par les motifs qui les produis.. Le courage et la majesté peint.. sur le·fr(de c.. auguste *f* n§ annon'e.. la félicité des peuples. La jeune'e et l'inexpéri*'e nous expos.. à bien des fautes, et par conséqu*, à bien des peine.. Le Ciel et la terre passer.., a dit J.-C., mᵛ mᵛ parole.. ne passer.. point. La terre et le Ciel sont pl: de la majesté de notre Dieu, créé.. pour un être privilégié (l'homme) ils annon'.. l'un et l'autre la gloire du T§-Puiss*. L'intérêt, la vie, la mort, rien ne serᵛ capabl.. de me faire oublier ma foi. Richess.., honneurs, am⅄, par*, t§ ce qui n'ᵛ pas mérite ⵤ yeux de la divinité devien.. inutil.. à la mort. Propriété, savoir, espér*', t§ est quitt.. *(p. p.)* par le mour*, t§ ᵛ perd.. pour lui s'il n'a rien fᵛ pour achet.. le ciel. Le fer, le bandⵤ, la flamme (être, *prés.)* t§ prᵛ. Ce sacrifice, votre intérêt, votre honneur, Dieu vous le comm*d.. Un seul mot, un soupir, un c§ d'œil n§ trahi.. Que l'amitié, que le s* qui n§ li.. n§ tienn.. lieu du reste des hum:. Il ne fⵤ ⵤ prin'es et ⵤ gr* ni effort, ni étude, pour se con'ilier les cœurs; une parole, un sourire gra'ieux, un seul regard suff⅄.

165. Cette f:te dou'eur, c.. (bre d'amitié vien.. de ta politique et non de ta pitié. L'homme n'est qu'un rosⵤ, le plus fᵛble de la nature; il ne fⵤ pas que l'univers entier s'arme pour l'écraser; un.. vapeur, un gr: de sable suff⅄ pour le tuer. La plupart des hommes s(bien trⵤ pr(d* leurs jugem*. Une troupe de jeune.. gar'ons, d'une rare bⵤté et vêtu.. d'un lin plus bl* que la nᵛge dansèr.. (p. déf.) l(t* les d*'es de leur pa⅄s. Une infinité de jeune.. gens se perd.., et parce qu'ils lis.. des livres :pies, et parce qu'ils fréqu*te..

des libertins. Un nombre infini d'ois♣ fais⁷ résonn..
ces bocages de leurs doux ch*. L'or ou la faveur des
hommes ordin⁷rem* si utile ne peu.. d* aucun cas,
nous être propos.. lorsqu'il s'agit de m*quer à l'honneur ou au devoir. La séduction ou la cr⸗te entr⁷n..
(entraîner p. d.) cet esclave d* le parti des révoltés. V§
ou votre frère si turbul* m'aur⁷ f⁷ q..q.. sottises d*
le jardin. Ni mon père ni le vôtre ne ser.. appel.. (être
appelé) à cet emploi. Ni l'or ni la gr*deur ne n.. rend..
heureux. Il.. ne périr.. ni l'un ni l'autre. Ni votre fils
ni le mien n'obtiendr.. le prix de version. Ni l'amour
ni la haine ne n.. sui.. d* la t(be. Hégésiochus fu.. un
de ceux qui travaillèr.. (p. déf.) le plus effica‹em* à
la ruine de leur patrie. Trajan est un des plus gr* *-
pereurs q.. ai.. régné.

166. L'orgueil n'aveugl.. pas ceux que l'honneur
éclair.. Alexandre ay* s⁷si les meurtriers de Darius,
son ennemi les fᴧ périr. Mon frère et ma sœur se promèn.. Celui qui met un fr⸗ à la fureur des fl♣ s⁷ au‹i
des méch* arr⁷ter les compl♣. Louis, * ce mom* pre-
n* son diadême sur le fr(du v⸗queur le pos.. lui-
même. T♣ ou tard la vertu, les grâces, les tal*(être,
au présent) v⸗queurs des jaloux, et v*gés des méch*.
La cupidité ou la v*ge*ce port.. souv* ♣ crimes. La
f⁷blesse ou l'inexpéri*ce nous f.. (faire, *au présent*)
commettre bien des f♣tes. Le temps ou la mort (être,
au prés.) nos remèdes. Le bonheur ou la témérité
(avoir, *au prés.*) pu faire des hér♣. Ce sacrifice, votre
avenir, votre devoir, Dieu l'exig.. La cupidité ou la
⁷ne nous port.. souv* ♣ crimes l.. plus affreux. Ni
l'or, ni la grandeur ne f.. le bonheur des hum⸗. Votre oncle ou votre cousin (être, *au fut.*) conseiller
municipal. La douceur ou la force le (réduire, *au fut.*)
à l'obéiss*‹.. Ni l'un ni l'autre ne peu.. présider l'as-
s*blé.. La force de l'âme ainsi que cel.. du corps (être,
prés.) le fruit de la t*pér*.. C'.. l'avarice qui f⁷ la
misère de c.. homme. Peu d'*f* ⁷me.. le travail.

167. Vous ou moi (être, *au fut.*) chargé.. de cette

affᵛre. Lui ou elle vous communiquer.. (fut.) 'e projet. L'intérᵛ, la rᵛson, l'amitié, tou.. nous li.. (lier).
Non seulem* tou.. ses richesses et tou.. ses honneurs,
mᵛ tou.. sa vertu s'évanoui.. Sa piété et sa droiture
lui attirᵛ le respect. T* d'années d'habitude étᵛ des
chᵛnes de fer q.. me liᵛ. La plupart des hom.. (être,
au prés.) bien tr⸱ pr(d* leur.. jugem*. D'adorateurs
zélés à peine un peti.. n(bre os.. (oser, *au prés.*) des
premiers temps nous retra'er quelq.. (bre. Boire,
m*ger, dormir (être, *au prés.*) leur occupa'ion. Coudre
broder, faire des fleurs artificielles constitu.. tous les
occupa'ions de ma sœur. Instruire, persuader, mouvoir (être, *au prés.*) la tâche de l'éloqu*ce. Être pares-
seux et avoir de l'*bition n'.. (avoir, *au prés.*) rien de
compatible. Votre oncle ⸱si que votre cous⸱ (avoir, *au
prés.*) exprimé le vif désir de v§ *bra'er. Ce (être, *au
prés.*) vos amis q.. vous ont le plus mal servi. Quand
ce (être, *au cond. prés.*) mes frères, ils n'obtiendr(
pas de moi que je transgresse ma loi, que je méconn-
nᵛ'⸱ mes devoirs.

Compléments du verbe. — que, à qui, à quoi, dont.
d'où, auquel, auxquels, où, pour qui, etc. *remplacés par* des points.

168. C'est à vous .. je veux parler. C'est pour vous
.. j'entrepr* ce voyage. C'est là .. demeure votre par*
C'est d'Aubusson .. nous tirons ces b⸱ tapis. C'est
de la capitale .. nous vienn.. ces joujou.. C'est à Lyon
.. l'on fabrique les ornem* sa'erdot⸱. C'est ici .. vous
me retrouverez. C'est là .. je veux vous voir. C'est seulem* au ciel.. l'on ne souffre plus. N§ dis(que ce sera
d* la pratique des vertus .. v§ goûterez quelque satisfac'ion. Les élèves tourner(les phrases suiv*tes, s* en
altérer le s*s : ils attaquèr.. Rouen, et ils s'*parèr..
de Rouen. Les vai'⸱ entr.. d* le port et ils sort.. du
port. Je suis cont* de vos preuves d'amitié et je suis
s*sible à vos preuves d'amitié. J'ᵛme mon père et j'o-
béλ à mon père. Le chirurgien se sert de cet instrum*
et ne .. quitte jamᵛ. Dites pourquoi les complém* s(
bien plac. d* les phrases suiv*.. : Ne sacrifi.. pas votre

honneur à un intér♡ méprisable. J'ai payé au prλ de mon s* les honneurs que la patri.. a bien voulu m'accord.. Nous avons perdu * 20 jours les av*tages que nous avions obtenus p*d* de longu.. années de travail. On a écrλ à votre ami la nouvel.. de n♧ succ♡ en Afrique. Donnons à l'étude de la l*gue maternelle les premièr.. années de la vie. Faites avec vos ♡nemis une p♡ définitiv.. qui ne vous l♡'e plus de cr÷te. Il est déchu de tous ‹ droits. (1)

169. Caligula exigea que les rom÷ lui rend.. (rendre) des honneurs. Lycurgue, par une de ses lois, av♡ déf♡du qu'on éclair.. (éclairer) ceux qui sort♡ le soir d'un fest÷, afin que la cr÷te de ne pouvoir r*trer chez eux les empêch.. de s'enivr.. Dieu juste! serait-il vrai que tu v... (voir) avec indifférence le crime triomph* et la vertu souffr*.. Sparte ét♡ sobre av* que Socrate lou.. (louer) la sobriété; av* qu'il lou.. (louer) la vertu, la Grèce abond♡ * hommes vertueux. Trajan av♡ pour maxime qu'il fall♡ que ses concitoyens le (trouver) tel qu'il eut voulu trouver l'*pereur, s'il eût été simple citoyen. Les rom÷ ne voul♡ point de batailles hasardées mal à prop♧, ni de victoires qui coût.. tr♧ de s*. La religion, mes enf*, est toujours le meilleur gar* qu'on puis.. avoir des mœurs d'un homme. Épaminondas ay* été blessé à la bataille de Mantinée, il ne permλ pas qu'on arrach.. le fer de sa blessure av* qu'il (recevoir) des nouvelles de la victoire. Le général, informé de la marche de l'armée ennemie, la surpr* de gr* mat÷, et av* qu'elle (pouvoir) se r*ger * bataille.

170. Pour que je (prendre) plaisir à vos lou*ges, dis♡ l'*pereur Julien, à des courtis* qui v*t♡ sa justice, il faudr♡ que vous (oser) dire le contr♡re, s'il ét♡ vr♡. Il n'y a point d'erreur qui, si elles ét♡ r*du..

(1) Pour l'emploi des auxiliaires nous conseillons beaucoup l'usage des thèmes d'imitation sur les règles données par nos meilleures grammaires.

clᵛrem* , ne (tomber) et ne (périr) d'elles-mêmes.
Cyrus disᵛ qu'on n'étᵛ pas digne de comm*der, à
moins qu'on ne (être) meilleur que ceux à qui on com-
m*dᵛ. Dieu a permℓ que des irruptions de barbares
(renverser) l'*pire rom: qui s'étᵛ agr*di par toutes
sortes d'injustices. Encore que les rois de Thèbes (être)
les plus puiss* de tous les rois de l'Égypte, jamᵛ ils
n'*treprirent sur les dynasties voisines. Tous les hommes parl.. de la félicité, mᵛ * est-il un q.. a.. (avoir)
jamᵛ su * quoi elle consiste. Dieu a permi.. q.. les
barbares détruisi.. l'*pire rom:.., et v*ge.. l'univers..
v:cu. Carthage, q..que puiss*te qu'elle f..(être), ne put
résister ⚘ Rom:. Ce n'.. (être) pas les Troyens c' (être)
Hector qu'on poursui.. Choisissez un ami qui pu..
(pouvoir) vous donner d.. bons conseil.. et d.. sages
avis. Mentor q.. crᵛgnᵛ les m⚘ av* qu'ils arriv.., ne
savᵛ plus ce que c'étᵛ que de les cr:dre dès qu'ils
étᵛ arrivés.

171. Vous serez recherch.. d* le monde pourvu que
.. (être) instruit. Nier qu'il y a.. des pᵛnes et des récomp*ses aprᵛ le trépas, c'est nier l'exist*ce de Dieu
puisque s'il existe, il doit être nécessᵛrem* bon et
juste. Les lois de Lycurgue ordonnᵛ que les enf* cou-
chass.. sur la terre nue ; elle exigeᵛ qu'ils fuss.. t§
élevés en commun , et que les fils des premiers magistrats fu.. [être] soumℓ à cet ordre. Ces lois prescrivᵛ
au'i que les filles fu.. mariées s* dot. L'év*gile ᵛ le plus
b⚘ prés* que Dieu a.. pu faire à l'homme, je p*se, je
soupçonne, je crois que vous (avoir) apprℓ les mathématiques. L'homme pour qui t§ renᵛ sera-t-il le seul
qui meur.. (mourir). N⚘ génér⚘ aurᵛ ordonné que
les troupes marchass.. contre l'ennemi, s'ils l'eu..
cru néce'aire. Il aurᵛ fallu que n§ euss.. moins d'é-
gards pour v§ et que nous fuss.. moins :dulg*. Dieu
juste ! serᵛ-il vrᵛ que tu viss.. avec indiffér*ce le crime triomph* et la vertu souffr*te. La religion est la
meilleur.. (consolateur , au féminin) que nous pui..
invoq.. d* le maleur. Encore que les rois de Thè-

bes fuss.. les plus puiss* de t§ les rois de l'Égypte,
jam̌ ils n'(entrepr⅄ sur les dynasties voisines. Le
plus gr* théâtre qu'il y a.. pour la vertu c'est la conscience. Il s*ble que les gr*des *treprises s.. (être) parmi nous plus diffi⁢iles à mener que chez les *ciens.

172. Le seul bien qu'on ne puiss.. pas nous enlever c'est le mérite d'avoir f̌ une bonne ac'ion. A p̌ne
eus-je perm⅄ que v§ sort.. [sortir] de ce lieu, que v§
avez taché d'obtenir que je vous laiss.. (laisser) sortir hors de la maison. Je douť aussi que v§ fuss.. à
même de pouvoir vous abs*ter de chez vous, comme il seř nécessaire que v§ le fiss.. (faire). Des enf*
étourd⅄ devienn.. des hommes vulgair.. ; je ne sa..
(savoir) point d'observation plus générale et plus certaine que celle-là. Qui auř jam̌ cru que v§ fuss..
tré d la c(pagnie de 'es jeunes libert⁚ que v§ pa-
raiss.. t* haïr. Pourvu qu'on sach.. la passion domi-
n*te de quelqu'un on est assuré de lui plaire. Il éť
né'essaire que M. votre père f.. (être) prés* à la dernière représenta'ion de cette pièce. Les plaisirs ne s(
pas assez solides pour qu'(les approfond.., il ne f⚬
que les effleurer. Quoique vous écriv.. évitez la bas-
se'e. Quelqu'effort que fass.. les hommes leur né* pa-
ř part§. Je ne me persuaď pas hier que v§ fuss.. arrivé, ni que vous euss.. pu, * si peu de jours, terminer une affaire d'une si gr*de ⁚portan'e. J'av̌ sou-
̌té depuis longt* que v§ vinss.. n§ voir, je n'ai pas
*core pu obtenir que v§ v§ rendiss.. à m(désir.

21. EXERCICE.

SUR LE PARTICIPE PRÉSENT ET L'ADJECTIF VERBAL (*).

173. Le séjour (1) des ch* eut toujours pour moi
des charm.. j'⏀m.. à voir les troup♣ err* * p⏀ d* les
vastes pr⏀ries; les brebis bêl* (bêl*tes), caress* leurs
t*dres agn♣ bondiss* auprès d'el.., la chèvre capri-
cieu.. grimp* sur les rochers escarpés, brout* les pl*-
tes croiss*, fleuriss* parmi les buissons, ou les bour-
geons naissants de la ronce r*p*..; les lap⸗ timid.., t*-
t♣ réunⅼ* troupes, t*t♣ se dispers* au moindre bruit
et fuy* çà et là; les ois♣, au retour de l'♣rore, ra-
viss* mes oreilles de leurs d§ con'erts, et m'inspir*
un.. t*dre mél*colie. Innoc* anim♣! il n'* es.. point
parmi vous qui prévoy* le sort cruel q.. les hommes
l... prépar.., soient agités des soins inquiét* de l'avenir. La sage nature v.. a refusé la qualité d'êtres p*s*;
ne l'*viez pas: v.. jouiss.. du prés*, v.. êtes heureu..
Oui j'⏀me à voir, et ces bergers ch*t*, jou* leurs ⏀rs
ch*p⏀tres ret*ti'* s§ la voûte résonn*.. d'une grotte:
et c.. jeun.. berg⏀res, les bras *trela'é.. d*s*, cour*
sur la verdure; et cette sour'e cristaline filtr* à travers
l'ép⏀'eur du roc, bient♣ coul* * abond*'e, et dépos*
ses ♣ cour*.. et l⸗pides d* un ba'⸗. C'est là que les
troup♣ mugiss*.. et altérés, fuy* les rayon.. brul*..
de l'astre du jour, trouv.. un.. liqueur rafr⏀chiss*..

(*) Grammaire selon l'académie, numéro 532 et suivants.
Noël et Chapsal, numéro 513 et suivants.

(1) Ce morceau est dû à M. Beschers, grammairien distingué, auteur du traité sur le participe.

Voyez c.. vaste nappe d'♧dorm*; quoiqu'el.. n'♡ aucun cours, les v* agit* sa surfa'e, *tretienne.. sa pureté.

174. Elle est loin de re'*bler à 'es mar♡croupi'*.., exhal* une odeur bitumineu.. et fétide. Des poi'on.. innombrables, viv* d* son s÷, sont destinés à la table du m♡tre. Deux barques vogu* à toutes voiles, et fuy* l'ourag* dont ell.. son.. menacées, cherche.. à gagner le bord. Les v* souffl* avec for'e, mugi'* d* les cordage.., s'oppos.. à la manœuvre. Déjà les vagues, bl*chi'* .. d'écume, tra'.. sur l'onde de large.. sillons. Des br*che.., des feuillages, *portés par un tourbillon, t(b.. d* l'ét* et form.. des débris flottants sur les ♧. Les ois♧ timides, se ra'*bl* * troupes et vol* d'une ♡le rapide; les anim♧ fuy* au hasard; les écl♡rs brill* par intervalle et sillonn* les fl* ténébreux du nuage; la foudre grond* sur nos t♡tes; la terre tr*bl* s§ n♧ pi♡; une pluie m♡lée de gr⁀le, t(b* par torr* voilà l'image terrible, effray*.., qui port.. d* n♧ cœurs la consterna'ion. Que v(devenir n♧ mar÷? Hélas! s'ils l'av♡ voulu ils aur♡ évité leur sort. Une corneille err* à pas l* sur le gravier, l'av♡ annoncé par ses crʌ sinistre. A l'inst* où ils f(leurs efforts pour b♡'er leurs voiles, voiles, mâts, cordages, t§ est *porté. Leurs barques va'ill*tes (p⁀ne à con'erver l'équilibre. Les vagues mugiss*.., s'élev* au-de'us de ces fr♡les *barcations, v(les *gloutir. Cep*d* l'÷pétuosité du v* les pou'e vers des roche.. mena'*.. qui ferm.. le bass÷. Cr♡gn* de se voir briser, n♧ jeune.. n♧toniers, s''él*ç* à la fois, nage* avec ardeur, aborde.. sur le sable, tout dégout*.. d'♧, défaill*.., presque expir*.. de faible'e et de fatigue. Les bat♧ fraca'és, les mats, les voiles, poussés par le v*, et flott* vers la rive, offr.. le tabl♧ d'un n♧frage.

175. La br*che des Valois ét* ét÷te, Henri de Bourbon Navarre pren♡ la couronne comme desc*d* de Louis IX; le tr♧ne lui ay* été disputé, il c(battʌ con-

tre une armée quatre fois plus n(breuse que la sienne.
Batt* ses ennemis à la journée d'Arcques et peu après à
celle d'Ivry, il comm*ç* à s'immortaliser. C'est à cette dernière action, que conduis* ses soldats au c(bat,
il leur dit ces belles paroles : Enf*, si vous perdez vos
seignes, ralliez-vous à mon panache bl, vous le trouver.. toujours au chem: de l'honneur et de la gloire.

La voie de l'humanité se fais⊽ toujours *t*dre à son
cœur, il cri⊽ en poursuiv* les ligueurs fuyards: Sau-
vez les Fr*çais.

Le parlem* de Paris déf*d* sous p⊽ne de mort toute proposi'ion d'accomodem* souten⊽ la guerre. Henri v: mettre le siége dev* Paris. C'est alors que les Parisiens éprouv* toutes les horreurs de la famine, fur..
réduits à f⊽re du p: avec des os de mort pulvérisés.
200000 hommes l*guiss* d* le besoin aur⊽ succombé
à des souffr*ces accabl*.., si le roi compatiss* n'eût
perm⌐ que les bouches inutiles se retirass.., et que ses
officiers compl⊽s* laissa'ent *trer des vivres pour leurs
amis.

176. Deux pays* intrig* all⊽ être m⌐ à mort pour
avoir apporté du p: ⚬a'iégés : ces malheureux se jett*
⚬ pieds du roi* lui représ*t* qu'ils n'av⊽ pas d'autres
moyens de gagner leur vie. « Allez en p⊽, leur d⌐
Henri, en leur donn* t§ l'arg* qu'il av⊽ sur lui : Le
Béarn⊽ est p⚬vre, s'il * av⊽ dav*tage il v§ le donne-
r⊽ ». La résist*'e des Parisiens, *couragé.. par les secours du roi d'Espagne, for'a les assiégé* à se retirer.

Des m⚬ accabl*.. pour la France, résult* de l'opiniâtreté des Parisiens, trouvèr.. un terme d* l'acquies-
cem* d'Henri iv au désir de la na'ion. Ce roi abjur*
solennellem* la religion protest*.. à S:-Denis, f⌐ son
trée triomph.. d* la capitale, et signala son retour
par des actes de bonté et de clém*ce.

D* sa persist*.. rebellion, le duc de Mayenne s'ét⊽
joint ⚬ Espagnols; il fu.. poursuivi par Henri qui,
avec une poignée de combatt*, le v:qu⌐ à Fontaine-
Fr*çaise. Le généreux monarque, perd* pour toujours
le souvenir de l'off*' du v:cu, reçu.. sa soumission, et

le traité de Vervins, mett* bient⚬ un terme à la guerre, achev.. de rétablir une tr*quillité bienfais*..

177. La France alors recueill* au s⁚ d'une p͞v rassur*.. les fruits d'un gouvernem* paternel, v⅄ régner s§ un ministre ⁚telligent, probe, et économe, un ordre dont elle ressent͞v le plus press* besoin. L'acquittem* des dettes et l'embellissem* de la capitale ajoutèr.. *core à la gloire du bon roi et du sage ministre, dont le souvenir accompagnera celui d'Henri chez nos descend*.

Alors fu.. donné l'édit de Nantes qui, r*d*⚬ Calvinistes le libre exercice de leur religion, contribua ⚬ rétablissem* de la tr*quillité publique. Cet édit concili* fu.. approuvé par les Protest* et par les Catholiques.

T*dis que la France floriss*.. goût͞v sous un roi adoré les bienfais*.. dou⸱eurs de la p͞v, un gr* nombre de conspira⸱ions se form͞v contre Henri IV, à la vie duquel l'infâme Ravaillac osa mettre un terme. ⁚si pér⅄, au milieu de son peuple, ce roi dont les dispositions bienveill*.. fais͞v la joie et le bonheur. Henri clém*, généreux et toujours oblige*, plein de valeur et de fr*chise, fu.. regretté de la na⸱ion *tière. La maxime de ce roi naturellem* indulg* ét͞v de gagner par une douceur oblige*.. les esprits les plus récalcitr*. On l'exhort͞v à tr͞vter avec une rigueur étonn*.. quelques villes tr⚬ obéiss*.. à la ligue, et qu'il av͞v soumises par la for⸱e. La satisfac⸱ion que donne la v*ge*⸱e ne dure qu'un mom*, dit ce généreux prince, m͞v celle que procure la clém*⸱e est éternel..

Voir la note 18 page 101 de ces exercices, pour les mots qui échappent à la loi de dérivation : abstergent, adhérent, conférence, divergent, équivalent, évident, excellent, existence, influence, négligent, précédent, préférence, président, résident, application, communicable, convaincant, embarcation, fabricant, praticable, suffocant, vacant, extravagant, fatigant, fringant, intrigant, conjugaison etc., etc.

21ᵉ EXERCICE.

SUR LE PARTICIPE PASSÉ. (1)

*Dans cet exercice les finales des participes seront
remplacées par des points ; ce qui aura principale-
ment lieu pour ceux qui appartiennent aux verbes
de la première conjugaison ; quant aux autres
nous n'en donnerons quelquefois que les initiales
suivies de l'infinitif, placé entre parenthèses, de
manière que l'élève aura à s'occuper, non seulement
de l'accord, mais encore de la formation du mot.*

— N'oublions pas que le signe (remplace le son *on*
en général.

178. 1º CAS SIMPLES. — Si donc Dieu a lᵛss... les
pa'ions des hommes se déchᵛner contre la religion,
et que cep*d* c.. religion se soit toujours conserv...
pur.. d* une so'iété pr:cipale et domin*.., c'est un
miracle. Or p*d* dix siècles, le Christianisme a s*ce'e
été agit... par les hérésies, les schismes, les scanda-
les, les persécu'ions et les entreprises des puiss*ces
séculièr.., comme par aut* de t*pêtes, et cep*d* la religion s'est conserv... d'une manière miraculeuse.

Nₒ voyageurs élev... d* le s: de la chrétienté, trₒ
frapp... de c.. extérieur de religion et des vertus humᵛnes qu'ils voi.. chez les :fideles, * revienn.. quelquefois ébr*l..., et dispos... à croire t§ :différ* en matière de religion. Quelle devᵛ être la t*ta'ion de c..

(1) Voyez à la syntaxe de votre grammaire le chapitre qui traite
du participe passé, c'est le neuvième dans celles que nous avons
indiquées.

p°vres chrétiens ! nés s§ leur pui'an'e, et obligés à y
pa'er t§ leur vie, qui ét⌵ presque toujours d* l'op-
pre'ion ; et voy⌵ leur fortune assur... en quitt* la foi
de leurs pères ! Il est étonn* qu'ils ne se soi.. pas t§ per-
vertʌ, et le gr* nombre q.. en reste *core par t§ le
Lev*, au b§ de mille *, est une preuve éclat*.. de la
for'e de l'Ev*gile et de la f⌵ble'e du Mahométisme.

(FLEURI, *Mœurs des Chrétiens orientaux*).

179. Le départem* du Calvados ⌵ b⌵gn... au nord
par la M*che, arros... par l'Orne, la Touque et la Di-
ve ; ses côtes sont bord... de °tes fal⌵se.. ; il est travers... par des montagn.. peu élev... Des mine.. de
houille sont r*ferm... d* ces montagn... Des chev° de
belle ra'e sont nourrʌ d* ses vallées. L'ʲdustrie y est
très-vari... et le commer'e très-ét*d...

Le départem* de la Lozère est travers... du sud °
nord par une partie dés Cévennes nomm... montagnes
du Gévaudan, dont le point le plus élev... a donn...
son n(au départem*. Ces montagn.. s(couronn...de
chât⌵gniers ; elles abond... en gibier, et r*ferm... plus
de rich⌵'es minéral.. en t§ g*re qu'aucune °tre contrée de la France. Ses vallées rich.. et vari.. s(fertilis...
par le Lot, le Tarn et l'Allier.

Beauvais d* le départem* de l'Oise a souten... en
1472, un siége fameux contre Charles-le-Téméraire;
les femmes s'y s(distingu... s§ la conduite de Jeanne
Hachette. Metz sur la Moselle est une ville fort.. qui
fu.. déf*d... avec succès ; par le duc de Guise contre
Charles-Quint en 1552.

180. Ne croyez-v.. pas que c.. homme sera surprʌ de
trouv,.. à la c*pagne une p⌵ ʲtérieure qu'il n'a p...
(*p. p. de* pouvoir) goût... ailleurs. Trois matel° de
notre v⌵° se s(jet.. à la mer, et (mieux aim... s'exposer à péri... d* les fl° que d'être emmen... prisonn-
ni.. * Angleterre. Leur adre'e les a sauv... : après
av... lutt... p*d* une heure contre les fl°, ils on.. re-
join.. une *barcation qui les a re'u... et qui leur a don-

n... asile. Les gé*, enf* de la terre, s'ét͞v révolt... coutre Jupiter, m͞v ils fur.. terra'... et accabl... sous les montagn.. qu'ils av.. enta'... d* l'espoir d'escalader le Ciel. Thésée voulu.. être du n(bre des victimes que les Athéniens *voy͞v au Minotaure, d* la résolution qu'il av͞v pris... de périr ou de déliv... sa patrie d'un tribut si odieux. Il eut s* doute p... (périr) dans c.. *treprise glorieuse s* l'averti'em* d'Ariane, qui lui fi.. attach.. un fil à l'*trée du labʌr-the où ét͞v r*ferm... le Minotʌre.

INVERSIONS (1). — T§ humili... de leurs fʌtes, ces enf* n'osèr.. se prés*ter. Perd... (perdre) dans l'esprit public, ils perdir.. t§ crédit. Noyé... d* la débʌche ils périr.. au print* de la vie. Assaillʌ par une troupe de scélérat.., ils all͞v succomber sous leurs c§, s* l'arrivée de six g*darme.. Pris au dépourvu, ils ne pur.. se déf*dre. Voici les lieux où ét͞v renferm... les 'endres de ses *'êtres. Ce fu.. d'abord en Égypte qu'en'ensé... par les hum: de vil.. idoles parur.. sur les autel..

Participe passé suivi d'un adjectif, d'un nom pris adjectivement ou d'un autre participe passé. (2)

181. Le long usage des plaisirs les leur a rendu... inutil..

Dieu, en cré* les :dividus de chaque espè'e d'animal et de végétal, a non seulem* donné la forme à la pou'ière de la terre, m͞v il l'a r*du... viv* et anim... *(tiré de Buffon).* D'où vien.. dʌ-je à Narbal que les Phéniciens 'e 'ont rendu... m͞vtres du commerce ? — Combien de fois elle a remerci... Dieu de l'avoir fai... chrétienne ? Madame de Sévigné s'est rendu... célèbre par le naturel et les grâces de son stʌle. Ils pou'ère...

(1) Dans ce cas, on sait qu'avant de s'occuper de l'accord on doit rétablir la phrase dans l'ordre grammatical.

(2) Dans ce cas, il semble qu'il existe entre le participe et l'adjectif qui le suit une liaison telle que l'absence d'un de ces deux mots bouleverserait le sens de la phrase,

des cr٨ de joie, en renvoy* les compagn(qu'ils av꜀
cru... perdu... Les hommes que Dieu av꜀ cré... innoc*
se s(perverti... Les monarques doiv.. être justes comme cel.. qui les a f꜀ roi... Voici des vérités que j'ai cru...
digne.. d'être annoncé... ⚘ hommes. Les trois personne-
ne.. de la Trinité se sont-el.. f꜀.. hommes? Non, il n'٨
a que le fils qui se soit f꜀ homme. Les enf* que vous
avez trouv... endorm... d* la pr꜀rie son.. c.. du fermier. Les elève.. qui se son.. montr... docile.. on.. été
récomp*'é... C.. officier a rend... compte des postes
qu'il a trouv... vac*..

Verbes neutres. Quelques deviennent accidentellement actifs.

182. Ces personne.. n'on.. point écout.. les b(conseil.. que vous leur aviez donn..., aussi leurs intér꜀
ont s⁚gulièrem* souffer... Ces jeunes hommes aur꜀
véc... (vivre) plus longt* s'ils euss.. été plus sage..
Ceux qui ont march... t§ le jour s(bien fatigu... le
soir. Les recherches sav*.. de Lalande n'on.. pas peu
contribu.. aux progr꜀ qu'a f꜀ la scien'e des mathématiques. Ces dames on.. toujours véc.. (vivre) en
bonne ⁚telligen'e. Ces deux personnes se son.. parl..
pend* un quart d'heure. Les six * qu'il a régn.. son..
une ch꜀ne de malheurs. Ils se son.. nui les uns aux
autre.. Trois * se son.. écoul... depuis le départ de mes
par*. Malheureusem* les vivres nous ont m*qu... plus
de huit jours. La loi a pass..., les ch*bres l'ont adop-
t..., le peuple sera satisf꜀.

Que de d*gers n'ont pas cour... [courir] nos braves
soldat..! Conn꜀ssez-v.. tout.. les routes q.. n.. avo..
couru...? Combien d'heures n'avons-nous pas pass...
agréablem* à l'étude. Cette m꜀son de c*pagne a val...
[valoir] six mil.. fr*, m⁚ten* je n'en donner꜀ pas 4.
La l*gue fr*çaise est à prés* parlé.. d* t§ les Cours
d'Europe. Tels sont les honneurs que mon hab٨ m'a
val... La p*dule que l'on n.. a monté... hier s'est de
nouv٨ dér*gé...

Participe passé d'un verbe impersonnel; participe passé entre
deux *que.*

182. Il est passé six voitures. Il est arriv.. deux
courrier.. extraordin⊽re. Les m⚘v⊽ t* qu'il a f⊽ cette
sem⊽ne n§ ont *p⊽ch... de sortir. Il est survenu des
évènem* fâcheux. Il a été prépar... une bel.. f⊽te pour
recevoir les prin'es. Il v.. sera prés*té un jeune homme fort ⫶téress* que j'ose v.. recomm*der. Il fut ser-
v... (servir) sur la table deux poules excell*.. Il v§
a été offer... plusieurs postes av*tageux. Il a f⊽ des
chaleurs exce'ives c.. été.

Les nouvell.. que n.. avons *t*d... que v.. racontiez.
La f⚘te que j'ai prév.. [prévoir] que vous feriez. Les
voiles que j'ai voul.. que v.. déchirassiez. Les mathé-
mathiques que v.. avez voul... [vouloir] que j'étudias-
se m'ont val... [valoir], une place distingu... au concours. Ne pourr⊽-on pas écrire avec accord : les lettres que je n'ai reçu... que ce mat⫶ ? et, les juges que
j'ai persuad... que v.. êtes innoc*, v.. sero.. favorables.

Le peu. Le peu de fortune que mon oncle m'a l⊽ss..
est le fruit de ses économi.. Le peu d'application qu'il
a donn... à l'étude a f⊽ son bonheur. Je ne parler⊽
pas du peu de capacité que j'ai acqui... et qui m'a si
bien ser.. [servir].— *Mais on doit écrire* : le peu de
confi*ce que v.. m'avez témoign... m'a ⚘té le courage.
Le peu de succès que j'ai obten... m'a rebut... Le peu
d'affection qu'il m'a témoign... m'a intimid...

Participe passé suivi d'un infinitif.

183. Madame, les secours que v.. avez ⫶plor..., je
v.. les ai v... [voir] refuser s* pitié. C'⊽ une forti-
fication que j'⊽ apprλ à f⊽re. Voici la route que j'⊽
résol... de suivre. Les bon.. livres que v.. avez néglig-
g... de lire, v... aur⊽ formé l'esprit. Combien d'hommes retombe.. d* les f⚘tes qu'ils ont résol... d'éviter
Les recherches sav*tes de Lalande n'ont pu que contribu.. aux progr⊽ de la sci*'e. Voilà les enf* que j'ai

vu... tomber. Voici les prédicateurs que n.. avons en-
t*d... prêcher. Votre mère n'⍹ pas d* sa ch*bre, je l'ai
v... sortir. Les dames que j'ai ent*d... ch*ter. Les
deux * qu'il a *ploy... à étudier le droit ont été perd...
pour lui. Les blés que j'ai v(voir) moissonner; les lettres que j'⍹ *tend... lire; les reçus que j'⍹ v...[voir]
f⍹re. Les d*gers que v.. avez s[savoir] éviter; voici les
papiers qu'on m'a recommand... d'apporter. Je les ai
l⍹'... terminer ce qu'ils av⍹ commenc... Nous les
avons entend... crier au secours. J'en suis encore ♣
difficultés que vous m'avez donn... à résoudre. J'ai
rend... à cette personne t§ les services q.. j'ai dû[s-e :
lui rendre]. J'ai f⍹ pour el.. t§ les démarches q..j'ai
pu[s-e : faire]. Un gr* nombre de rois qui av⍹ pass...
sur la terre pour des rois a'ez bons, av⍹ été condamné... ♣p⍹nes du Tartare, pour s'être laiss... gouverner par des hommes méch* et artifi'ieux.

Participe passé précédé de en.

184. Ces pêches ét⍹ mûres, nous en avons cueill...,
vous en avez mang... à votre de'ert; en voici cep*d*
quelques-unes que nous n'avons pas trouv... bon..,
nous les avons mi... de côté. Voici bien des parti'ipes
pa'és, nous n'* avons f⍹ accorder que quelques-uns
parce que le pronom en n'* a pas *pêché l'accord. —
N.. avons l... (lire) [dans Télémaque : Idoménée a f⍹
de gr*des f♣tes; m⍹ cherchez d* les pays les mieux
policé... un roi qui n'* ai pas f⍹ d'inexcusables.— Ces
♣teurs on.. écri... sur l'agriculture; d'autres en ont
trait... en prose. — V.. me parlez de la superstition
des Italiens, j'* ai b♣c§ v...(voir) qui ét⍹ philosophes. Je n'irai pas d* ce pays, car mes meilleurs amis
en sont tous reven... (revenir) très-malades. Cette
guerre a été désastreu.., plusieurs de mes camarades
en on.. rapport... des blessures bien grav.., d'autres y ont trouv... la mort. — Louis xiv a f⍹ lui seul
plus d'exploits que d'autres n'* ont l...[lire].
Hélas ! j'étais aveugle en mes vœux aujourd'hui;
J'* ai f⍹ contre toi qu* j'* ai f⍹ pour lui. [Corneille].

Des fleurs? il * a cueill... — Des fruits? il en a m*-
g... — De bons *teurs? nous en av.. lu. — Des robes? elles en on.. achet... — Des projets? v.. * avez
f^v (*Napoléon-Landais*). — Cassius ne cherch^v d* la
perte de César que la v*ge*'e de quelques injures qu'il
* av^v reç... (*recevoir*).

**Participe précédé de la plupart, combien etc. (1), vu, approuvé,
certifié, ci-joint, ci-inclus, etc.**

185. Combien en a-t-on v[*voir*], je dis des plus hup-
pés à souffler d* leurs doigts, d* ma cour occup... —
Combien d'arbres a-t-il plant...? Que de rosier.. il a
cultiv...! Ah! que de b* or*gers il a conserv...—O mer
tr(peus..! C(bien d'hommes tu as s[*séduire*]! C(bien
tu en as dévor...! La plupart des bataillons se son..
couve... [*couvrir*] de gloire. N.. savons bien que le
mot *en* ne s'oppos.. pas const*m* à l'accord. Ils m'ont
offer... des secours je les en ai remerci...; je les en
av^v prié... Qu* à cet.. aff^vre nous n.. en sommes
charg... Ceux-ci s'en sont éloign... parce qu'ici ce s(
eux, s* restriction, qui sont remerci..., prié..., char-
g..., éloign... Combien de meubles j'ai achet... Combien j'en ai v*d... Que de lettres j'ai reçu... Combien
j'en ai écri... Combien de pages n'^v-je pas écri...

Vu l'abond*'e des matière.. Vu les retards que n..
avons éprouv... V... [*voir*] la saison avanc... — Cer-
tifi... la prés*té copie conforme à l'original. Approu-
v... l'écriture ci-dessus. Vu la légalisa'ion de la signature. Suppos.. t§.. ces chose.. vrai..—Y compris la
somme que nous avons déjà reçu... Ci-joint 2 m*dats
à votre ordre. Il n'en sera pas de même d* une tête
vu... en profil. Votre prés*'e sur les lieux estcer-

(1) *Combien* et *que de* indiquent nécessairement plusieurs unités,
ils ne s'opposent point à l'accord. Si *en* signifiant *de cela* s'y sous-
trait quelquefois, c'est qu'il ne représente certainement pas toujours
plusieurs unités entières, mais seulement des portions d'unité, ou
des individus autres que ceux qui sont cités dans la proposition pré-
cédente. (*Combien d'hommes tu as dévorés! Combien tu en as dévoré!*)

tifi... L'écriture a été approuv... Les pièces ci-join...
sont exactem* cel.. que vous m'avez demand... Les
certificats ci-inclu... sont en règle.

Participe passé d'un verbe essentiellement pronominal. (20)

187. Les cré*ciers se sont absten... de diriger des
poursuites contre lui. Nous nous sommes repent...
d'une démarche ⁚considéré.. Mes espér*'e.. se sont
évanou... Nous nous sommes absten... de ces mets.
—Ils se sont adonn... à l'ivrognerie. Elles se son..
agenouill...—Pourquoi se son..-ils accroupⲁ? Ils se
son.. t§ blott... d* un coin. Pourquoi vous êtes-vous
moqu... de ces malheureux? Ces gens se son.. t§ par-
jur... V§ v§ êtes prostern... au pied de l'⚜tel. Ceux-
ci se sont mieux acquitt... de leurs devoir... V§ v§
êtes opiniâtr... fort inutilem*. Madame, v§ v§ êtes
ravis... fort à propos. Les acquéreurs se son.. récri...
à bon droit.—Où se son.. donc réfugi... ces voyageurs? On dit que les prisonniers se son.. évad...
Deux d'*tre les fugitives, dit-on, se ser⃞ évanoui...
Si vous aviez vu comme ces visiteurs se sont extasiés.
Considérez donc que l'⚜ des ch⚜dières s'⃞ presque t§..
évapor... On dit que v§ v§ seriez fortem* gendarm...
contre n§, si n§ n§ étions méfi... de v⚜ disposi'ions.
Qu* même la m⃞son se ser⃞ écroul... on prét* qu'il
n'en ser⃞ pas sort...

---

(20) Voici une liste de participes de verbes pronominaux essentiels d'après Domergue :

Abstenu, accoudé, accroupi, acharné, adonné, agenouillé, agrif-
fé, aheurté, amouraché, arrogé, attroupé, blotti, cabré, carré,
comporté, (conduit), défié, dédit, démené, désisté, dévergondé, ébahi,
éboulé, écroulé, embusqué, emparé, empressé, s'en étant allé, en-
canaillé, enquis, enquêté, escrimé, estomaqué, évadé, évanoui
évaporé, évertué, extasié, formalisé, gargarisé, gendarmé, immis-
cé, industrié, ingénié, ingéré, mécompté 'méfié, mépris, moqué,
opiniâtré, parjuré, prosterné, racquitté, ratatiné, ravisé, rebel-
lé, rebéqué, récrié, rédimé, refrogné, réfugié, remparé, rengor-
gé, repenti, s'en étant retourné, souvenu.

22e EXERCICE.

—

SUR LES HOMONYMES (1) ET SUR LA DÉRIVATION.

188. Assieds-toi et montre-n§ tes outils d'a'ier. Ton affaire est mauv▽se. Tu as à faire à un scélérat. il f꜀ que tu ailles chercher de l'ail. Mon frère pren▽ l'▽r sur l'▽re ; il caus▽ avec n§ des ▽res divers.. des peuples, lorsque Gustave qui ▽re sur t§.. les dates, v⁚ d'un ▽r de suffis*'e nous dire que l'▽re des ol⁚piades est postérieure à celle des Mahomét*.— ▽ bon courage, mon ami, place ces ▽ contre le mur qui ▽ au b§ de la ▽ d'Aliziers.— Celui qui te ▽ n'▽ pas là.— Le bourrelier a perdu son hal▽ne ; l'hal▽ne de ce fumeur est ⁚supportable.— Les alent§rs du lac de Genève s(très-ri*..; que veul.. c.. hommes qui rod.. alent§r.— Nous allions à la c*pagne lorsque nous r*contrâmes un p☼vre t§ couvert de haillons.— Cette serv*te a payé une forte am*de pour avoir volé un sac d'am*des.— Je ne s▽ où mon ami a mλ l'amλque la serv*te a repa'é pour M. le curé.— Il λ a un * que j'ét▽ * Belgique.— Voic' une *cre d'espér*ce ; voilà de l'*cre pour écrire.— S꜀ⁱ

---

(1) On a enfin compris avec raison l'importance de placer sous les yeux des écoliers les homonymes de notre langue. Nous osons dire que ce n'est pas assez de les leur montrer , parce que les élèves se bornent à une considération stérile, et ne s'occupent qu'imparfaitement du soin d'acquérir cette connaissance ; il fallait des exercices sur cette matière , et des exercices tels que la curiosité de l'élève fut vivement piquée. Nous pensons que ces devoirs , qui doivent être un peu amusants, pourront remplir ce but, et qu'en cette considération on nous pardonnera , nous l'espérons , les locutions originales que nous sommes dans le cas d'employer.

tu *tre d* ces *tres sauvages, tu seras *tre la clarté brill*.. du jour et l'obscurité la plus profonde.— Un jeune homme d'Anvers voul⚘ soutenir *vers et contre t§ que son pays est plus b♧ que le nôtre.

189. Le § est un arbre toujours vert, la § est un instrum* de vigneron, et le mois d'§ est le huitième de l'année.— Les appa.. trompeurs de la b♧té humaine s(un appâ.. d*gereux pour la vertu.— C'est apr⚘ avoir donné l'appr⚘ à ces étoffes que vous les pliât.. en pièces. Les locataires donn.. des ar..; les sav* cultiv.. les ar..; les vanniers vendent les harts; les vétérin⚘res saign.. les chev♧ ♧ quatre ar.. Si une ar⚘te de poi'on s'arrête au gosier elle peut y causer une inflammation d*gereuse.— ♧ mom* où l'♧ ser⚘ si nécessaire pour arroser les ♧ qui croi'ent ♧ ♧ de votre jardin votre ruiss♧ est à sec. Voici un homme décharné qui n'a plus que la p♧ et les ♧; ♧ qu'il est maigre !— C'est s§ v♧ ♧spices que ces pauvres bless.. s(entré.. à l'♧spice. En nous ♧t* de cette place, n§ ne ser(pas ♧t* exposés à la fureur de l'♧t*, qui souffle aujourd'hui avec plus de fureur que jam⚘. Monsieur le Comte quitta son ♧tel de bonne heure pour se r*dre ♧ pied de l'♧tel où l'att*d⚘ le roi du Ciel. C.. ♧teur *(qui porte la hotte)* demeure sur la ♧teur qui domine la ville; on dλ qu'il a la prétention de devenir ♧teur. Je serai rendu chez vous av* l'av*, ÷si n§ pourrons pa'er ens*ble les fêtes de la Noël.

190. Ba.. ! est-ce que ce march* de ba.. demeure au ba.. de la maison que vous habitez? vous logez cet homme si ba.., ce misérable qui ba.. sa femme, qui ose lui faire porter le bâ.. de son mulet.— Hier en ven* de me b⚘gn.. je m*geai des b⚘gn⚘ que la serv*te av⚘ f⚘ frire. Il f♧ que l'on bal⚘ la salle où l'on donnera un bal⚘ *(espèce de danse)*.— Notre pauvre bard♧ a une charge tr♧ lourde; cet.. m⚘son est couverte de bard♧ *(singulier)*.— Votre fusil n'a plus de bassin⚘. On bassin⚘ *(imparf.)* les j*bes de son cheval.—

.e gr* b☙ de ce brick est rompu. Vos b☙ à ferme ser(
uls par cette clause. Vous avez là un b☙ b☙ pour la
ha'e au cerf, d'autres dir▽ un b☙ chien muet parce
qu'il ce'e d'aboyer qu* le cerf vien . au ch*ge. C..
▽te nous apporte du cerfeuil t*dis que nous lui avions
em*dé quelques feuilles de b▽ttes *(poirée)*. — Le bi▽
ui conduit l'☙ au moulin est creusé en bi▽ *(oblique-
ent)*. — Croyez-le assez b(pour ne pas vous for'er
ar le ch* au paiem* des b(que v.. lui avez souscrⅼ.
oy.. donc les jolⅼ b(que f▽ cette chèvre. — Au b§ de
e chemin est un gr* tas de b§. Voy.. donc si votre p☙-
u-feu b§ assez vite. — On appel.. brig* un voleur de
r* chemin. C.. honnête citoyen vⅼ cont* de peu, ne
rigu* aucun *ploi.

191. Votre but est m*qué. Cette but.. de maréchal
err* ne v☙ plus rien. Montez sur c.. but.. *(élévation)*
ous verrez mieux la 'ène comique. — Ne craignez-
ous pas les cah☙ de la voiture. Ce mél*ge est un vr▽
ah☙. — Qu* à moi qu* j'ét▽ au c* pr▽ la ville de C* je
l'occupai à faire des c*c*, c'ét▽ un amusem* qu* di-
ites-v.. — N.. av.. traversé divers can☙ de Fr*ce, d*
e petⅼ can☙ a'ez légers qui fes▽ le trajet d* un inst*.
e me hâte d'écrire car je n'ai plus qu'1/4 d'heure
v* le départ du courrier. — Ce joueur conn▽ mieux
s cartes que vous. En terme d'escrime on porte une
otte en carte. La quarte est au'i la soix*tième partie
e la tierce, etc. — Cet étr*ger est '⁝ d'une belle '⁝tu-
e; on le dir▽ un s⁝ personnage, il a égalem* l'air
rt s⁝ *(d'une bonne santé)*. Sur son s⁝ brille une gr*
roix d'argent. On dⅼ qu'il vient d'apposer son s⁝ au
as d'un acte par lequel il concède c⁝ mille fr* ☙ pau-
res de cette ville. — Les 'elerⅼ qui ont été arrachés
u jardin ont été trouvés cachés d* la 'ellerⅼ. — C'est
el.. qui v* du 'el qui a volé la 'el.. de votre cheval.
n appelle 'elleur l'officier qui 'elle ou qui met le sc☙
une lettre. — Voici le batelier qui n.. a f▽ passer la
▽ne, le peintre qui a p⁝ la '▽ne *(souper divin)*, l'ac-
eur qui fut renversé sur la '▽ne, et la per'onne si
▽ne que nous vîmes chez votre cousin.

492. Vos ‘* sont libres, votre ‘* est pur, v.. êtes ‹*
infirmité, croyez-moi, vos affaires ‹‘* trouveront bien,
ce voyage de ‘* lieues dans le Nord, v.. sera salut▽re ;
d'ailleurs votre cœur ne ‘*-il pas d'av*ce le plaisir que
v.. éprouver.. en revoy* à ‘*s (*ville*) votre fils chéri.
— Dans la dernière ‘e‘ion de c.. ass*blée, je fis ‘ession au conseil d'un terr: qui lui convient très-fort.
— Il y a sur c.. ch▽ne de montagnes des ch▽ de toute
b⚘té. — L'orateur en ch▽r.. s'élev▽ avec raison contre la bonne ch▽r.. On dit, mon ch▽r que la ch▽r du
fais* coûte ch▽r. — J'aime ent*dre en pl: ch* le ch* du
rossignol. —Faut-il encore que par le ch⚘ qu'il f▽ ⚘-
jourd'hui n∴ allions respirer l'⚘deur de la ch⚘ que
mouillent les ouvriers ? — Il chant▽ au chœur quoiqu'il eut le cœur brisé par la douleur de la mort de
son ami. — Le chr▽me sert à la confirmation ; la cr▽-
me du lait est salutaire à la poitrine. — L'artiste dont
l'atelier est s⅄s d* la rue, au numéro 6 t'*voie dire
si tu peux lui pr▽ter ta sc⅄. — Je ‘ite en pa‘* les b⚘-
tés de ces ‘ites pittoresque.. Anacharsis ét▽ un jeune
Scythe.— La clef de votre serrure est sur la cl▽ où l'on
met sécher les figues.

493. Les cl⚘se.s de cet acte sont très-bien rédigées.
La sé*‘e fut cl⚘se à 4 heures du soir. — Ce vétéran
c(t* sur l'attention de son jeune auditoire l'amuse, en
lui c(t* l'histoire de ses c*pagnes, et les *f* t§ c(t* de
lui, le prie de continuer.— Monsieur le C(te, dis▽ un
ouvrier, f▽tes-moi mon c(te au lieu de me réciter un
c(te. — Tout mon cor.. se re‘* de la douleur que me
f▽ éprouver un maudit cor (*durillon*). — Je me suis
fracturé une c⚘te. Chacun paya sa c⚘te-part. — Le
cheval du fermier qui a donné un c§ de pied au c§ de
Jules. — Quel est cet homme en habi.. c§r.. qui est d*
la c§r. — Ces fruits sont cru.. Qui aur▽ jam▽ cru que
la cru.. des ⚘ f⅄ t* de mal. — D▽ que n.. aurons assez
du produit d▽ recettes de la paroisse nous achèterons
un d▽ pour la procession. D'un c§ de d▽ Paul a perdu
‘* fr*. Le Dey de Tunis est un bel homme. — Le mal
de d* est affreux. La peine du d* ne peut être appré-

ci.. que d* l'*fer. Il ser͡ᵛ dur d'* faire l'expéri*ce. —
Le m*ger me dég§te. L'eau dég§tte dü pressoir. — J'ai
le de'⁚ de faire un joli de'⁚ pour *cadrer les litanies
des ⁚. — C'est en différ* de jour en jour de vérifier
ces différ* titres qu'il s'est élevé entre nous un différ-
r* très-facheux.

194. Le médecin doi.. venir visiter mon frère, je
lui montrerai le mal que j'ai au doi.. — Tu seras d(
obligé de faire un d(à l'homme d(tu as reçu un si
gr* servi*e. — Je lui criai : je paier͡ᵛ mon éc⅌ et l'éch⅌
le répét͡ᵛ. — ͡ᵛ l qu'est-ce que cela, ͡ᵛ l venez donc ici:
on vous appelle ͡ᵛ vous ne venez pas? il ͡ᵛ trop tard
dites-vous? Je vous ͡ᵛ dʟ que j'͡ᵛ à vous parler d'une
aff͡ᵛre ⁚port*.. Moi v§ haïr ! oh, non, je ne v§ ͡ᵛ pas. —
Si ce pays* *te aussi bien les arbres que ce qu'il *te les
cabarets il gagne au moins en greff* ce qu'il perd * se
soul*. — L'͡ᵛ de cette bal*'e a été faite par un serrurier qui est né d* la ͡ᵛ [Allemagne]. ͡ᵛ-ce qu'elle
est bien travaillée? ͡ᵛ 'e flé⅌ ͡ᵛ t-il aussi son ouvrage?
Prends ce ch*delier d'ét⁚ et va me choisir parmi ces
balles de l'͡ᵛne quelq.. mèches d'ét⁚. N'ét⁚ pas la lumière. — Et* arrivé à la m͡ᵛson blanche, qui est sur
le bord de l'ét*, tu trouveras la femme qui ét* notre
linge. — Si vous priez avec humilité v.. serez ex⅌'és.
Le mur de votre jardin n'a pas besoin d'être ex⅌'é. —
Cet élève est f⁚, il f⁚ d'avoir f⁚ av* la f⁚ de la cla'e
af⁚ de sortir plus t⅌ que les autres. Ce fabric* a été
pris en fabri.. (fabriquer, *p. prés.*) frauduleusem*.

195. Ceux-ci tuèr.. le s*glier et n'eure.. cep*d* que
le hure pour leur p͡ᵛne. — Ce f͡ᵛ est lourd; il f͡ᵛ bien
ch⅌: c'est un f͡ᵛt cert⁚; f͡ᵛ tout ce que tu pourras. —
En f͡ᵛs* ma ronde, j'ai trouvé ce f͡ᵛs*, je te le remets,
f͡ᵛ * ce que tu voudra.. — F͡ᵛte..-moi le plaisir de me
dir.. si ceux qui habit.. sous le f͡ᵛte de c.. maison
célèbr.. aujourd'hui une f͡ᵛte. — On a trouvé un trésor en creus* une f⅌'. C'est une f⅌' nouvelle. —
Ce bruit est fatig*. C'est en fatig* les autres qu'on se

r* insupportable. — On a mis du ferm* d* la pâte ;
c'est en ferm* la porte qu'il s'est f▽ mal ; on appell..
ferrem* un outil de fer. Ma foi j'ai t* mangé de ce m⚬-
dit foi.. tandis que je demeur▽ à Foi.. (ville), que
je n'en m*ger▽ plus une seule foi.. m⚬ten*, qu'* pour
m'en f▽re avaler, on me donner▽ des coups de fou..
— Voici ceux qui fourni' des f(à ceux qui f(les f(
baptism⚬ de la paroi'. Quel métal f(-tu d* le f(de ton
creuset ? — Le fr▽ du navire te regarde, je me charge des autres fr▽. Celui-ci pr* le fr▽ sur la porte de
sa m▽son. — Le bois vert fum▽, le fum▽ du ch*pagne
nous mont▽ à la tête et la fum▽ du brasier achev▽ de
n . étourdir.

196. F⋏ donc, ce f⋏ dénaturé f⋏ le malheur de sa
famille ! — L'homme qui passe le gu▽ à l'air fort g▽ ;
mais le soldat qui fait le g▽ par▽ singulièrem* triste.
— Dans la basse-cour où il y a un j▽ d'eau tu verras
plusieurs g.. (oiseaux) de la belle espèce que j'▽ ache-
tés depuis peu. — La goutte le tourm*te si fort qu'il ne
goûte plus d'aucun mets. — La grâ'e est un don de
Dieu ; cette soupe est gra'e ; Gra'e est une ville bâtie
sur le p*ch* d'une colline. — Il est allé en Gr▽' et je
ne crois pas qu'il s'y *gr▽'. — Donnez-moi ce papier
gr⋏ pour nettoyer le gr⋏. — Ces bat⚬ vont en l▽st ; le
capit▽ne ▽ fort l▽ ; la l▽ a fait plusieurs petits auxquels elle donne son l▽ ; cette toile est d'un b⚬ l▽ ; le
testateur a fait un l▽ de 6000 fr* à son serviteur. — L'*
dernier je voyage▽ avec un habit* de L* (ville) qui est
très l*. — N.. vîmes à L⋏on (ville) un magnifique l⋏on.
La cour'e eut lieu sur une li', disposée au bord de la
mer, on en f⋏ sortir une li' et ses pet⋏.. qui aur▽ pu
gêner les coureurs, on av▽ jeté un l⋏ de sable sur le
terrain et les matel⚬ quitt* la li' de leur bord en des-
c*dir.. une l⋏'e à la main pour venir se disputer le
pr⋏. Ce fut un jeune marin né sur les bords de la L⋏'
(*rivière des Pays-bas*) qui remporta le prix. C'est ce
que je l⋏ ici, dans c.. lettre.

197. Je livr▽ des march*dises dont j'écriv▽ le poids

sur un livr͞ᵛ lorsqu'un valet en livr͞ᵛ vint me dem*der
votre adre'. — M͞ᵛ amis ét͞ᵛ ici au mois de m͞ᵛ ; m͞ᵛ
je n'ai pu les voir car il m'͞ᵛ survenu une aff͞ᵛre qui
m'a éloigné de la maison et qui m͞ᵛ ces m͞ᵛmes amis d*
l'impo'ibilité de me voir jusqu'à la fin de l'année. —
Monsieur le M͞ᵛre est chez sa m͞ᵛre. — Le m͞ᵛtre de la
maison a f͞ᵛ m͞ᵛttre en prison un homme qui lui a volé
60 m͞ᵛtres de velours. — Celui q.. a fai.. cette malle a
2 b⚘ mâles de canaris. — All(je ne veux pas que tu
m*te.., dis-moi § tu as pri.. cette plante de m*te. —
Tout en march* je c⚘s͞ᵛ avec le march* de papier q..
v.. conn͞ᵛssez. — Ce cheval mord son mor.. ; la mor..
surprλ ce jeune ∻pie. — Je t'écrir͞ᵛ deux m⚘ sur les
m⚘ que n.. souffrîm.. t*dis que n.. étions d* la ville
de M⚘. Le moulin m§ peu de gr⸫ , le meunier est un
homme fort m⸫ , sa femme qui ne se nourrλ que de m§
de veau, f͞ᵛ continuellem* la m§ lors même qu'elle
fai.. sa confiture au m§. — Derrière le mur de cloison
il y a des mur.. et d'autres ſruits bien mûr.. — Cet
écrλ est n͞ᵛ. L'enf* qui n͞ᵛ comm*'e de souffrir. — Je
ne nλ pas qu'il y ait un nλ sur cet arbre mais nλ
toi nλ moi n'λ devons toucher. — Laisse donc tes noi..
et viens s⚘ver cet enf* qui se noi.., c'est le ſils de celui
qui nou.. (nouer, *pas. déf.*) tes sacs.

198. Je p͞ᵛ volontiers pour avoir la p͞ᵛ ; le troup⚘
p͞ᵛ d* la prairie. Les soldats ont reçu leur p͞ᵛ. Ce bou-
l*ger a p⸫ lui-même plusieurs p⸫ sur sa porte qui est
en bois de p⸫.— Votre p͞ᵛre était, dites-vous, p͞ᵛr de
Fr*'; je ne p͞ᵛr.. rien car je rev* au p͞ᵛr t§ les p͞ᵛr.. de
bœufs que j'ai acheté..—Cet habi.. a de larges p*, ces
plumes son.. cel.. d'un p*. Dans cert⸫ pays on p* les
voleurs. — Un écolier faiſ͞ᵛ le parλ que Parλ (*fils de
Priam*) viv͞ᵛ av* la fonda'ion de Parλ, qu* on parλ
∻si on ne peut que gagn..—Un habit* de P⚘ et un ri-
ver⸫ du P⚘ s'associér.. pour vendre des p⚘ de tanne-
rie ; plus tard ils se firent march* de p⚘ de terre. —
On vend͞ᵛ des p⚘mes (*fruit*) au jeu de p⚘me.—La
p͞ᵛche est un amusem*, la p͞ᵛche ͞ᵛ un fruit, si tu p͞ᵛ-
che.. tu per.. l'amitié de Dieu ; si ta p͞ᵛche est bonne

n.. en ferons un ex‘ell* repas.— Le p♥ne de la serrure est rouillé, j'ai de la p♥ne à le faire courir.— On pl÷ avec raison cet homme pl÷ de vanité qui ne parle jam♥ que de son pl÷-chant.— Les troupes s(en pl♥ne; la lune est pl♥ne.— Le jardinier soigne ses pl*; le géomètre travaille à un pl*. —Je sortir.. plus t♧; plut♧ mourir vertueux que de vivre criminel.— Les poi.. d(v§ pesez vos poi.. (*légume*) sont tomb.. d* la poi..—Il n'est poin.. vrai que v.. ayez un poin.. sur le poin.. (main fermée). — Les por.. de la p♧ des por.. (cochons) que l'on a débarqué.. sur le port sont d'une ouverture très-distincte. — Le p§ du fiévreux est accéléré. J'ai une cert♥ne horreur des p§. — L'accusé avoua qu'on lui av♥ fai.. un pr♥ pr♥ d'un pré (*prairie*) qu'il était pr♥ de le rembour‘er.

199. Il prʎ f*t♥sie à Paul de concourir pour le prʎ d'excell*‘e, je prʎ Dieu, mon fils, qu'il vous envoi.. un s*blable désir. Dites-moi d* votre rép(, si v§ pourrez m'envoyer des raip(‘ (*plantes*). — La cloche r♥-sonne; l'homme ne r♥sonne pas toujours. — R* à c.. personne les honneurs que tu doi.. à son r*. — Recueill.. des matières pour ton recueil. — Monsieur l'abbé av♥ laissé son roch♥ sur un roch♥. — Si tu r(le verre r(d* lequel je bois le r(, je te r(le dos. — Il y a d* c.. salle des gens bien sal.. — Ce s♧ appartient à un homme de S♧ (ville) qui est bien s♧, qui ne s♥ faire que des s♧ (*bonds*) et qui veut passer pour le garde des s♧ du royaume.— Chacun songe à soi; les plus b♧ tissus de soi.. nous viennent de Lyon; pourquoi voulez-vous que cela soi..? — L'homme qui ♥ s§ cet arbre ♥ s§; il a bu un s§ de vin. — Je sui.. suffoqué par l'odeur de la sui..—T♥ gens prennent le t♥. — T♥-toi, cela n'est pas vrai. On appelle t♥ un morceau de pot cassé. — T*dis que nous étions dehors il nous t*dʎ des *bûches. — Pourquoi t*tes-tu ta t*te de te conduire s§ la t*te du jardin, puisqu'il f♧ que tu achèves ton devoir. La cloche t÷te; la t÷te de ce tabl♧ ne vaut rien. — Les tʎr* sont détesté..; les tʎr* servent d* les constructions. — De tout cela rien n'a pu

calmer ma t§. — Cet homme v⁚ *(orgueilleux)* v⁚ d'un pays éloigné de v⁚ lieues pour boire notre v⁚.— Ver.. les dix heures j'ai écrʌ quelques ver.. sur du papier ver.. Ce val▽, natif du Val▽, ne val▽ pas mieux que celui qui garde votre troup♣ d* la vallé..—Le v* a r*-versé le v* qui était sur la porte ; je v* du blé. — Tu te v*tes d'avoir fait une bonne v*te en v*d* un v♣ qui ne v♣ rien. V♣ propos, Monsieur, m'injuri..

Voici quelques autres homonymes auxquels on pourra ajouter ceux qui sont indiqués à la note 18, page 101, et d'autres encore qui sont répandus dans ces Exercices : Ache, hache ; province, provinsse ; puce, pusse ; puis, puits ; que, queue ; ras, rat ; roque, rauque ; Reims, rince, reins, Rhin ; roue, roux ; sol, sole ; serein, serin ; surfasse, surface ; teint, tint, thym ; tan, tant, temps ; taon, thon, ton, tond, tôt, taux ; taupe, tope ; tord, tort ; vaine, veine ; vice, vis, visse.

\\\

23ᵉ EXERCICE.

SUR LES INVARIABLES.

Trois points remplacent un des mots invariables, indiqués au commencement de l'alinéa.

(N'oubliez pas de consulter votre Grammaire.) (1)

200. *Alentour, autour.* Tout.. ces personnes ét▽ ... de ma m▽son. Une c(pagnie de soldats ét▽ entrés dans la ville, l'autre c(pagnie ét▽ distribuée ... Deux papillons voltige▽ ... de ma l*pe. La classe ét▽ tranquil.. m▽ on fais▽ du bruit ...

(1). Grammaire selon l'académie, numéro 575 et suivants.
Noël et Chapsal, numéro 548 et suivants.

Auparavant, avant, davantage, plus. Cette dame a ... de soucis que vous. J'arriverai ... que vous partiez. Vous arrivâtes ... que je partisse. La vieillesse est ... expérim*tée que l'adoles**e. La vertu est ... estimée que l'or. Si j'ét▽ c(t* de mon premier domestique, je le suis bien ... du second. Je serais heureux de savoir les mathématiques m▽ je le serai bien ... de me corriger de mes déf.

Dessus, dessous, sous, sur. Je le croy▽ sur la table m▽ il ét▽ d.. Ne cherchons pas l'homme vertueux ... un masque. ... les habits les plus modestes on trouve quelq.. fois de gr* tal*. Ce milit▽re cach▽ par.. sa redingote les ¡signes de sa bravoure et de son courage. J'ai cherché l(t* vos papiers, que vous croyiez être sur votre bur, ils n'ét▽ ni ... ni .. Le mérite et la valeur se r*contrent bien souv* ... nos ch* de bataille.

Plutôt, plus tôt, tout à coup, tout d'un coup, de suite, tout de suite. Il f p .. cr¡dre Dieu que les hommes. Cet élève sera p... ¡struit que l'tre. T... une pluie ab, d*..v¡ f(dre sur les troup. Ce joueur perdл le reste de sa fortune t... Le bûcheron abattл l'arbre t... On a volé ce march* et on lui a prл 1000 francs t... Comptez p... sur l'assist*ce du Ciel que sur c... de vos amis. J'ai besoin de vous, venez le p... possible. Cet écolier ne saur▽ écrire 2 m de s... sans fautes. Corrigez ces ftes ... suite, n'att*dez pas que l'*f* se familiarise avec de s*blables erreurs. Allez chercher mon ami ... suite. Ecrivez ces mots posém* et ... suite.

201. *Non, ne, ne ... pas, ne ... point.* Le chât de Meudon n'▽ .. aussi beau que cel.. des Tuileries. La Provence n'a ... le blé nécess▽re à ces habit*. N'▽-ce ... vous qui nous av.. parlé des manufactures de drap de Louviers? N'ét▽-ce ... pour réprimer la li*en*e qu' Ancus fл construire une pris(. Le maréchal d'Ancre, Concini, craign▽ que Marie de Médicis ...eût un pouvoir plus gr* que le sien. Les gr* abaissés par la supériorité d'Henri IV, ... voulurent ... plier sous le joug d'un étr*ger. Ne vit-on ... alors éclater la guerre dite des mécont*. Les forces de la régente ét▽ moins

grandes qu'on ... le croy᷃. Les états génér⸘ a'emblés
par la mère de Louis xiii n.. furent pas plus heureux
pour le rétabli'em* de la tranquillité. ...dev᷃-on ...
appréh*der que la chute de Concini fut aussi rapide
que l'av᷃ été son éléva'ion. Le jeune de Luynes ...
cr᷃gnл pas d'*gager le roi à secouer le joug d'une mère absolue et d'un ministre étr*ger. Dev᷃-on craindre que Concini fû.. a'a'iné. Personne ne put *pêcher
que la reine .... (être enfermée, *au pas. déf.*) au Lou-
vre et *suite à Blois. Personne ne disconvient qu'un
gr* n(bre de s᷃gneurs rebelles ᷃ alors f᷃ acheter cher
leur obéi'*'. Vous ne sauriez disconvenir que la mort
du Connétable de Luynes ... (avoir contribué, *p. ind.*)
à reconcilier Louis xiii avec sa mère. je doute, que
Richelieu ᷃ contribu.. au banni'em* de la reine, m᷃
je nie que l'éléva'ion de cet évêque de Luçon soit un
fait indiffér* d* notre histoire : Je ne doute ... qu'un
autre que lui ..eût pu raser d* ces circonst*'es les for-
tifica'ions de la Rochelle.

202. On s'*para de la Rochelle s* que la résist*'e
des a'iégés q..q.. opiniatre q.. fût, pût décourag.. un
inst* les a'iége*.
Richelieu ne cr᷃gn᷃ pas que de n(breux ennemis
l'*pêchass.. de conserver le pouvoir. C'ét᷃ pour dis-
siper leurs cabales toujours ren᷃'*tes qu'il engage..
(*pas. déf.*) le roi à porter la guerre au dehors. Nous
ne dev(point *trer ici d* le récл des expédi'ions d'Italie qui ...'eurent que peu de durée et peu d'÷port*'e.
nous aimons mieux que vous n'ignoriez ... que Gus-
tave-Adolphe (*roi de Suède*) conclu.. avec Richelieu
un traité par lequel celui-là ... manquer᷃ pas de porter la guerre en Allemagne, et que là, après des pro-
diges de valeur, Gustave mourut en héros, sous les
murs de Lutzen. Je ... sais ... si le despotisme de Richelieu doit effacer la gloire de ses gr*.. entreprises,
il était cep*d* moins estimé qu'admirable ; à moins
qu'en ... veuille être injuste, il faut dire que ce ministre prépara les merveilles du règne de Louis xiv. Je
...estime pas moins la reconnaiss*ce qui fл élever une

statue équestre à Henri le Grand que l'amour des sciences qui fonda l'académie française, il... 'y a guère
que 200 * que ses choses ont eu lieu. Je ... regarde
pas moins comme un grand homme Saint-Vincent, qui
créa alors l'établi'em* des enf* trouvés, que Richelieu
qui rétablʌ la Sorbonne. Que .. avons nous au moins
toujours des hommes animés de l'esprit de ce bien-
heureux martyr (*Saint-Vincent*) de la charité.

203. *A*, ou. De Marseille à Paris, il y a de 200 à
210 lieues. Il n'y a que 7 ... 8 ministres aussi célèbres
que Richelieu.

Ce bataillon viendra de 7 ... 8 heures; il est composé de 7 ... 800 hommes. Il y avait 9 ... 10 membres
d* ce conseil. On a tué ou pris aux Allemnads 7 ...
800 hommes. Les deux bergères assises voy͞ à dix
pas d'elles 5 ... 6 chèvres. Il y avait, dans la m͞son
du paysan où je logeais, 5 ... 6 femmes et autant d'*-
f* qui s'y ét͞ réfugiés. La flotte ennemie se composait
de 30 à 35 vai'⚓, 5 ... 6 de ces vai'⚓ port͞ 2 ... 300
marins

Près, *auprès*. Mazarin ét͞ ... de Louis xiv, encore enf*, il gouverna comme premier ministre. C'est ...
de Rocroi, de Fribourg, de Norlingue, de Lens que
Condé et Turenne se couvrir.. de gloire. L'Alsace qui
est ... de l'Allemagne, fut cédée à la France (1648).
Mazarin av͞ ... de lui des hommes dévoués qui l'ai-
dèrent à vːcre les Frondeurs. * peu d'années le ministre sortʌ victorieux de la lutte et continua de gouverner.

Parmi, *entre*. P.. les traités les plus avantageux à
la France, il faut placer celui des Pyrennées. E... la
pui'*ce de Mazarin et celle de Richelieu il y a une gr*de
différ*ce; le premier mourut après avoir signé la p͞
des Pyrennées, laiss* des richesses imm*'es et tout le
pouvoir à Louis xiv, qui av͞ supporté son ministre
avec une secrète ːpa'ience. P*d* le règne de ce gr* roi
on vʌ paraitre les plus gr* capit͞nes comme les hommes les plus sav*. Qu* à la guerre, nous pouv(dire
qu'elle dura jusqu'à la paix de Ryswich, qui enleva

à la France la plupart de ses conquᵛtes. C'est au trᵛ- té de Nimégue que Louis, surnommé le gr*, dicta des lois à l'Europe. Si nous allons jusq.. à Fleurus nous verrons là une des plus belles conquêtes de Luxem- bourg, élève du gr* Condé. Il y a des traits de ress*- blànce *tre Henri ıv et Louis xıv. D* leurs derniers mom* ils ne se montrèrent p.. moins dign.. d'un meil- leur sort.

204. Colbert cherchait à être utile au roi et .. la France. Il contribua au bien de l'un et ... la prospérité de l'autre, il ne perdᵛ pas son temps * promenades inutil.. ni en dép*ses frivoles. Le roi voulut que s* dérogᵉr à la noblesse et ... nuire à sa considération le commer'e maritime fût encouragé, il fit élever l'é- tabli'em* des invalides et ... autres non moins utiles.

Sans, et. ni. Vers la fin du règne de Louis xıv, nous n'avions plus le même ordre d* les fin*ces, .. le mê- me dévouem* d* les générᵃ. Les favoris inhabiles qui comm*dᵛ ne pouvᵛ seconder les vues du monarque, .. le tirer d'*barras.

Les pui'*ces étr*gères n'auraient peut être pas *pê- ché le duc d'Anjou de succéder au roi d'Espagne s* Marlborough ni le prince Eugène. La France n'était point s* force .. espér*ce lorsque Villars partↄ pour la bataille de Denain, parce que les Français trouvent toujours des re'our'es d* leur amour pour la patrie. Louis le Grand ne voulᵛ pas que l'on pleurât à sa mort parce qu'il n'avᵛ point cru être immortel. Par ce qu'il a fait de beau, de grand et de glorieux il a ac- quis des titres à l'immortalité. Mes enf* ce sera par ce que vous aurez fait de bon, que l'on vous estimera. Insensés que vous seriez si vous ne profitiez pas de vos leçons d'histoire pour régler votre conduite; voyez comme elle fait l'éloge du mérite quoiqu'il soit logé quelquefois chez les plus pauvres et comme elle con- damne le vice quoiqu'il soit souvent le caractère des puiss*. Quoiqu'on vous dise quoiqu'on vous fasse, souvenez-vous que vous êtes créés à l'image de Dieu.

TABLE.

Préface.   4
Explication de la méthode semi-sténographique.   9
Introduction   13
Emploi du *h*   16
Emploi de l'apostrophe   19
Première partie.   21
Seconde partie.   143
Homonymes.   170

POUR LES NOTES.

Note   1 sur l'ordre de ces exercices.   page   13
—   2 sur l'emploi de l'accent circonflexe   15
—   3 sur les noms métaphysiques.   24
—   4 sur le son *an*.   27
—   5 sur la finale *ment*.   28
—   7 sur le *l* mouillé.   30
—   8 sur l'emploi de *s* et de *z*.   32
—   9 sur l'emploi de *sc*.   33
—   11 sur l'emploi de *y*.   39
—   12 sur l'emploi de *z*.   42
—   12 *bis*. sur le son *ai*.   51
—   13 sur le son *in*.   60
—   14 sur l'emploi de *t* au lieu de *s*. De la finale *sion*.   67
—   15 sur l'emploi de *ph* au lieu de *f*.   71
—   16 sur l'emploi de la cédille.   77
—   17 sur les redoublements.   81
—   18 sur la dérivation. — Participe présent.   101
—   19 sur les finales *té* , *tée*.   107
—   20 verbes essentiellement pronominaux.   170

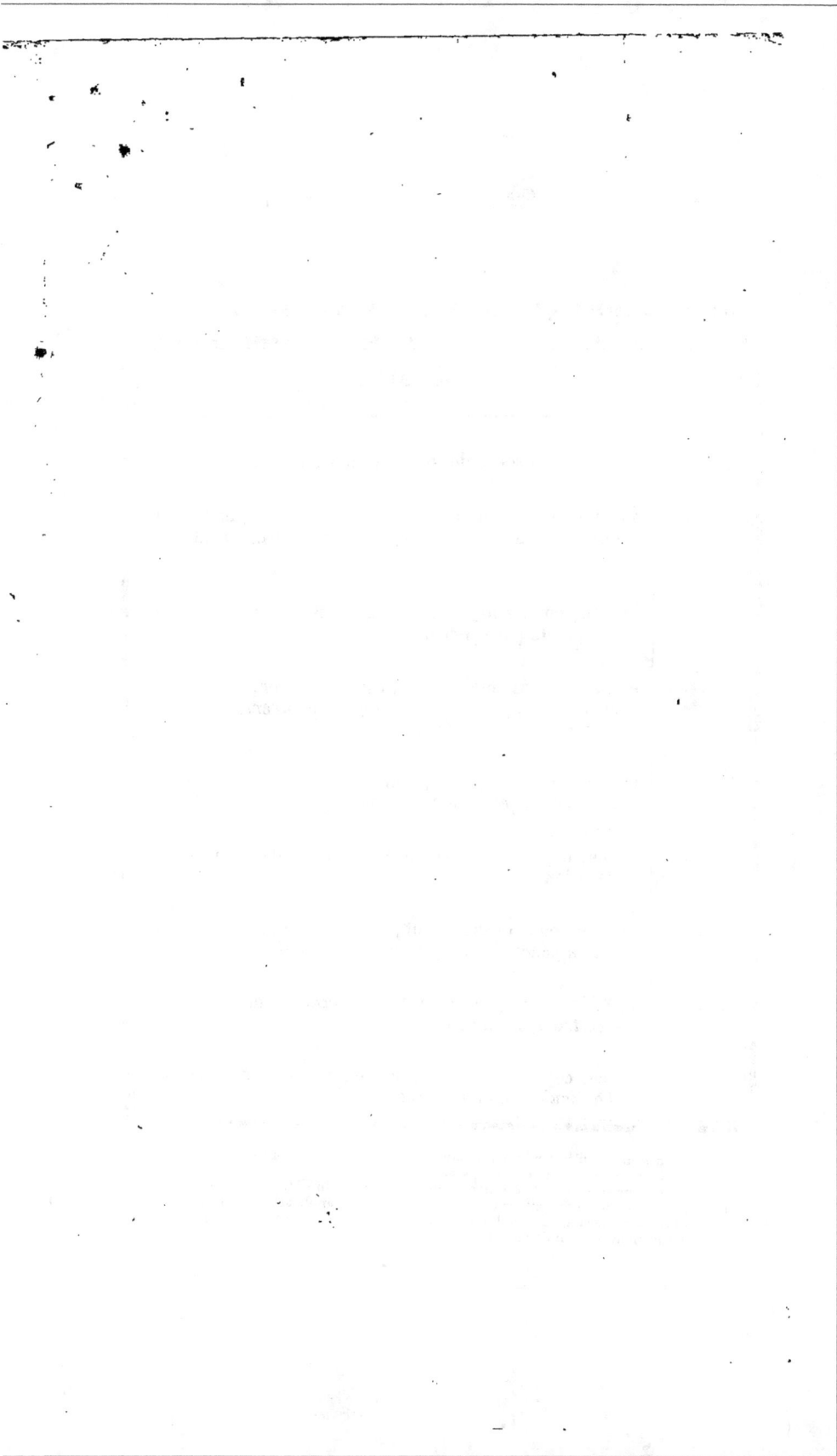

TABLE SYNOPTIQUE DE LA VALEUR DES 9 SIGNES.

SIGNES.	ÉQUIVALENTS.
..	indiquent l'absence de lettres faciles à remplacer.
* . . .	an, am, han, ham, ans, ant, ants, em, en, end, hen, ens, ent, anc, ang, ancs, angs, aon, eant, eants. (*en général le son* an.)
⁚ . . .	in, ein, eins, eint, eints, eing, ingt, ingts, ain, ains, aint, aints (*en général le son* in).
♈ . . .	é, è, ê, et, es, ets, hé, êt, est, és, ès, er, ai, ais, ait, aient, hais, (*en général le son de l'è ouvert, et bien rarement celui de l'é fermé.*)
(. . .	on, ons, ont, onts, onc, omp, omps, ompt, ond, onds, eon, eons, [*en général le son* on].
♌ . . .	o, os, ôt, ots, ho, au, aux, hau, hauts, eau, eaux, heau [*en général le son de l'*o].
§ . . .	ou, oue, ous, oues, ouent, out, oût, outs, oux, houx [*et en général les différentes combinaisons de ce son.*]
ʌ . . .	i, y, is, it, its, ie, *et toutes les manières de représenter cette émission de voix.*
' . . .	c, ce, ces, ç, s, ses, sc, sce, ss, t doux, *et en général l'articulation de la consonne sifflante* s.

Nota. On a eu soin d'éviter les équivoques auxquelles pourraient donner lieu le *c* et le *g* suivis de a. o, u, an, on, un, etc.

L'usage gradué et modéré de ces signes, que nous avons dû réduire à 9, leur rappel fréquent, et l'addition de cette carte suffisent au delà à l'application de la méthode ; nous avons vu des personnes, d'ailleurs peu instruites, lire couramment nos *exercices* sans s'enquérir nullement de la valeur des signes.